imaginist

想象另一种可能

理
想
国

imaginist

Miłosz's ABC's

米沃什词典

一部20世纪的回忆录

Czesław Miłosz

［波］切斯瓦夫·米沃什 著

西川 北塔 译

云南人民出版社

Miłosz's ABC's by Czesław Miłosz
Copyright © 1997, Czesław Miłosz
All rights reserved

著作权合同登记图字：23-2023-090号

图书在版编目（CIP）数据

米沃什词典 / (波) 切斯瓦夫·米沃什著；西川，北塔译. -- 昆明：云南人民出版社，2024.2
ISBN 978-7-222-22619-7

Ⅰ.①米… Ⅱ.①切… ②西… ③北… Ⅲ.①切斯瓦夫·米沃什－回忆录 Ⅳ.①K835.135.6

中国国家版本馆CIP数据核字(2023)第250351号

策划编辑：雷　韵
责任编辑：柴　锐
封面设计：陆智昌
内文制作：马志方
责任校对：柳云龙
责任印制：代隆参

米沃什词典

[波] 切斯瓦夫·米沃什 著　西川　北塔 译

出　版　云南人民出版社
发　行　云南人民出版社
社　址　昆明市环城西路609号
邮　编　650034
网　址　www.ynpph.com.cn
E-mail　ynrms@sina.com
开　本　787mm×1092mm　1/32
印　张　15.125
字　数　314千
版　次　2024年2月第1版第1次印刷
印　刷　山东韵杰文化科技有限公司
书　号　ISBN 978-7-222-22619-7
定　价　82.00元

我是一个理想国的居民,这个国度与其说存在于空间,不如说存在于时间里。

——切斯瓦夫·米沃什

"一战"期间,切斯瓦夫·米沃什与母亲
薇罗妮卡·库纳特·米沃什在俄国

与"灾祸派"诗社友人特奥尔多·布日尼茨基(左)
编写电台广播稿,1936年,维尔诺

波兰地下抵抗组织的三位作家（左起）：耶日·安德热耶夫斯基、米沃什、卡齐米日，1941年

任职波兰驻美大使馆的切斯瓦夫·米沃什,1948年

波兰驻法大使馆露台留影（左起）：路易·阿拉贡、耶日·普特拉蒙特（波兰大使）、于勒·苏佩维埃尔、米沃什（时为文化事务一等秘书），1949年夏

流亡巴黎的米沃什，1957年

目录

译者导言　米沃什的另一个欧洲／西川　　　　　　　　　　　　001

A

ABRAMOWICZ, Ludwik　卢德维克·阿布拉莫维奇　　　　　　027
ABRASZA　阿布拉沙　　　　　　　　　　　　　　　　　　030
ACADEMY of Arts and Letters, American　美国艺术文学学院　　031
ADAM AND EVE　亚当与夏娃　　　　　　　　　　　　　　033
ADAMIC, Louis　路易斯·阿达米奇　　　　　　　　　　　　035
ADAMITES　亚当天体信徒　　　　　　　　　　　　　　　　038
ADMIRATION　敬慕　　　　　　　　　　　　　　　　　　039
AFTER ALL　终究　　　　　　　　　　　　　　　　　　　040
ALCHEMY　炼金术　　　　　　　　　　　　　　　　　　　042
ALCHIMOWICZ, Czesław　切斯瓦夫·阿尔希莫维奇　　　　　　043
ALCOHOL　烈酒　　　　　　　　　　　　　　　　　　　　044
ALIK PROTASEWICZ　亚历克·普罗塔谢维奇　　　　　　　　046
AMALRIK, Andrei　安德烈·阿马尔里克　　　　　　　　　　047
AMBITION　抱负　　　　　　　　　　　　　　　　　　　　052
AMERICA　美国　　　　　　　　　　　　　　　　　　　　053
AMERICAN POETRY　美国诗歌　　　　　　　　　　　　　　057

AMERICAN VISA 美国签证	060
ANCEWICZ, Franciszek 弗朗齐歇克·安采维奇	063
ANGELIC SEXUALITY 天使性态	065
ANONYMOUS LETTERS 匿名信	068
ANTHOLOGIES 作品选	069
ANUS MUNDI 世界肛门	070
AOSTA 奥斯塔	072
ARCATA 阿卡塔	072
ARON, Pirmas 皮尔玛斯·阿龙	073
ASZKENAZY, Janina 亚尼娜·阿什克纳奇	074
ATILA 阿提拉	075
AUTHENTICITY 本真性	076
AUTOMOBILE 汽车	078

B

BAAL 巴尔大神	083
BACZYŃSKI, Krzysztof 克日什托夫·巴琴斯基	084
BALLADS AND ROMANCES 《谣曲与罗曼司》	086
BALZAC, Honoré de 奥诺雷·德·巴尔扎克	089
BAROQUE 巴洛克	090
BAUDELAIRE, Charles 夏尔·波德莱尔	091
BEAUVOIR, Simone de 西蒙娜·德·波伏瓦	093
BEND 班德镇	094
BERKELEY 伯克利	095
BIOGRAPHIES 传记	096

BIOLOGY 生物学	096
BLASPHEMY 亵渎	098
BOCCA DI MAGRA 马格拉河河口	101
BOGOMILS 鲍格米勒派摩尼教众	101
BOŁBOT, Yan 扬·波乌勃特	103
BOREJSZA, Jerzy 耶日·博热依沙	104
BOROWIK, Anielka 阿涅尔卡·博罗维克	105
BOROWSKI, Edward 爱德华·博罗夫斯基	106
BROCÉLIANDE, Forêt de la 布劳赛良德森林	108
BRONOWSKI, Wacław 瓦茨瓦夫·布罗诺夫斯基	108
BUDDHISM 佛教	110
BULSIEWICZ, Tadeusz 塔德乌什·布尔谢维奇	111
BYRSKI, Tadeusz and Irena 塔德乌什·别尔斯基和伊莱娜·别尔斯卡	112

C

CALAVERAS 卡拉维拉斯	115
CAMUS, Albert 阿尔贝·加缪	116
CAPITALISM, The End of 资本主义的终结	118
CARMEL 卡梅尔	119
CENTER and periphery 中心与边缘	121
CHIAROMONTE, Nicola 尼古拉·恰罗蒙特	123
CHURCHES 教堂	124
CITY 城市	125
CONGRÈS pour la Liberté de la Culture 文化自由大会	129
CONNECTICUT RIVER VALLEY 康州河谷	132

CRUELTY 残酷	133
CURIOSITY 好奇	135

D

DĄBROWSKA, Maria 玛丽亚·东布罗夫斯卡	141
D'ASTRÉE, Anka 安卡·达斯忒	142
DEMBIŃSKA, Zofia 索非娅·丹比尼斯卡	143
DISGUST 厌恶	146
DOSTOEVSKY, Fyodor 费奥多·陀思妥耶夫斯基	147
DREMA, Vladas 弗拉达斯·德莱马	150
DRUŻYNO, Anna and Dora 安娜·德鲁日伊诺和多拉·德鲁日伊诺	152

E

ECONOMY 经济	157
EDIFYING READINGS 益智阅读	158
ENGLISH 英语	160

F

FAME 声名	165
FEDOROWICZ, Zygmunt 齐格蒙特·费多罗维奇	167
FEUER, Kathryn 凯瑟琳·弗尤厄	170
FRANCE 法兰西	172
FRENCH 法语	174
FROST, Robert 罗伯特·弗罗斯特	178

G

GOLD 黄金	187
GRADE, Chaim 海姆·格拉德	190

H

HATRED 仇恨	197
HOOK, Sidney 西德尼·胡克	199
HOPPER, Edward (1882—1962) 爱德华·霍珀	200
HULEWICZ, Witold 维托尔德·霍莱维奇	203

I

IMBRODY 英布罗迪	209
INACCURACY 不准确性	211
INVERNESS (California) 加利福尼亚的因弗尼斯	213

K

KEKŠTAS, Juozas 尤奥扎斯·凯克什塔斯	217
KISIELEWSKI, Stefan 斯特凡·基谢列夫斯基	219
KISIEL'S DIARIES, 1968—1980 《基谢尔日记，1968—1980》	222
KNOWLEDGE 知识	225
KOESTLER, Arthur 阿瑟·库斯勒	226
KORZENIEWSKI, Bohdan 博赫丹·考泽涅夫斯基	231
KOTARBIŃSKI, Mieczysław 米奇斯瓦夫·科塔尔宾斯基	235

KOWNACKI, Stanisław (Staś)
  斯坦尼斯瓦夫·考夫纳茨基（斯达希） 235

KRASNOGRUDA, or Krasnohruda
  克拉斯诺格鲁达，也称克拉斯诺赫鲁达 241

KRIDL, Manfred 曼弗雷德·克里德尔 242

L

LENA 莱娜 251

LEVERTOV, Denise 丹妮丝·莱维托夫 252

LOS ANGELES 洛杉矶 256

LOURIE, Richard and Jody 理查德·卢瑞和乔迪·卢瑞 256

LOVE, First 初恋 259

M

MANORS 庄园 263

MARGOLIN, Juliusz 尤利乌什·马格林 266

MARITAN, Jacques 雅克·马里坦 266

MARTINIQUE AND GUADELOUPE
  马丁尼克与瓜德卢普群岛 269

MILLER, Henry 亨利·米勒 270

MINDFULNESS 用深心 274

MIRACULOUSNESS 奇迹 278

MISFORTUNE 不幸 279

MONEY 钱 281

N

NADIA CHODASIEWICZ-GRABOWSKA
娜迪娅·霍达谢维奇-格拉博夫斯卡 287

NAŁKOWSKA, Zofia 索菲娅·纳乌科夫斯卡 288

NATURE 自然 290

NEMO, Captain 内莫船长 292

NUMBER 数目 294

O

OBLIGATIONS 义务 299

P

PIASECKI, Stanisław 斯坦尼斯瓦夫·皮阿塞茨基 305

POLISH LANGUAGE 波兰语 308

PONARY 泊那里 312

PREJUDICES 偏见 313

PRIMAVERA 白桃花心木 314

PROZOR, Count Maurycy 莫里希·普罗佐尔伯爵 316

Q

QUINN, Arthur 阿瑟·奎恩 323

R

RAJNFELD, Józio 约奇奥·拉因菲尔德 331

REXROTH, Kenneth　肯尼斯·雷克斯洛斯	333
RIMBAUD, Arthur (1854—1891)　阿蒂尔·兰波	335
RODITI, Eduardo　艾杜瓦多·罗第提	339
RUDNICKA WILDERNESS　鲁德尼茨卡荒原	341
RUSSIAN LANGUAGE　俄语	344

S

SCHOPENHAUER, Arthur　阿图尔·叔本华	349
SIERRAVILLE　塞拉维尔	354
SŁAWIŃSKA, Irena　伊莱娜·斯瓦维尼斯卡	356
SŁAWONIEWSKI AND SŁYCZKO 　　斯瓦沃聂夫斯基和斯威切科	361
SOLSKI, Wacław　瓦茨瓦夫·索尔斯基	361
SONOMA　索诺马镇	363
SOSNOWSKA, Halina　哈里娜·索斯诺夫斯卡	365
SPERBER, Manès　马内斯·施佩贝尔	372
STABIŃSKA-PRZYBYTKO, Maria 　　玛丽亚·斯达比尼斯卡-普日比特科	376
STUPIDITY of the west　西方的愚蠢	377
SUZUKI, Daisetz Teitaro　铃木大拙	379
ŚWIECICKI, Ignacy　伊格纳奇·希维齐茨基	382
SZEMPLIŃSKA, Elżbieta　伊丽莎白·申普林斯卡	383
SZETEJNIE, GINEJTY, AND PEIKSVA 　　谢泰伊涅、吉内日提和佩克斯瓦	386

T

TARSKI, Alfred and Marysia
阿尔弗雷德·塔尔斯基和玛丽夏·塔尔斯基 391

TERROR 恐惧 392

TIME 时间 395

TROŚCIANKO, Wiktor 维克托·特罗希迁科 397

TRUTH 真相 398

U

ULATOWSKI, Janek 雅内克·乌拉托夫斯基 403

ULRICH 乌尔里希 406

W

WHITFIELD, Francis J. A. 弗朗西斯·J. A. 威特菲尔德 411

WHITMAN, Walt 沃尔特·惠特曼 412

WINNICKA, Dr. Wiktoria 维多利亚·温妮茨卡医生 415

WROBLEWSKI, Andrzej 安德热依·沃罗布莱夫斯基 416

Z

ZAGORSKI, Stefan 斯特凡·扎古尔斯基 423

ZAN, Tomasz 托马什·赞 428

跋

DISAPPEARANCE, of people and objects　消失的人和物　　　433

人名、地名译名对照　　　437
米沃什年表　　　448
米沃什主要著作年表　　　453

译者导言
米沃什的另一个欧洲

西川

> 请理解，一个人必须独自在人间创造
> 一个新的天堂与地狱，是多么难哪。
> ——米沃什《阿德里安·齐林斯基之歌》

一

据波兰诗人彼得·佐默（Piotr Sommer）说，许多居住在波兰的波兰诗人认为，1980年获得诺贝尔文学奖的美籍波兰诗人切斯瓦夫·米沃什算不得波兰诗人，他更是一位西方诗人，或美国诗人。这种评价很容易让人联想到一些德国人对君特·格拉斯的看法，认为格拉斯的德语不能代表德语的最高水平，也让人回忆起高行健获奖时一些中国人和外国人的反应，认为中国国内不乏更出色的作家。但是，对米沃什的赞誉，至少在中国和北美，如今似乎越来越一致（正像在对其他一些问题的看法上一样）。1978年米沃什在美国获得由

《今日世界文学》杂志颁发的纽斯塔特国际文学奖（Neustadt International Prize for Literature，一般认为该奖是小诺贝尔奖）时，约瑟夫·布罗茨基称赞米沃什是"我们时代最伟大的诗人之一，或许是最伟大的"[1]（米沃什反过来也是布罗茨基的崇拜者）。伟大不伟大，有时是一句空话，但布罗茨基作此赞美，乃是基于他对米沃什的认识、他对二十世纪诗歌的认识、他对"伟大"一词的理解和他的历史意识。当然这其中也有他对米沃什的友谊。美国小说家约翰·厄普代克与米沃什的关系赶不上布罗茨基与米沃什密切，2001年12月他在为《纽约客》写的一篇文章中称，米沃什是"一位就在我们身边但令我们琢磨不透的巨人"，这或许能够代表一部分美国作家和诗人对米沃什的看法。米沃什在美国的成功确定无疑，但无论是波兰人还是其他地方的人若据此认为他就变成了美国诗人，恐怕不妥。他本人当然不会同意，至少他一生都在使用波兰语写作。

在《米沃什词典》这部回忆录中，他承认他是西方文化的追慕者。在谈到二十世纪初东欧一些国家的诗歌写作时，他说："我不好意思承认，我们这些国家主要是模仿西方。"[2] 这听起来完全是文化势利眼的意思。造成这种情况的原因，

---

[1] Joseph Brodsky, "Presentation of Czeslaw Milosz to the Jury", *World Literature Today* 52. 3 (1978): 364.

[2] Czesław Miłosz, *Milosz's ABC's*, trans. Madeline G. Levine (New York: Farrar, Straus and Giroux, 2001), p. 29.

除了民族文化习惯，还有个人从小受到的教育。但有没有更深一层的文化原因？批评家伊瓦尔·伊瓦斯克曾经谈到过东部欧洲与西部欧洲的不同，他说："我们知道在我们的时代'一切都瓦解了，中心再不能保持'，但是在东欧，根本就不存在一个中心，即使是哈布斯堡王朝的维也纳也称不上，所以事物无须瓦解，而是一直围绕着一个空空的或纯粹是想象出来的中心，以一种奇怪的、离心的方式旋转。"[3] 这种情况没有到过东欧的人大概不太容易理解。但可以理解的是共产党波兰的意识形态气候。在米沃什的亲西方主义中，意识形态方面的因素扮演了一个重要的角色。1951年他从波兰驻巴黎大使馆文化事务一等秘书任上出走，从而与波兰政府决裂，开始了他的流亡生涯，应该是他亲西方的逻辑结果。而这正是为某些一直生活在波兰的波兰作家所反感的，认为他没能与波兰人民同甘苦共患难，因而他不能理解波兰人民的政治选择。不过，波兰作家们应该了解，米沃什心里始终装着波兰，装着他的家乡——立陶宛说波兰语的维尔诺社会。"为什么那个毫无防御的、纯洁得像一个被遗忘的／结婚项圈一样的城市不断呈现在我面前？"（《没有名字的城市》）[4]——这使他对西方生活经常做出波兰式的反应。在他的《一次演讲》

---

[3] Ivar Ivask, "The Endless Column: Some Reflections on East European Literature and the Example of Czeslaw Milosz", *World Literature Today* 52.3 (1978): 361. 所引诗句出自 W. B. 叶芝《第二次降临》。

[4] 引自《拆散的笔记簿》，切斯瓦夫·米沃什著，绿原译，漓江出版社，1989年，第116页。

这首诗中，米沃什回忆起法国诗人保罗·瓦莱里的一次演讲和他自己听演讲时的心态：瓦莱里讨论着"审美经验的持久特征，它确保了艺术的永恒的吸引力"。但是，坐在听众席上的米沃什却想到了自己的另一种可能的处境：

> 他头发倒竖，
> 耳朵听见搜捕的尖叫，
> 他逃过冰冻的原野，
> 而他朋友和敌人的
> 灵魂留在了
> 结霜的铁丝网后面。[5]

好像正是为了回应波兰国内对他的批评，他在回忆录中针锋相对地对波兰青年一代诗人提出了指责："对于那些1989年之后开始为西方出版市场写作的波兰作家，我无法抱以好感。对于那些模仿美国诗歌的青年诗人我也是一样的态度。我和整个'波兰派'（Polish school）做我们自己的事情，心里装着我们的历史经验。"[6]

---

[5] Czesław Miłosz, *Facing the River*, trans. Czeslaw Milosz and Robert Hass (New York: The Ecco Press, 1995), p. 5. 此处所引诗节为西川转译。
[6] 同2，第45-46页。

二

米沃什的历史经验很大一部分得自他的家乡维尔诺。从某种意义上说，它构成了米沃什诗歌中的地理和意识形态因素。维尔诺是波兰语的叫法，立陶宛语称维尔纽斯，意第绪语称维尔内，俄国人过去称之为维尔纳。维尔诺曾经属于沙皇俄国，曾经属于波兰，属于立陶宛大公国，属于苏联，现为立陶宛首都。该城始建于十世纪，一直是波兰人、立陶宛人、犹太人、白俄罗斯人混居的地方。米沃什虽然生于基日达尼，但他是在维尔诺长大和受的教育。他在小说《故土》中说，他了解城中的每一块石头。城里有四十座天主教教堂和许多犹太教堂。城市的周围绵延着山岭。老城的中心是一座小山丘。城市上空凝聚的云朵犹如城中的巴洛克建筑。米沃什曾先后在巴黎、纽约这样的大都市居住过，但是说到城市，他首先想到的就是维尔诺。是维尔诺建构了他有关城市的观念。在他的诺贝尔奖受奖辞中，他谈到过这座城市的精神面貌：城市里"有一种宽容的无政府主义，一种使凶猛口角罢休的幽默，一种有机的群体感，一种对任何集权的不信任"。[7] 他就是在这样一种精神氛围中长大成人，这为他后来的写作和政治态度埋下了伏笔。米沃什不仅熟悉他那个时代的维尔诺，他甚至可以想象出历史上不同时期的维尔诺：在密

---

7 同4，第221页。

茨凯维奇时期，维尔诺是波兰浪漫主义的发源地；在1939年德国军队和苏联军队先后入侵波兰之前，它也是波兰的文化首都。此外，它还被犹太人称为"北方的耶路撒冷"。米沃什认为，说波兰语的维尔诺社会其实是波兰庄园文化的延伸部分，因此，作为一个出身于乡绅家庭的庄园少爷（他个人的经济情况在维尔诺时期和巴黎时期都不好），在他对维尔诺的忠诚里，看来也包含着他对后来在共产党波兰消失了的旧时代的上流社会和知识精英的怀想。

但是维尔诺带给米沃什的不仅是美好，更重要的是，它赋予米沃什以强大的现实感和历史感。他的许多同学和朋友不是死于纳粹的集中营，就是死于苏联的"古拉格群岛"。这在他的回忆录里有集中的反映。可以说死亡对于米沃什如同家常便饭一般，他因此才会在诗里说："让死者向死者解释发生了什么。"（《逃离》）死亡和发生在波兰、苏联及东欧的事，把米沃什塑造成一个充满"意识形态激情"的诗人。这样的诗人无论在西方还是在东方一般不会被看好。读者和批评家一般会追究一个诗人的情感表达是否动人，其诗歌的音乐性、意象、结构是否精彩，但米沃什对于这些问题的看法使他成为诗人中的例外，关于这一点我们会在后文中讨论。自1951年开始，米沃什在法国流亡了十年（然后去了美国）。法国知识分子如萨特、波伏瓦对苏联的赞颂和对苏联社会真实情况的掩盖，令米沃什愤愤不已。由于他在波兰和在法国的经历，这个早年政治上的左派、社会主义者变成了右派，并且称左派为"乌合之众"。有意思的是,他认为自己恰恰是在踏上流亡之途之后,才开始了共产党所提倡的现实主义写作。

可能有两个因素强化了米沃什与维尔诺的关系。一个是他的流亡:距离使得他自觉或不自觉地强化了自己的身份感;距离滤除了他与维尔诺的日常纠缠,使得维尔诺更容易进入书写。远景中的城市或许比近在眼前的事物更适于被观看。想想但丁与佛罗伦萨的关系,这个问题便很好理解。但有一点必须指出:米沃什心里装着维尔诺,并不等于国人所说的"怀乡病",即使米沃什在流亡中思念家乡,他也在很大程度上克制住了自己的乡愁,从而避免了对于家乡的美化。这样,他便赋予了维尔诺以更大的历史想象、道德想象和形而上想象的空间。维尔诺一方面担当起米沃什想象和思考的对象的角色,另一方面成为他面对西方社会生活时所不可或缺的他者。立陶宛批评家托马斯·温茨洛瓦(Tomas Venclova)曾经指出:"维尔纽斯和立陶宛诸省份以一种唤起的力量出现在(米沃什的)诗歌中,就像马丹维尔和贡布雷出现在普鲁斯特的作品中。"[8] 强化了米沃什与维尔诺的关系的第二个因素,大概是波兰人对历史的屈辱感。"二战"时期德国曾有人将波兰称作"世界的阴沟",德国人杀起波兰人或斯拉夫人来就像处理次等人类。布罗茨基谈起这个问题仿佛感同身受:"人们或

---

8 Tomas Venclova, "Czesław Miłosz: Despair and Grace", *World Literature Today* 52. 3 (1978): 394.

许会称米沃什所受到的教育为标准的东欧教育，其中包括人们所知道的大屠杀。"[9] 这种历史的屈辱感不时涌入米沃什的诗歌和散文。他写道：

> 在帝国的阴影里，穿着古老斯拉夫人的长内裤，
> 你最好学会喜欢你的羞耻因为它会跟你在一起。
> 它不会走掉即使你改换了国家和姓名。
> 可悲地耻于失败。耻于供宰割的心。
> 耻于献媚的热忱。耻于机巧的伪装。
> 耻于平原上的土路和被砍倒当柴烧的树木。
> ……
> 你时刻受到屈辱，憎恨外国人。
>
> ——《一个装镜子的画廊》[10]

米沃什说："无疑存在着两个欧洲，并且发生了这样的事，我们，第二个欧洲的居民们，命定坠入了二十世纪的'黑暗中心'。我不知道怎样一般地谈诗。我谈诗，必然会谈到它与特定时空环境的关系。"[11] 或许基于这一点，在讨论米沃什或与之相似的诗人时，我们可以置新批评要求删除诗人历史经验的理论于不顾。细读式批评对于某些经典作家是有效的，但米沃什

---

9 同1。
10 同4，第34页。
11 同4，第220页。

在当前，不完全是一位经典作家，或者说他是一位大于经典作家的作家，有待历史的遗忘将他缩小为一位经典作家。

三

从欧洲启蒙时代以来，梦想成为"世界主义者"便是许多文人的精神乐趣所在，世界主义似乎成了某种文明的标签，它与民族主义相对立。但是，是否存在这样一种可能：一个人既不是世界主义者，也不是民族主义者？在《米沃什词典》中，米沃什说："我到过许多城市、许多国家，但没有养成世界主义的习惯。相反，我保持着一个小地方人的谨慎。"[12] 但就在同一本回忆录中，他也批评了波兰小说家和小品文作家斯特凡·基谢列夫斯基（Stefan Kisielewski）的民族主义："基谢尔总是以一身逗人的小丑打扮出现，但说到底，他内心里隐藏着一个充满波兰中心论偏见的知识分子。"[13] 米沃什了解基谢尔的爱国主义，但是他将爱国主义与民族主义区分开来。民族主义并不是一个坏词，它通常指在政治、经济、文化、军事等领域将民族利益、民族价值观置于诸多利益、诸多价值观的首位，但有时它也与强烈的自我中心和排外情感搅混在一起，从而不能与多元民族文化相兼容。有时它也可以用以掩饰民族自卑感。民族主义发展到极端，或者说民族主义

---

12 同2，第15页。
13 同2，第154–155页。

降落到文明基线以下时，便会产生灾难性的后果。纳粹德国是一个我们很容易想到的例子。德国诗人海涅说过："没有比狭隘的民族主义更有害的东西了。"米沃什虽然始终保持着一个小地方人的谨慎，看不惯西蒙娜·德·波伏瓦所代表的巴黎左派知识分子的习气，不能接受"资产阶级审慎的魅力"，但他也不认同盛行于美国诗歌界的地方主义。美国的地方主义诗歌以罗伯特·弗罗斯特为代表。米沃什一方面承认弗罗斯特具有强大的才智、非凡的理解力，另一方面又认为后者的地方主义是装出来的，是基于"要做一位伟大诗人"的强烈愿望，是基于对美国诗歌听众和读者对诗歌的预期所做出的判断。说穿了，这样的诗歌具有欺骗性。[14] 美国是一个大国，可历史不长，社会生活兼具开放性和封闭性，是流行文化的天堂，其公众的道德感往往遮蔽了他们智力上的浅薄，而其精英文学的自信心只是到二十世纪初才在爱默生、惠特曼打下的基础上建立起来。这样一个国家成了米沃什后半生的流亡之地。而米沃什则来自一个完全不同的国家：国家不算大，国力不算强，有时自以为是，有时被人宰割，但其文化资源丰富。因此，米沃什的历史经验、道德准则、审美倾向都要求他既反对世界主义，也反对民族主义，也反对地方主义。

那么，这就牵扯到一个问题，米沃什自己的文学主题是什么？此一问题看似一目了然，因为作为一名流亡者，他

---

14 同2，第122–127页。

的作品肯定是向回看的，肯定少不了对专制制度的谴责。但如果以此为米沃什的写作主题，我们是否便简化了一位复杂而深刻的诗人？在《米沃什词典》中，他提到一位名叫利奥波德·泰曼德的波兰人。此人流亡在美国，以谴责专制为己任，但最终把自己变成了一个极端保守派。而米沃什在用几本书（如《被禁锢的头脑》《权力的攫取》等）履行了自己的义务之后，便再未继续往前走。他深知自己必须在一个更广阔的背景下写作，把一切噩梦化为自己的写作资源，并与噩梦本身保持距离。但是这是否意味着米沃什就变成了一位传统意义上的讲究"拯救"的天主教徒？或一位马拉美式的象征主义者？或一个把"历史"理解为"时间"的人？一个形而上的人？不错，米沃什的确在维尔诺的上空发现或建造了一座斯威登堡式的天堂，他也的确称赞过波兰诗人博莱斯瓦夫·莱什米安（Bolesław Leśmian）的诗歌想象被其自身的美所救赎，但是，正如厄普代克所说，米沃什是一位"扎根于自己的存在状态的诗人"[15]。他的存在状态也就是他所理解的人类的生存状态。他说："人类是用文明废墟中的残留物来建构诗歌的。"他特别称赞 T. S. 艾略特的作诗法："他用不可能性、匮乏和废墟来建构诗歌。"他也写到过"时间"，但那不是马拉美或博尔赫斯的"时间"；他要"探查那使时间屈服

---

15 John Updike, "Survivor/Believer", *The New Yorker* (24 Dec. 2001). 此处所引内容为北塔译文。

的法律",他说:"时间在我们的头顶狂风似的怒号。"不过,无论是时间,还是废墟,还是拯救,还是谴责,恐怕都担当不起米沃什诗歌、散文统摄全局的主题,米沃什的历史经验和他对神学、哲学的兴趣都要求他能够站在一个更高的角度来观照历史和人生。人们对米沃什的文学主题有过种种概括,其中,美国学者、米沃什的学生路易斯·伊里瓦内(Louis Iribarne)指出:"米沃什的伟大主题是,用'人性的东西'填满宇宙。"[16]这可能是一个见仁见智的问题,并且,任何一种观点都有可能导致米沃什缩水。仅米沃什用英文出版的著作(包括诗集、小说、思想论文、文论、日记、翻译等)就有二十来部,其主题是多重的。那么,在米沃什的多重主题中是否存在一个核心?或许米沃什的老朋友布罗茨基对他会有更深入的了解,对我们会有所帮助。布罗茨基说米沃什多重主题的核心是:"一个人无法抓住他的经验,他和他的经验之间越是被时间所隔绝,他越是不能理解他的经验,认识到这一点令人无法忍受。"[17]或许唯其无法抓住,他才要努力抓住,在此过程中,他向我们呈现了我们的生存处境。这一处境我们越是不能理解,它的悲剧性越强。而在这一点上,米沃什超越了作为回忆者、谴责者的米沃什。

16　Louis Iribarne, "The Human Thing: Encomium for Czesław Miłosz", *World Literature Today* 52. 3 (1978): 367.

17　同1。

四

要满足这样的主题的表达，需要怎样的语言，怎样的风格？米沃什一生都是用波兰语来写作他的诗歌。对于他这样一个选择，我们会习惯性地将之理解为诗人的爱国主义。的确，这里面包含着米沃什对波兰的爱、对故乡维尔诺的忠诚，但事情当然不是这么简单，因为一个身在美国的外国诗人，做出这样的选择，就意味着选择了边缘，选择了默默无闻。但是他说："我被另外的东西所召唤。"波兰语是一个小语种，中国以出版语言辞书著称的商务印书馆甚至从未出版过波兰语词典。可以想见，波兰语在美国的处境即使好一些也好不到哪里去。米沃什曾经感叹不懂波兰语的外国人很难理解为什么密茨凯维奇在波兰被尊为伟大的诗人。尽管如此，米沃什还是选择了波兰语作为其诗歌的第一语言，这其中可能蕴含着一种观点，即一个诗人只能选择一种语言，他和该语言之间存在一种命定的关系。比较而言，小说家要自由得多，无论是康拉德（波兰人）还是纳博科夫（俄国人），都变成了伟大的英语作家。诗人当中能讲多种语言的也不乏其人：近的有布罗茨基，他用英语写出的散文相当精彩，但写诗，他还是用俄语；远的有但丁、彼特拉克，使他们永垂不朽的是意大利语而不是拉丁语。当然，一位诗人选择使用一种语言，并不妨碍他向这种语言引入异质因素，博尔赫斯便向西班牙语引入了英语。

中国诗人使用中文写作,不存在太多的道德和技术问题,因为一来,中国诗人几乎清一色为单语写作;二来,中文是一种如此丰富的语言,古汉语为现代汉语保存了诸多可能性(尽管在当代它不可避免地需要被调试,被刷新)。但是波兰语的情况与中文的情况非常不同。为了达到其写作的理想状态,米沃什无法停留在对波兰语的一味赞美上,甚至连道德上的赞美也是困难的。在《没有名字的城市》这组诗的终篇《我忠实的母语》中,米沃什感慨道:

> 现在,我承认我的疑虑。
> 有时我觉得我浪费了自己的一生。
> 因为你是低贱者的、无理智者的语言,
> 他们憎恨自己甚至超过憎恨其他民族;
> 是一种告密者的语言,
> 是一种因自己天真
> 而患病的糊涂人的语言。[18]

但这还是该语言的表面现象,如果我们稍微探究一下蕴含在这表面现象背后的意味,我们就能掂量出米沃什所面临的困难:狭隘的民族主义、只能表达日常生活却不能表达历史生活的可能性、对思想的无能、对悲剧的漠然,等等。此外波兰语就像

---

18 同4,第131-132页,但此处所引诗节为西川据英译文转译。

其他斯拉夫语，特别是俄语一样，与邻近的西方相隔绝。米沃什在其哈佛大学系列讲座《诗的见证》中曾引述俄国历史学家格奥尔基·费多托夫（Georgy Fedotov）的观点，谈到俄罗斯的不幸。费多托夫"将所有俄罗斯不幸的根源归结为选择了斯拉夫语作为教会语言，而没有采用本来在东方可以成为与西方通用的拉丁文并驾齐驱的希腊文，于是俄罗斯长期处于孤立自守的状态，直到它突然发现了西方思想，但已为时太晚"。[19] 这就引出一个致命的问题：波兰诗人使用同样属于斯拉夫语族的波兰语，能否成就伟大的诗篇？路易斯·伊里瓦内形容米沃什既是诗人也是哲学家，既是东方人也是西方人，既是过去的人也是现在的人，既是孩子也是先知，既是雅各也是赞美诗的作者。那么，什么样的语言才适合这样一个人来使用？

波兰语言的问题，据米沃什看来，最要命的，是它惊人地缺乏哲学表达方式，这种缺乏使得用波兰语进行智力谈话成为一种挑战，需要高超的杂技功夫。此外，波兰语不是一种形式化的语言，它缺少准确性和规则。米沃什的朋友、为米兰·昆德拉所特别称赏的波兰小说家维托尔德·贡布罗维奇曾经感叹："我们用法语说话就准确，一旦我们改用波兰语，我们就变得模糊起来。"缺少准确性和规则可能是斯拉夫语言的通病。不过米沃什倒也从这种不足中发现了新的可能性：其不确定性或许可被用来增加语言的柔韧度。本文作者并不

---

19 Czesław Miłosz, *The Witness of Poetry* (Cambridge: Harvard University Press, 1983), p. 5. 此处所引内容为西川译文。

懂波兰语，这里只能罗列出米沃什和其他人对波兰语的看法。但如上麻烦不仅是米沃什的麻烦，这大概也是密茨凯维奇的麻烦。而密茨凯维奇对波兰诗歌史的重新书写和对波兰语言的改造，看来鼓舞了米沃什。他力图使波兰语适合自己对另一个欧洲的描述和思索，尽管他也意识到了自己所能做的工作的有限性。他说："既然我用语言工作，我明白发展的各阶段是不能被跨越的。我期望参与到世界文学中来，不过我却受制于我的前辈介绍给波兰语言的东西，尽管我自己对它也做出了微薄的贡献。"[20]

米沃什深知波兰语言和其他西方语言的不对等性，这一点在翻译中尤能见出。他曾以波德莱尔波兰语译文为例，指出波兰语和法语这两种语言发展的不均衡。他也曾感叹亨利·米勒的作品无法有效地翻译成波兰文，因为波兰文缺乏翻译米勒的相应词汇。米沃什一生注重文学翻译，他曾花很长时间翻译了波德莱尔的《阳台》和他的美术评论，"二战"中他翻译过法国理论家雅克·马里坦（Jacques Maritain）的著作，翻译过莎士比亚的戏剧，他还把大量的美国当代诗歌翻译成波兰语，以期改变战后波兰文学界的灰暗气氛。这大概就是他自言对波兰语做出的"微薄贡献"的一部分。任何一种语言的发展都离不开翻译的贡献。回到埃兹拉·庞德那句老话："一个伟大的文学时代就是一个伟大的翻译时代。"即

20　同2，第81-82页。

使那些追求"纯正"语言的人,也无法否认翻译对"纯正"语言的间接影响。在这方面,近在眼前的中文便是一个很好的例子。米沃什不仅从事法语译波兰语、英语译波兰语,自他移居美国并任教于加州大学伯克利分校,他也将许多波兰诗歌翻译成了英语。在他用英语出版的著作中也包括《战后波兰诗选》、《兹比格涅夫·赫贝特诗选》(与人合译)、《亚历山大·瓦特地中海诗选》等。从这里我们是否也能看出米沃什对波兰和波兰语言的忠诚?

五

维尔诺、大屠杀、波兰、波兰语,米沃什与这一切的关系之深决定了他诗歌中一种可以称之为"封闭性"的东西。我们可以说这种封闭性并不完全属于米沃什,从某种意义上说,他是与其他东欧诗人分享了这种封闭性。这种封闭性同样见于波兰的维斯拉瓦·辛波斯卡(Wisława Szymborska)、兹比格涅夫·赫贝特(Zbigniew Herbert),捷克的米罗斯拉夫·赫鲁伯(Miroslav Holub)、雅罗斯拉夫·塞弗尔特(Jaroslav Seifert),塞尔维亚的瓦斯科·波帕(Vasko Popa),民主德国的萨拉·基尔施(Sarah Kirsch),以及一些俄国诗人,以及自塞尔维亚移民美国的查尔斯·西米克(Charles Simić)等人的诗歌。东欧诗歌的封闭性不同于受制于岛屿意识的英国当代诗歌的封闭性(尽管英国当代诗歌对东欧诗歌有所借鉴），作用于前者的主要是历史记忆、天主教和患上了幽闭症的东欧共产主义。这使得东欧诗歌在二十世纪的世界诗歌版图上呈现出与开放的法国、西班牙、美国及拉丁美洲等地诗歌截然不同的色彩。所谓东欧诗歌的封闭性，是指它的向回看、向内看、寓言化和沉思特征；它不可避免的沉重有时发展到沉闷。这样的诗歌注重道德问题、历史问题胜过注重形式问题。形式问题对于东欧诗人来说大概过于奢侈，尽管它并非不重要。在《被禁锢的头脑》一书中，米沃什谈道："对每一位当代诗人来说，波罗的海人的问题比风格、格律和隐喻重要得多。"[21] 可能基于如此认识，他又在《诗的艺术？》中强调："诗歌的本质有些粗鄙。"[22] 米沃什虽是一位封闭的诗人，但他对"粗鄙"的理解使他得以欣赏惠特曼的"开放"。但是，非常有趣，在欣赏惠特曼的"开放"的同时，他又坚决地反对"开放"的现代主义诗歌。查尔斯·西米克指出："米沃什警觉于二十世纪的各种社会风潮，这些风潮指示了诗人的否定倾向。他反对现代主义的许多化身，反对现代主义者在语言上的实验、对过去文学的反抗、对中产阶级和普通大众的嫌恶，还反对他们的信条，即人生来就要受苦受难，因为人生没有基本的意义。"[23] 这是米沃什的"后现代主义"吗？我们

---

21 同8，第392页。
22 Czesław Miłosz, *Bells in Winter* (New York: The Ecco Press, 1978), p. 30.
23 Charles Simić, "A World Gone Up in Smoke", *The New York Review of Books* (20 Dec. 2001). 此为北塔译稿。

知道，米沃什热爱美国诗人、T. S. 艾略特的竞争对手之一罗宾逊·杰弗斯（Robinson Jeffers），认为后者在表达哲学思想上的直截了当和散漫的长句子有后现代主义色彩。这是他理解的"后现代主义"。从这里，我们又看出了米沃什的封闭性。这种封闭性或许在外人看来不可思议，因而令人望而生畏。于是便有胆大的人站出来指出他的毛病。中国台湾诗人杜国清在其《米洛舒诗选》短短的《译者后记》中说："他的诗也有不少英美现代诗中为人诟病的晦涩，尤其是掉书袋以及表现过于个人的特殊经验，因此，典故、地名、人名等等，往往成为读者理解上的一大障碍。"[24] 我们得感谢杜国清教授说出了诗歌小读者们的心声。巧的是米沃什好像了解这样的心声，在回忆录中，他曾提及人们不理解他何以获得诺贝尔奖。

瑞典皇家学院的拉尔斯·于伦斯滕（Lars Gyllensten）教授在诺贝尔奖颁奖仪式上说："强烈的情感，还加上严格的训练和确切无误的洞察力，使他的作品与众不同。"他还提到米沃什的宽容精神、人道主义、自我克制、禁欲主义、英雄气概，但这一切溢美之词虽然无不正确，却好像都没能抓住米沃什及其诗歌的要紧之处。也就是说，这一切溢美之词都没能解释清楚米沃什的诗歌何以与众不同。关于他的诗歌，厄普代克的看法是："［它们］以一种被监视着的、沉默寡言的声音，触及了那些战争年月。他的回忆是粗略的，他的暗示

---

24 引自《诺贝尔文学奖全集》第50卷，陈映真主编，台湾远景出版事业公司，1982年，第198页。

是隐约的。"[25] 一般说来，米沃什语言平实，但如果只有平实，他便流于一般。而米沃什平衡平实语言的方法是求助于雄辩。雄辩需要观念、思想这类很难入诗甚至难以卒读的东西。查尔斯·西米克注意到，米沃什为使自己的诗歌对称于自己的历史记忆，而使自己的诗歌一反常态地具有观念性。大多数诗人在写作中竭力寻求意象、象征和隐喻的魔法，但"米沃什却是个例外。他的诗中观念越多，读起来越趣味盎然"。[26] 而且，他好像在"写诗发言之前，就已经知道了他想要说什么"。这全是诗歌写作的大忌，是平庸的诗人们所不敢一试的违反写作金科玉律的冒险。如果米沃什是一位单纯的抒情诗人，那么大量运用观念的结果肯定是彻底失败。幸亏他称自己是一座"满是妖魔的城市"。这样一座"城市"需要哲学和宗教的读解，需要西蒙娜·薇依和列夫·舍斯托夫的启迪。对米沃什来讲，无论是传统的还是实验的抒情诗，都无法满足他的智力需求和他对历史经验的表达的需要。他需要一种混合的风格，能够同时容纳思想、说教、叙事与抒情。美国批评家唐纳德·戴维（Donald Davie）据此专门著有一部名为《米沃什与抒情诗的不足》的著作，由田纳西大学出版社在1986年出版。

米沃什的爱好者们大多知道他写有一首名为《礼物》的诗。这首诗写于1971年，这一年他六十岁，距他在巴黎离职

---

25 同1。
26 同3。

出走已经二十年，他在美国也已生活了十年。写这首诗时他可能完全没有想到自己还要再活上几十个年头。从这个意义上说，这首诗写得早了点。诗是这样写的：

> 如此幸福的一天。
> 雾一早就散了，我在花园里干活。
> 蜂鸟停在忍冬花上。
> 这世上没有一样东西我想占有。
> 我知道没有一个人值得我羡慕。
> 任何我曾遭受的不幸，我都已忘记。
> 想到故我今我同为一人并不使我难为情。
> 在我身上没有痛苦。
> 直起腰来，我望见蓝色的大海和帆影。[27]

一首平静、安详、单纯、从容、自足，甚至快乐的诗，大师味十足。作者好像历尽沧桑，终于抵达了内心一方净土。这时他已可以暂时抛却记忆，专注于当下和眼前的事物；他已可以否认自己身上的痛苦。这意味着他已经将记忆和痛苦安排妥当，获得了一用平实、冲虚、清淡之风格的资格，而他惯用的雄辩的武器似已收仓入库。到这首诗的最后一行，诗人"直起腰来"，仿佛巨大的历史跨度业已被跨越。但他望

27　此为西川译文。

见海与帆，把视野从眼前推向远方，仿佛有所暗示，意蕴多多——那是不是尤利西斯的漫长的旅程？因此，这不是一首孤立的诗，对它的阅读必须在米沃什的整个经验背景、精神背景下展开，否则无法达成有效的阅读。而在包围着这首诗的诸多声音中，有一个声音始终在说："没有影子的东西没有力量活下去。"

2003年9月16日

CZESŁAW MIŁOSZ

MIŁOSZ'S

ABC'S

A

ABRAMOWICZ, Ludwik（卢德维克·阿布拉莫维奇）。维尔诺[1]从来就是一个从童话中长出来的城市，尽管在那里生活时我从未注意到这一点。当然，过去城里有一些秘密组织，我们知道有恶棍社（Societas Szubraviensis）、共济会分会、爱学社[2]，但在学生时代我并没想到当时是那样多姿多彩，直到后来，当我了解到各种各样的细节，我才重建了对于这座城市的认识。

从第一次世界大战之前，直到三十年代，卢德维克·阿布拉莫维奇一直自费出版《维尔诺评论》。这是一份薄薄的期刊，其貌不扬，发行量有限，但意义要大得多。它传达出的观点来自一群非同一般的人，他们见地卓越，有类启蒙时代的精英圈子。阿布拉莫维奇笃信共济会思想，这意味着他恪守本城风尚。到了二十世纪，这些风尚也使那些口号崇高的排外团体得以形成。

1822年，当立陶宛大公国的共济会分会被勒令解散的时

---

[1] 立陶宛首都维尔纽斯旧称，十世纪始建，曾为波兰东部与立陶宛思想文化中心。——本书脚注若非特别说明，均为译者、编者所加。
[2] 爱学社（Philomaths），1817年，密茨凯维奇、托马什·赞等维尔诺大学学生秘密发起的波兰爱国青年团体。其秘密结社的宗旨为开展科学文化活动，但与更激进的争取民族解放的"爱德社"有密切联系。1823年，爱学社被迫解散，成员遭逮捕流放。

候，维尔诺有十个这样的分会，这还不算那些秘密青年社团。某些家族依然守护着共济会的传统——罗默家族、普特卡默家族、韦雷希查克家族、赫莱普托维切家族。然而，直到1900年，恶棍社才得以复活，每周一次在挂着"猫狗收容所"牌号的大楼里聚会，从楼上可以望见刽子手穆拉维约夫[1]的塑像。但这并不是共济会分会；顶多只是一个讨论小组，组织者是塔德乌什·弗鲁布莱夫斯基律师，他也是弗鲁布莱夫斯基图书馆的创始人。在维尔诺他是一个传奇人物。

关于那些复兴的共济会分会，我没有一手见闻，但我听说过也读到过有关它们的情况。大约在1905年，立陶宛共济分会与托马什·赞共济分会成立（弗鲁布莱夫斯基律师曾活跃于前者）。"热忱立陶宛分会"好像也在那时复活。我从前的教授斯坦尼斯瓦夫·斯维安涅维奇是一位热忱的天主教徒，但他与共济会的人极其友善。我听他说，那些共济分会（许多大学教授参与其中）曾活跃于两次世界大战之间那段时期。社会关系与组织关系难解难分——要不是因为这种特殊的氛围，维尔诺的灵魂会苍白得多。

卢德维克·阿布拉莫维奇是一位集民主思想、民族多元主义与维尔诺"地方主义"于一体的意识形态的发言人。"一

---

[1] 米哈伊尔·穆拉维约夫-维连斯基伯爵（Mikhail Muravyov-Vilensky, 1796—1866），帝俄时代曾任西北边疆区总督，镇压1863年波兰立陶宛起义，公开绞杀上百位起义者，随后推行文化和社会上的去波兰化，被波兰人称为"维尔诺的刽子手"。

战"以前，不仅波兰人加入立陶宛共济分会，立陶宛人和白俄罗斯人也加入。战后，它以族际分裂。与此同时，那些地方主义的继承者们反对波兰民族民主运动[1]，谴责对其他语言的歧视。最著名的地方主义共济会分子（这些概念实际上全重叠在一起）有米哈乌·罗默、布劳尼斯瓦夫·克日扎诺夫斯基律师，还有扬·毕苏斯基（元帅的兄弟）。不过，这种地方主义倾向同样也被其他半秘密组织，如"高级流浪汉俱乐部"所继承。《维尔诺评论》属于说波兰语的维尔诺社会的出版物，但它采取的立场却是反对将维尔诺并入波兰，赞同恢复一个以维尔诺为首都的多种族的立陶宛大公国，对约瑟夫·毕苏斯基[2]放弃联邦的想法持批判态度。

这完全是一种乌托邦式的纲领，为大多数波兰人、立陶宛人和白俄罗斯人所拒绝。阿布拉莫维奇的密切合作者、1914年在克拉科夫[3]参加过波兰军团的米哈乌·罗默，在有关维尔诺的问题上，以他自己的方式斩钉截铁地与毕苏斯基分道扬镳。他移居到考纳斯[4]，在大学里教授法律，两次当选为考纳斯大学校长。他身后留有用波兰语写成的多卷日记。

---

1 民族民主运动（波兰语简称"Endecja"），十九世纪末至第二次世界大战前波兰右翼民族主义政治运动。
2 约瑟夫·毕苏斯基（Józef Pilsudski, 1867—1935），波兰元帅、政治家、独立运动领导人。早年在奥匈帝国帮助下反抗沙俄侵略，晚年成为具有法西斯倾向的独裁者。
3 波兰仅次于华沙的文化教育中心，克拉科夫省首府，建于公元700年前后，是中欧最古老的城市之一。
4 立陶宛第二大城市，初建于十三世纪。

我曾读过《维尔诺评论》，我想我受到过它的影响。我没法不把阿布拉莫维奇想象为莫扎特《魔笛》中的大祭司萨拉斯特罗——一个相信人类理智的高贵而又有点天真的改革者。

ABRASZA（阿布拉沙）。我第一次遇到阿布拉沙是在巴黎。当时我已与华沙政府决裂，住在拉丁区，所以那应该是在1952年。他是个波兰犹太人，姓赞姆什。他当时正在索邦大学学习。更确切地说，他是个永远的学生，或者说，他是那种以上学为借口，躲开职业负担、收入负担等等的人物之一。他向我透露过一点他的过去。他曾在英国的波兰武装部队中服役，但据他讲，他曾受到反犹分子的折磨。后来他又在巴勒斯坦打过英国人。在巴黎，他穷得叮当响，住在某个地方的一个小阁楼里。让娜·赫尔施和我曾几次试图帮助他，但就此我的记忆出现了空白。1968年学生造反之后，我想，是在1970年，我再次遇到他。他在学生起义中扮演过一个重要角色。我问他为什么这样干，他回答："不为什么，就为了闹事。"

伯克利和巴黎的1968年颇为不同：目标不同，路线也不同。的确，伯克利的学生们也放火焚书，但他们不曾像法国学生那样毁掉树木（比如砍倒圣-米歇尔大街的梧桐）来做路障。看着伯克利那些领袖人物、那些煽动分子，我一点也不想参与其中；与此同时，我能理解科特·耶伦斯基[1]，他赞成巴黎起义，一场更激进、更解放的全面革命、全面碰撞。不幸的是，一个人对这类事件的评价看来与他的年龄有关。当时我五十七岁，我想，往好了说，我羡慕那些学生。

阿布拉沙后来自杀身亡，但我既不知道他死于何时，也不知道他死于何种情境。

ACADEMY of Arts and Letters, American（美国艺术文学学院）。它仿照法兰西学院建立，后者以辞书编纂为己任，强烈谴责那些被认为过分地方化或针对某一行业（农业、渔业、狩猎）的专门化词汇。它保持着警觉，站岗守卫般维护一种统一的"经典"法语。1918年波兰取得独立时，有关波兰文学院的争论曾经没完没了，最后学院在各种对立意见的闹嚷声中宣告成立。学院设立了一项青年奖。1938年斯坦尼斯瓦夫·品塔克[2]获奖，当时待在法国的博莱斯瓦夫·米钦斯基[3]曾致信他的母亲，用一种他想逗乐就会使用的戏谑的俄语说："腰舍米沃什贺奖费共豪。"[4]

我自己后来也成了一名院士。美国有两个学院，一个在

---

[1] 康斯坦丁·耶伦斯基（Konstanty Jeleński，1922—1987），流亡巴黎的波兰作家、评论家。"科特"是"康斯坦丁"的昵称。
[2] 斯坦尼斯瓦夫·品塔克（Stanisław Piętak，1909—1964），波兰诗人、作家。出身农村家庭，诗作多基于浪漫生动的乡村题材。
[3] 博莱斯瓦夫·米钦斯基（Bolesław Miciński，1911—1943），波兰散文家。
[4] 即"要是米沃什获奖会更好"。

坎布里奇，是艺术科学学院，荟萃了不同领域的科学家以及文学、音乐、美术等方面的学者。我当选为该院院士——看来是作为一名教授当选的。另一个学院在纽约，有很长时间作为艺术文学研究院（Institute of Arts and Letters）与艺术文学学院（Academy of Arts and Letters）双头并立。我在1982年被选为研究院院士，几年以后，我们投票将两者合并为一个单一的学院。它集中了美国文学、音乐、建筑、雕塑和绘画领域中所有最著名的创作者。出自个人遗赠的慷慨奖项年年不断。学院拥有自己美丽的建筑，精英们能够在此聚会，举行晚宴，为对方的荣誉相互道贺。由于我住在西海岸，这类庆祝活动我只参加过一两次。在花园里的觥筹交错之间，在5月明媚的午后，我曾与德怀特·麦克唐纳[1]交谈。那是最后一次，之后不久他就死了。那个老色鬼迷上了我的女伴，那天她的确衣着美丽，而且看上去确也美丽。

学院里并非清一色杰出的老人。在其成员名单上，肯定有些名字将会流芳百世。然而，是声名决定谁能当选，而衡量一个人声名的是纽约上流社会对他的谣传和津津乐道。这就意味着在同一座房子里并存着持久的价值与短暂的声名。这一点从学院的外国荣誉院士花名册上就能看出。我们东方

---

1 德怀特·麦克唐纳（Dwight Macdonald，1906—1982），美国作家、编辑、评论家、政治激进分子，曾任《党派评论》编辑。

星座的七颗星星是：贝拉·阿赫玛杜琳娜[1]、瓦茨拉夫·哈维尔、兹比格涅夫·赫贝特[2]、米兰·昆德拉、亚历山大·索尔仁尼琴、安德烈·沃兹涅先斯基和叶夫根尼·叶夫图申科[3]。这最后一位当选的时候，约瑟夫·布罗茨基辞去了院士资格以示抗议。

ADAM AND EVE（亚当与夏娃）。《圣经》中关于我们初祖双亲的故事，最大的价值就在于它不可理解；或许正因为此，它向我们传达的东西才比那些理性的诠释更有力。列夫·舍斯托夫[4]因此说，很难想象是一些目不识丁的牧羊人，全凭他们自己便梦想出了那个神秘的神话，而这神话数千年来令哲学家们耗尽心神。

乐园里既无疾病亦无死亡，一个男人和一个女人体验着完满的幸福。围绕偷吃善恶树上的禁果这件事，公众的想象力热切地辨认出了性的满足。但是在《失乐园》中，约翰·弥尔顿另溯传统，将亚当与夏娃的爱情作为他们乐园状态的一部分，以服人的文笔描摹出来：

---

1 贝拉·阿赫玛杜琳娜（Bella Akhmadulina，1937—2010），后斯大林时代最著名的苏联诗人之一，布罗茨基称她为"莱蒙托夫和帕斯捷尔纳克所开创的俄罗斯诗歌传统当仁不让的女传人"。
2 兹比格涅夫·赫贝特（Zbigniew Herbert，1924—1998），波兰诗人、散文家、剧作家，"二战"后波兰最著名和被翻译最多的作家。
3 叶夫根尼·叶夫图申科（Evgeny Evtushenko，1932—2017），俄国诗人、小说家、散文家、剧作家。
4 列夫·舍斯托夫（Lev Shestov，1866—1938），俄国著名存在主义思想家、哲学家，出生于基辅。十月革命后流亡巴黎。

A   033

> 我们共同的母亲这样说着，双目
> 闪射出夫妻之情，无可厚非，
> 她温顺地倾倒，半若拥抱地偎倚在
> 我们初祖的身上，将裸露的鼓胀的乳房
> 半贴住他的胸口，松柔的金发飘垂
> 覆盖其上……[1]

那么，善恶树究竟意味着什么？解释五花八门。一些犹太《圣经》学者在希伯来字母中发现了深藏的奥义。我们文明的观察家们，看到人类理性深陷其中的死胡同，在魔鬼的声音里听出了理性主义的诱惑。其他人持论相反：偷食禁果开启了人类历史，因为在果子被吃下之前，亚当与夏娃过的是一种无意识的生活，动物的生活，所以魔鬼撒旦说他们将睁开双眼，这话是对的。造物主也是对的，因为他警告过他们，如果偷尝那果子，他们将会死去。然而，评论者们更经常强调的，是他们在触犯天条之前对上帝显示出的完美的、充满情谊的信念。当他们把造物主拉低到受造物的层面并且指控他嫉妒时，灾难便接连发生。从这个观点来看，原罪本质上说是一种狂妄自大。

为什么犯了天条之后他们便意识到自己是赤身裸体的？

---

[1] 《失乐园》第四卷，第492–497行。

为什么以此为羞耻？他们为赤裸而感到羞耻固然很重要，但为什么会这样却完全不清楚。一个人可以为此而展开无尽的沉思。他们踏上了历史之途、文明之途；但赤裸是不是对这一点的否定？这就是上帝用兽皮为他们缝制衣服的原因吗？以及，为什么就是那一刻结出了如此恶果——不仅是他们自己的死亡，还有自然的整体改观，因为自然在乐园中同样是不朽的？不仅如此，还有原罪问题，每个男人和女人一代又一代地承受原罪之重。幸运的是，天主教神学视原罪为信念的诸神秘之一，并不企望解释为什么我们会继承原罪。

在我们信念的最深处，在我们存在的最深处，我们配得上永生。我们将我们的转瞬即逝和终有一死视作降临到头顶的暴力来体验。唯有乐园靠得住，世界是靠不住的，它只是昙花一现。正因如此，我们对有关亚当和夏娃堕落的故事才如此动容，它仿佛从我们昏沉的记忆中召唤出了古老的真理。

ADAMIC, Louis（路易斯·阿达米奇）。我敢肯定在我的波兰同辈中没有人会对这个人感兴趣，他们大概甚至从未听说过他。然而，我的二十世纪不仅与波兰有关，也与美国有关，既然事实如此，阿达米奇就不应被略过。他曾是罗斯福时代最著名的美国作家之一。他是斯洛文尼亚人，十三岁来美国；他的英语和他对民主的热情得归功于他在学校所受的教育。年纪轻轻他便脱颖而出，成了一名作家。其作品介乎新闻报道与虚构之间，主要倾向于新闻报道，因为他贪婪地观察并记录。在美国这个大熔炉，他注意到了其他不熟悉欧洲语言的作家没能看到的事：那些来自斯拉夫国家的移民大众，像斯洛文尼亚人、斯洛伐克人、波兰人、捷克人、克罗地亚人、塞尔维亚人、乌克兰人，他们对美国的贡献。大体上说，这些移民命运多舛，这成为阿达米奇的写作主题；身为写作者，他既是他笔下主人公们的维护者也是介绍人。这当然是一个无产阶级的美国，受到或公开或隐蔽的歧视（二十世纪二十年代通过的法律在签发签证的数量上对次等国家[即东欧与南欧国家]做了限制，就是明证）。数十年后，有关黑人、犹太人、中国人、日本人等不同族群社会环境的散文与诗歌将进入美国文学。阿达米奇是这座竞技场上的第一人，但后继乏人。考虑到来自斯拉夫国家的新移民之多，而他们参与高层文化的程度之低，实在令人震惊。这其中最有可能的主要原因，是新移民家庭的社会地位普遍低下；此外，孩子们被早早打发去挣钱，即使被送进大学，他们也不修人文课程。更有甚者，这些"白种黑人"受益于他们的肤色，经常把自己的名字改得像盎格鲁-撒克逊人的名字，这样就很难弄清他们的血统。

在进步与开放的罗斯福新政时代，阿达米奇的声音一直很有分量。"二战"行将结束时，他曾受邀参加罗斯福与丘吉尔在白宫的会谈，这说明其声望之高。报纸对他1948年的突然去世曾予以广泛讨论：他是死于自杀还是政治谋害？他始终关注着他的故乡，并公开声明支持铁托的南斯拉夫，这使他在按族际分裂并且互相仇视的南斯拉夫移民中树敌众多。

如今，阿达米奇被如此彻底地遗忘，必定有其深层原因。无论如何，这证明随着战争的结束诞生了一个新美国。大战刚一结束，我第一次来美国，很快就读到了阿达米奇的著作，它们使我受益良多；它们也塑造了我的美国经验，其中包含着同情和良心的苦痛。

在美国，命运不曾让我经历任何歧视；相反，很快我就成为白人精英中的一分子。我第一次来时怀里揣着外交官证件，第二次来时成了美国一所大学中的正式公民。这符合我出身特权阶层的命运，但我始终意识到自己享有诸多有利条件。也许三十年代身在巴黎、拿着奖学金的波兰学生们对失业人群漠不关心，但是我关心。后来也是这样，我充分意识到需要调整我对美国的评价，因为我从来不是那些除了体力和肌肉便无可出卖的移民中的一员。

当底特律的汽车工人听闻一个波兰人获得了诺贝尔奖，他们有种说法，可以作为他们沉痛经验的总结："那他肯定比波兰佬好得多，一个顶俩。"他们从自己跟工头打交道的经历得知，只有投入双倍的技能与劳作，才能弥补出身的缺陷。

战后美国经历了青年反种族主义运动和反战运动，但从某种意义上说，其民粹色彩和无产阶级味道没有阿达米奇的美国那么强烈。来自富有和受过良好教育的家庭的学生对卖苦力的人们和他们的旧世界价值观并无多少同情。那些运动的遗留物，即"政治正确"，并没有指向所谓的族际问题，或者说，它并不谴责对于特定族群的轻视。

少数族裔——也就是那些阿达米奇写到过的人,也包括希腊人、意大利人、葡萄牙人——没有充分组织起来,形成一个压力集团。"少数族裔大众政治行动委员会"(EMPAC)的创始人迈克尔·诺瓦克对该组织的展望是,它也许能以协同行动替代各单一族裔集团的活动。我想我加入这一组织主要是因为我还记得阿达米奇。

ADAMITES(亚当天体信徒)。每个人都应该一丝不挂——这是我童年时代一个模糊的色情梦想。但这种梦想几乎无处不在,而且在多少个世纪中,正是这种梦想刺激着亚当天体信徒各宗派的此消彼长。从有关捷克胡斯运动[1]的文献中,我发现胡斯信徒与亚当天体信徒麻烦多多,后者将胡斯运动的一些边缘追随者吸引到自己的阵营。在北方的气候条件下,回归乐园,回归原始赤裸与天真,肯定不是件容易的事,我对他们怎样成事颇感好奇。那是十五世纪初期,但社会风气中肯定有些异样的因素,因为稍后希罗尼穆斯·博斯[2]便借助荷兰本地资源(或许是异端邪说),画出了他的《尘世乐园》。这是一个超级感官之梦,画中人物无不赤裸,虽然我们并不确知他创作此画是为了颂扬还是为了醒世。

---

[1] 由扬·胡斯(Jan Hus,约 1372—1415)发起的宗教改革运动,反对天主教会占有土地、教士奢侈堕落,主张用捷克语举行宗教仪式。
[2] 希罗尼穆斯·博斯(Hieronymus Bosch,1450—1516),荷兰画家,使用复杂奇妙的形象与象征符号来表现道德宗教故事,二十世纪超现实主义的启发者之一。

斯坦尼斯瓦夫·耶日·莱茨[1]在某处写过，与扣子扣到脖梗的裸体女子为伴是多么大的折磨。在战时华沙的晚餐桌上，当酒已喝过宵禁时分，我在占来客一半的女客们身上，惊心动魄地发现了脱掉一切的需要——也许这是一种亘古常在的需要，但只能借着酒力释放出来。

ADMIRATION（敬慕）。我敬慕过许多人。我一向认为自己是一株弯曲的树，所以那些笔直的树木赢得了我的敬意。我们想想圣诞节前出门去买圣诞树的经验吧。那一排排可爱的树远远望去无不妙极，可就近一看，又没有一棵合意。这棵太弱，那棵太弯，另一棵又太矮，等等。看人也是如此。毫无疑问，某些人之所以给我留下高大的印象，是因为我对他们了解有限，而我对自己的缺陷又过于一清二楚。

不仅对我自己的缺陷，而且对我圈子里其他诗人、画家的缺陷，我也一目了然。艺术与某种遗传缺陷之间的关联，与某种无能、异常或疾病的关联，几乎已成公理。作家和艺术家们的传记揭示了这种关联。举目四周，朋友和熟人们的生活经历更令我对此确信无疑。不过，人们也许会怀疑，这种联系只是视角不同产生的错觉。倘若我们对那些最平常的人做一番仔细的探察，其结果或许是："正常"在他们中间也

---

[1] 斯坦尼斯瓦夫·耶日·莱茨（Stanisław Jerzy Lec, 1909—1966），波兰诗人，著名格言家，以其抒情诗歌和怀疑主义的哲学道德格言闻名。

像在文学、艺术领域里那些知名个体中间一样稀少。名人的生活只是更多地被拿来展示而已。

我就是这样安慰自己的。但这种想法并不妨碍我去寻索那些高于我的个体，因为他们不曾被扭曲。说到底，无论对错，我认为我敬慕的能力是个长处而非短处。

AFTER ALL（终究）。终究，我还是到处旅行过了。有些旅行出自我本人的意愿，但更多的还是由环境促成，我因此到过世界上很多地方。当我还是维尔诺一名高中生的时候，我曾试图从有关俄国战争与革命的图片中理出个头绪来；在那之外，一切都是未来，是个无法兑现的誓约。在法国、意大利、瑞士、比利时、荷兰、丹麦、瑞典——一个又一个，简直数不清——然后是北美和中美洲，我在旅途中体验过多少情感啊，它们有好有坏。所以，我算是部分地实现了我那位冒险家父亲的期望，虽然我从未真正成为一个国家和地域的收集者，因为尽管有种种浪漫幻想，但生活对我还是有太多别的要求。不管怎样，在一个变化有增无减的时代，世纪之初还显得遥远陌生的事物，随着岁月的推移，变成了家常便饭。

我的先辈们很少跨出他们祖居的基日达尼[1]地区半步，去走访一下我们的城市，如维尔诺或里加。但是我父亲，甚至

---

[1] 立陶宛中部考纳斯县下属一行政区。米沃什的出生地谢泰伊涅属于该区。

在他去克拉斯诺亚尔斯克[1]之前，便从一趟穿越波罗的海地区的旅行中带回了一些有关1910年欧洲的见闻。翻看他的荷兰影集，我会研究阿姆斯特丹的运河，就像我研究他1913年摄于叶尼塞河口的照片，照片中他站在弗里乔夫·南森[2]的蒸汽船甲板上。

我小时候没什么照片可看。我对外国的想象建立在图片和木刻版画上——例如儒勒·凡尔纳和梅恩·里德[3]作品中的插图。不过那时已经有电影院放电影了。

我到过许多城市、许多国家，但没有养成世界主义的习惯。相反，我保持着一个小地方人的谨慎。一旦在一座城市里安顿下来，我就不愿冒险走出我居住的区域。这样一来，每天我就只好看那些一样的东西。这表明我害怕被打碎，害怕失去我的中心、我的精神家园。但对此我也多少可以另作一番解释。我们毕生塑造我们的个人神话，越是早年的事，其影响越持久。我越是远离家乡（我要说，加利福尼亚离我的家乡可是够远的），我越要找到与那个来自谢泰伊涅和维尔诺的故我的关联。我以此解释我何以要紧紧抓住波兰语不放。这种选择看起来既动人又爱国，但说实话我是把自己关进了

---

[1] 西伯利亚城市，位于叶尼塞河畔。
[2] 弗里乔夫·南森（Fridtjof Nansen, 1861—1930），挪威探险家、科学家、人道主义者和外交家，1921年被任命为"国联"难民事务高级专员，1922年因其在"一战"中从事的难民安置工作而获得诺贝尔和平奖，并倡议为无国籍难民签发护照，即"南森护照"。
[3] 托马斯·梅恩·里德（Thomas Mayne Reid, 1818—1883），美国冒险小说作家。作品风格近似斯蒂文森，故事背景通常在蛮荒地区。

自己的堡垒，并且拉起了吊桥：让别人在外面闹嚷吧。我对被认可的需要——谁不需要被认可？——并没有强大到足以将我诱惑到外面的世界并促使我改用英文写作。我被另外的东西所召唤。

半个多世纪之后，我重返我的出生地和维尔诺，这就像一个圆圈最终画成。我能够领会这种好运，是它使我与我的过去重逢，这太难得了。这一经验强大，复杂，而要表述它则超出了我的语言能力。沉浸在情感的波涛之中，我也许只是无话可说。正因为此，我回到了间接的自我表达方式，即，我开始为各种人物素描与事件登记造册，而不是谈论我自己。可以说是这样。

ALCHEMY（炼金术）。我这辈子有机会见证这个词的身价的改变。起初，人人都知道炼金术只是近代科学以前的化学，这一行当大致属于魔法与科学的边界尚难界定的时代。后来，那些对炼金术世纪（即十七世纪）做过深入研究的学者提出一个问题："期望发现哲人石和提炼黄金，在当时究竟意味着什么？"那些研究者发现了炼金这一行为的精神维度，发现了它与隐修传统的关联。在随后的时代，象征与原型受到重视，卡尔·荣格、米尔恰·伊利亚德[1]以及其他许多人对此贡献良

---

[1] 米尔恰·伊利亚德（Mircea Eliade，1907—1986），著名宗教史学家，著有《神圣的存在：比较宗教的范型》《永恒回归的神话》《萨满教：古老的昏迷术》等。

多。炼金术士的工作间不再只是摆满奇奇怪怪的曲颈瓶、蒸馏罐、烧火风箱的地方，因为那里进行的是最高层级的转化[1]（transmutation，这是炼金术行当的一个常用词，表示从一种元素向另一种元素的转化）。最终，十七世纪隐修士圈子里著名的"精神炼金术"概念得到了确认。

我一生的经历可以照此理解：绿色，小地方，可怜巴巴的教育，虽然不配，却获得了进入炼金术士工作间的权利，而后有许多年，我坐在角落里，驼着背，观察并思考。当我离开那里来到广阔的天地之间，才发现已所学不菲。

ALCHIMOWICZ, Czesław（切斯瓦夫·阿尔希莫维奇）。在维尔诺市希吉斯蒙德·奥古斯特国王第一国家男子文理中学[2]，如果我没记错的话，我们做过八年同窗。有一段时间，我挺讨厌他的。我对别人的不满（例如对坎普夫双胞胎兄弟）肯定源于我的某种嫉妒；比如说，阿尔希莫维奇，他长着一双长腿，皮肤黝黑，好看，他的篮球球技高超，这些大概惹恼了我——一个长着娃娃脸的男孩。不管怎样，有一次我们这种不和被一群人推波助澜着，发展到了动手的地步。我们一起参加了文理中学的毕业考试，之后便没了他的去向。我相信他是进了华沙中央商务学校，然后在维尔诺的银行工作，

---

[1] 此处原文为斜体字，中文版用仿宋体字以作区别。后同。
[2] Gymnasium，德国等欧洲国家为大学培养人才的高级中学，相当于大学的预科学校：通过了文理中学的毕业考试，才能进入大学继续深造。

再后来参加了家乡军[1]，再后来是在俄国蹲监狱，归来后在华沙坐办公室。他是每到毕业周年纪念日便会给定居在加利福尼亚的朋友，即斯达希（考夫纳茨基）和我，发来签名贺卡的希吉斯蒙德·奥古斯特文理中学校友之一。他早已过世，斯达希也已西归。

ALCOHOL（烈酒）。"于是吃过晚饭我们就会跑到鲁多明纳先生的酒馆里狂喝痛饮。每一次开怀叫好之后，法国圆号就会吹响，姑娘们就会齐声欢唱：

> 他喝个精光，他喝个精光，一滴也不留！
> 嗬！哈！他一滴也不留！
> 上帝宠他，上帝宠他，祝福给了他！
> 嗬！哈！祝福给了他！"

（伊格纳奇·霍兹科《立陶宛素描》，维尔诺，1843）

这样的往昔压在我心头。在许多个世纪里我们这个民族一直被酗酒所困扰。但我开始喝酒并不早。我第一次闹酒是在扎齐谢饭店庆祝我们高中毕业的宴会上。但在上大学期间，我不属于任何哥们儿团伙，也从未戴过一顶兄弟会的会帽；

---

[1] Armia Krajowa，"二战"期间于纳粹德国占领下进行抵抗运动的一支波兰军队。1942年成立，至1944年吸收了大多数波兰地下反抗武装，成员发展至数十万。

事实上，我们"流浪汉俱乐部"连啤酒都不喝。当然，如果有点闲钱，我会（通常跟老友们一起）去日耳曼大街旁狭窄的小巷里找一家犹太人开的小餐馆，就着犹太美食喝点冰伏特加。

我真正开始好酒是在华沙被占领期间。我的酒友是我未来的妻子扬卡，还有耶日·安德热耶夫斯基[1]。耶日渐渐变得嗜酒如命，并且患上了肝硬化，他最终被这种病夺走了性命。能够保持一个健康的肝脏一直活到老年，算得上是一种悲哀的胜利，尤其因为这不是我爱惜肝脏的结果，而是基因使然。我沉湎于酒，但我总是留心将工作时间与撒开喝的时候区分开来。我喝得最多的是伏特加。在法国，我也喝葡萄酒；在美国，我也喝波本威士忌。

酒精的最大坏处是它能把我们都变成傻瓜。然而我们内心睁着一只清醒的眼睛，事后会将各种丑态摆在面前，毁掉我们对自己的良好评价。这使人感到羞耻。这种羞耻当然也有其教诲意义，它提醒我们，无论取得怎样的成就，驻留在我们身上的愚蠢都会暗中把它们破坏，因此不必装腔作势。畅饮之后是耻辱，还有后怕。比如一想起醉酒之后对德国人进行的无意义的挑衅，怎么能不后怕？

---

[1] 耶日·安德热耶夫斯基（Jerzy Andrzejewski, 1909—1983），波兰作家。三十年代开始发表小说，德国占领期间从事地下抵抗活动，1950年加入波兰共产党，1956年退党，成为激进的持不同政见者。代表作有《灰烬与钻石》等。他是米沃什《被禁锢的头脑》中"阿尔法"的原型。

醉鬼邋里邋遢，惹人讨厌，这是常事。在作家中，我亲眼瞧见过瓦迪斯瓦夫·布罗涅夫斯基和马雷克·赫瓦斯科的醉态；另外，奥斯卡·米沃什[1]给我讲过叶赛宁在巴黎的醉态展览。这些例子本来足以说服我戒酒，但是，老天爷呀，我的多少代祖先都曾为我不要贪杯而干过杯。我想象不出一个贡布罗维奇家的醉汉，他若不是有备而来他就不会来。

或许（这只是假设）在波兰人的内心深处，他们根本不喜欢自己，因为他们记得自己的醉态。是这样吗？

ALIK PROTASEWICZ（亚历克·普罗塔谢维奇）。从他身上我初识上帝的冷酷，或者说我发现那"最高秩序"可能关心许多事，却并不关心我们所理解的同情的原则。亚历山大，也叫亚历克，一个俄国人，我的同学。在维尔诺，沙皇时代留下来的俄国人没几个。后来，我跟他妹妹在大学里同修过法律。在我们班上，没有人因为亚历克是俄国人而把他当外人。他参加我们所有的活动，包括我们的远足野游（我记得那趟去特罗基的徒步旅行）。在我们走到精疲力竭的时候，他说应该"倒下"一会儿，于是我们便倒在一条沟里休息。

亚历克大约在十五岁时患病，以后再未回到学校。他瘫痪了，好像得的是脊髓灰质炎，但那时不这么叫这种病。我

---

[1] 奥斯卡·米沃什（Oscar Milosz，1877—1939），立陶宛裔法国诗人，米沃什的远房亲戚，对米沃什的思想产生过重要影响。

们俩要好，我去看过他。他瘸了多年，慢慢地，学会架着双拐东摇西晃地挪动两步。后来，我认识了一些境况各异的人，尽管瘸着双腿，却依然全凭意志之力，学会了过上正常的生活。但是亚历克，本来朝气蓬勃，体格健壮，却被无助感压垮，深深地陷入沮丧。迈进他的房间，你好像就能听到那个问题："为什么是我？"

AMALRIK, Andrei（安德烈·阿马尔里克）。或许二十世纪最令人费解的就是那个自称为USSR、其他地方管它叫"苏联"的国家的垮台。苏联有世界上最大的政治警察队伍，耗费天文数字的资金把自己发展成天大的组织。它控制着千千万万的告密者，把一个劳改营网络覆盖在广阔的欧亚大陆上。为确保外国人不了解其制度的真相，苏联在宣传和间谍活动上也是不惜血本。这昂贵的恐怖机器以人道主义口号为掩护，看起来似乎确保了其绝对统治的持久性。它在第二次世界大战战场上的胜利以及对划分欧洲的参与，显示出它的内部效率，使刚被征服的国家的人民接受它如同接受一种宿命。的确，随着时间的流逝，这块巨石上出现了裂缝；然而那些观察到它崩溃征兆的乐观主义者们却一度自讨责难，被指责混淆了愿望与现实。

我属于那些温和的乐观主义者，这就是说，我期待着改变，不认为莫斯科将会一直支配我们的国家。我曾想，变化肯定要发生，但不是在我有生之年。依我看，耶日·杰得罗依茨[1]要有把握得多。他以英帝国和法帝国的倒台为参照,肯定苏联将要倒台。但即使是他,也不能预言这将在何时发生。我只知道两个人坚信苏联的绝对统治即将崩溃,不是在什么未来的某一天,而是再过十年,或者顶多再过十五年。

这两人中的一个就是安德烈·阿马尔里克。他于1932年生于莫斯科,是一位历史学家的儿子。作为一名俄国人,一个居住在莫斯科的人,他心里装着他们家族的法国世系。他喜欢提及他们西哥特人[2]的家族姓氏,阿马尔里克。有两位姓这个姓的国王参加过十二世纪的十字军东征,还有一位姓阿马尔里克的罗马教皇使节,在十字军与阿尔比派教徒开战并攻下贝济耶城之后,因高喊"把他们杀光,上帝会决定他们谁好谁坏"而出了名。中世纪有一位名叫阿马尔里克·德·拜纳的人,信奉异端邪说并为其信念而殉难。阿马尔里克家族的祖先在十九世纪从阿维尼翁移居到俄罗斯。由于对过去感兴趣,安德烈学了历史,硕士论文写的是基辅罗斯[3]。当他被要求改写论文以符合有关原统治者为斯拉夫人而不是斯堪的纳维亚人的官方论点时,他拒绝了,因而始终没能拿到学位。他蹚出了一套自己的生活方式,打打零工,只求保持内心的自由。他既没反抗过国家也没承认过国家。他不读报因为报

---

1 耶日·盖德罗伊奇(Jerzy Giedroyć,1906—2000),波兰作家、政治活动家。
2 Visigoth,日耳曼族的一支,于公元四世纪入侵罗马帝国并在法国和西班牙建立王国。
3 九世纪中叶至十二世纪初在东欧平原上建立的以基辅为中心的早期国家,又称罗斯国。

纸撒谎。他写的东西，包括以荒诞戏剧精神写下的五个讽刺剧本，全都不适合出版。其有意隐遁的策略令我想到约瑟夫·布罗茨基。而且他于1965年被捕后所受到的指控也与布罗茨基相仿：寄生虫（指他协助一些知名画家将作品送到国外）。他被判两年流放，发配到西伯利亚一个集体农庄劳动。关于这段经历他写了本书，名为《不情愿的西伯利亚之旅》。书稿偷送到国外，1970年在纽约出版。我读了这本书。书中对俄国农村的细节观察使我更好地理解了阿马尔里克的论文《苏联能否撑到1984年？》。他采用了合法的、逐步争取自由的策略，使用真名，出具地址，公开讲话。这本薄薄的书其实只是篇论文，1969年出现在阿姆斯特丹，然后被翻译成多种语言，包括由巴黎《文化》[1]杂志出版的波兰语译本。

1966年阿马尔里克获准从流放地返回，但1970年他再次被捕，被判处三年严管营改造并遣送科雷马执行。他活了下来，但又被追加了三年刑期。安德烈·萨哈罗夫[2]组织了一场国际抗议，使得对他的刑罚由严管营改判为国内流放。他于1975年从流放地返回莫斯科，然后于1976年来到西方。荷兰乌特勒支大学、美国哈佛大学和胡佛研究院先后款待过他。

阿马尔里克的预言后来成真，只在时间上有几年出入。

---

[1]《文化》（*Kultura*），二十世纪最具影响力的波兰语文化期刊之一，位于巴黎拉斐特。米沃什1951年与华沙政府决裂之后流亡法国，曾长期为该杂志撰稿。
[2] 安德烈·萨哈罗夫（Andrei Sakharov, 1921—1989），核物理学家，苏联时代著名的持不同政见者、人权活动家。

自然，我们今天对其预言的理解与那时有所不同，那时，人们有理由怀疑阿马尔里克的预言是不负责任的胡言乱语。作为其同代人中的异类，他一直被比作沙皇尼古拉一世判决为疯人的彼得·恰达耶夫[1]。但就像后来证明的那样，阿马尔里克的判断尽管极端，却绝对清醒。

作为一名历史学家，他曾写过有关基辅罗斯渊源的东西，而现在，如其所言，他写的是这同一个绝对统治的终结。苏联学家们把功夫全花在了从西方进口的马克思主义上。与他们不同，阿马尔里克坚持认为，正是由于有了马克思主义，这种绝对统治才得以扩张，就像古罗马由于接受了基督教，其存在才得以延长数世纪之久。他不曾论证过这一论点，但他据此将研究指向了他的国家的独特之处，在这一方面他有许多先行者，以恰达耶夫为第一人。阿马尔里克把沙皇及其后继者的国家比作发酵的面团，一动不动就能发起来。他将"社会中层"或官僚阶级的思维僵化看作苏联即将垮台并丢失领土（两德将要合并，东欧国家将获得独立）的一大征兆，那些人没有能力做出明智、大胆的决策，他预计他们将仅仅出于害怕失去权力的心理而做出许多决定。总的来说，阅读阿马尔里克使我们认识到苏联倒台的原因之复杂。关于这一点人们现在讨论起来无休无止，但全是事后英雄，而他却是

---

[1] 彼得·恰达耶夫（Pyotr Chaadayev，1794—1856），沙俄作家，曾任御前近卫军军官，1836年发表《哲学书简》，被沙皇尼古拉一世送进精神病院。

先知先觉。他把人的精神因素包括在了苏联倒台的众多原因之中：对这个国家的人们来说，个人权利与尊严是一些异己概念，自由被等同于无政府主义，而公正意味着我的邻人过得像我一样差，如果别人过得好，那就是不公正。与此相关的还有科学进步与根深蒂固的习惯之间的反差。"苏联火箭已经飞抵金星，而在我居住的村子里人们还在用手刨土豆。这不应该被视作滑稽对比，这是一道裂缝，它将深化为一座深渊。此事的关键不在于刨土豆的方式，而在于这样一个事实，即大多数人的思维水平并不高于这动手刨土豆的水平。"[1]

尽管阿马尔里克生活条件恶劣，但他作为一个自由人，当得起别人对他的敬慕，不过我并不想把他抬高成一位先知。他曾预言苏联与中国之间必有一战，他在其中看到了一场大灾难的祸端（发生在阿富汗的战争替代了这场战争）。他也曾对历史的终结有过启示录式的预感，即大众被压抑的杀人欲望会突然爆发，但这事并未发生。我相信，在他欲使其洞察力理性化的努力背后，隐藏着他在西伯利亚集体农庄的经历。一种对于如此悲惨、如此残酷的生活方式的恐惧，转化为要求某种历史复仇的呐喊。然而他所开列的导致苏联垮台这一事件的原因仍显不足，那时它在我们看来还像是完全不可能发生的事情。

---

[1] Andrei Amalrik, *Will the Soviet Union Survive Until 1984?* (Harmondsworth, England: Penguin Books, 1980), p. 62. ——原注

我是在帕洛阿尔托遇见的阿马尔里克。我也见到了他的画家妻子纠泽尔。他们在西伯利亚结的婚。纠泽尔是鞑靼人,她告诉我她生于莫斯科,是一位公寓楼看门人的女儿。在那里干看门人这种营生的主要是鞑靼人:"很久以前,我们统治过古罗斯国,所以他们为了报复,把我们全变成了看大门的。"

在西伯利亚,以及安德烈获释以后,纠泽尔分担了他的命运。她被艺术家联合会拒之门外,无法展出自己的作品。我在美国没见过她的绘画,也不知道她是哪一类画家。我被她的美丽和魅力所吸引。

阿马尔里克没能活着看到他的预言实现。他于1980年死于一起车祸,当时他正在赶往西班牙一个会议的路上。自那以后,我常会想象在失去安德烈之后,纠泽尔是怎样度过她的余生。

另一位曾坚持认为当时苏联正处在垮台边缘的人是立陶宛政治学家亚历山德拉斯·什特罗玛斯,他从立陶宛跑出来的时间不长,在美国一所大学任教。说真的,我们共同的朋友托马斯·温茨洛瓦自从在苏联军队中干过差事,便对该体制的混乱与腐败了然于胸,他也预计苏联统治不会长久,但什特罗玛斯坚信它只能再存在几年而不是几十年。

AMBITION(抱负)。它在受伤时就会凸显出来。由于伤害它的原因足够多,我们必须始终有办法来应对它。整个社交场上的戏剧都取决于它;它是牵引我们一出出悲喜闹剧的幕后力量。

关于我自己，可以说，我既曾身居峰巅，也曾跌落谷底。在峰巅，抱负稍许得以缓解，这是成功的一个好处。而在谷底，事实证明，由于无从选择，一点小小的成功就能成为安慰。不止一位不成功的艺术家被这个或那个半瓶子醋捧晕了头，不止一位地方机关小职员为他收集的邮票沾沾自喜。

说到底，抱负就是叔本华的"意志"，一种与生物学意义上的恐惧与本能欲望不相上下的力量。然而不是有了意志力便万事俱备，即便在日常强力训练极为重要的竞技体育中也是这样。把自己打开，彻底放松，舒舒服服地处于某种消极状态，让身体和谐运转——写诗尤其需要这样；用强力是没有用的，天助不会管我们当得起当不起。一方面要奋力争取认可与声誉，另一方面又要创造出能为自己博得声誉的东西，这两者是一对矛盾。

多年一直身处谷底，在一个传授不为人知的小语种的无关紧要的院系里当一名教授，我从一些微末的小事中找到乐趣，化解了我壮志不得酬的愁闷。

AMERICA（美国）。何等壮丽！何等贫乏！何等人道！何等残暴！人们何等友善！个人何等孤寂！对理想何等忠诚！于现实何等虚伪！良知的何等胜利！良知的何等扭曲！矛盾的美国会向在这儿成事的移民显示它的真面目（虽然并非总是如此），那些没能成事的人，看到的只是它的残酷。我成了事，但我总牢记这要归功于我的幸运星而不是我自己，我是与不幸之人为邻的。我还要说：一想到劳作者的筋疲力尽和落空的希望，一想到拘囿着见弃于世者的庞大监狱系统，我对美国的装饰物，那些隐现于郊区万绿丛中的幢幢华屋，就会心生疑窦。

在我的学生时代，由于胡佛的战后救济工作，美国成了我眼中的一片白面包、一杯可可。先是美国的海魂衫，然后是玛丽·碧克馥和查理·卓别林的电影大行其道。几年后，我迷上了女演员西尔维娅·西德尼。如果当时有人告诉我，有一天我的照片将与她的照片毗邻出现在《美国名人录》中，我会何等惊诧。那些电影显示出美国已经开始了它的膨胀。此外有几条大街也显示出这一点，像维尔诺的日耳曼大街，或德罗霍贝奇的某条大街，布鲁诺·舒尔茨[1]描绘的鳄鱼街以后者为原型。我后来得以肯定，它们与曼哈顿东边那些相当破旧的街道相差无几。

在本世纪的历史进程中，"大海怪兽"[2]的说法甚嚣尘上，一个又一个"怪兽"被指认为美国的敌人和竞争对手，其中

---

1 布鲁诺·舒尔茨（Bruno Schulz, 1892—1942），波兰犹太作家、画家，死于纳粹枪杀。著有短篇小说集《肉桂店》（英文版名为《鳄鱼街》）等，被公认为二十世纪波兰语最重要的散文家之一。舒尔茨出生并终身居住在德罗霍贝奇。
2 典出《新约·启示录》第十三章："我又看见一个兽从海中上来……"关于此兽象征着什么历来聚讼纷纭，多数考据家认为它应指罗马暴君尼禄。尼禄发动了对基督徒的第一次大迫害。

最重要的竞争对手是苏联，因为美苏不仅在军力上对垒，在有关人类典范的问题上也各不相让。以乌托邦原则创造"新人类"的努力是一项巨大的工程，那些事后不再理会这一梦想的人显然不理解这一竞赛的利害所在。最终"旧人类"胜利，而且借大众传媒将自己的典范推广到全球。远观这一问题，我们可以在文化领域寻找苏联失败的原因。苏联尽管在宣传上花费了天文数字的资金，却无法劝说任何人接受其典范，即使是在为其征服的那些欧洲国家。在这些国家，人们对其宣传活动嗤之以鼻，并且在其中看到野蛮人的自我装饰毫无魅力可言。

冷战，这民主的美国与阴郁的东方专制主义之间的冲突，剥夺了许多人自由判断的权利，甚至剥夺了他们清亮的视野，因为对美国缺乏热情，就会被认为是对共产主义友好的表现。

二十世纪的美国向前跨了一大步，这是她以前无法想象的。世纪之初，艺术家与作家们纷纷从这个被认为是乏味的、物质主义的、只知道赚钱的国家，逃往巴黎和伦敦那样的旧文化中心。到世纪之末，所有国家的艺术家与作家们又纷纷踏上美国之旅，认为这是充满机遇的国度。如今，是纽约而不是巴黎，成了世界绘画之都。在西欧已经萎缩到像古币收藏一样的诗歌，在美国的大学校园里找到了听众，找到了整个的系、学院和各种奖项。我意识到，如果我一直待在法国，我就不会在1978年获得纽斯塔特奖（该奖被视作小诺贝尔奖，一般是获得诺贝尔奖的第一步），或者后来的诺贝尔奖。

今天已经很难想象在世纪之初美国离欧洲有多远。一个大洋分开了两块大陆。那时人们一说到旅行就会想到海难，它们见载于整个十九世纪的画报杂志。我第一次从英格兰起程来美国是在1945年底到1946年的冬天，旅途上花了大约十二天的时间。小轮船急迫地爬上海水之山，又忽然一下子落入波谷，然后继续攀登。后来，飞越大西洋的航空旅行不再稀奇，有一次我甚至坐上了法国的协和飞机：配着葡萄酒的晚餐刚刚端到奶酪盘子边，我们已经到了巴黎。

人们向美国进发，多数人就留在了美国，但偶尔也有人打道回府。距我出生的庄园不远，在美丽而富裕的佩克斯瓦村[1]，有一座引人注目的"美国屋"。后来发生了一件事，简单地说，它掀开了一个角，使人得以窥见苏联统治之下农业集体化的立陶宛究竟发生了什么。这个村子位于大森林的边缘，曾为"森林兄弟会"提供帮助。住在"美国屋"里的一家人被杀害了，房子也烧毁了，村民们被流放到西伯利亚的泰加林带[2]，村子夷为平地。

我妻子扬卡的父亲也是自美国打道回府的人中的一位。"一战"前，卢德维克·杜丝基在东海岸的几家冶金厂干过几年。一看到纽约市北哈德逊河谷那些废弃工厂生锈的厂房架子，我就会想起他来。在那些旧式工厂里，杜丝基先生起早

---

1 另见本书 SZETEJNIE, GINEJTY, AND PEIKSVA 一节。
2 西伯利亚冻土带以南的针叶林区。

贪黑，命运一如其他不是在自己的土地上劳作的人们。后来工会争取到的权利和好处他们一样不曾享有。他回到了华沙，在华沙，生活或许艰苦，但不必拼死拼活（他当上了法警），而且，至少，没那么孤独。

AMERICAN POETRY（美国诗歌）。首先，存在"美国诗歌"一说，但不是在韵文中，而是在散文里。费尼莫·库柏[1]，在其作为青少年读物的节本里，堪称诗人。他全部有关拓荒者的小说适合缩编为一卷（库柏会因此变得更出色）。此外还有梅恩·里德、卡尔·梅[2]。埃德加·爱伦·坡的《钟声》曾被一本文体参考书用作象声的范例。很久以后，我听说美国诗人们认为这种对声音的模仿简直可怕，英语不能容忍这种带有节奏的刺耳噪音。但是对法国人和俄国人来说，坡是一位伟大的诗人，他把诗歌主要当成一种"声音的魔法"。他有一首诗名为《尤娜路姆》（"Ulalume"），那是真正的魔咒。因为这首诗的缘故，我准备大大地原谅他，尽管这首有着抑扬格节拍的诗更容易译成俄语而不是波兰语。

假如我是一个匈牙利诗人，或捷克诗人，或塞尔维亚诗人，或克罗地亚诗人，我所凭借的资源也是大同小异的，因

---

[1] 费尼莫·库柏（James Fenimore Cooper，1789—1851），美国小说家，代表作系列长篇小说《皮护腿故事集》。
[2] 卡尔·梅（Karl May，1842—1912），德国作家，以描写美国旧西部冒险故事的小说著称。

为（我不好意思地承认），我们这些国家主要是模仿西方。我们的现代主义来自法国，也有一部分来自德国。第一次世界大战之前有过一阵子，沃尔特·惠特曼的大名响遍欧洲，但只有一个国家对他真正痴迷，而且后果可怕。贝尔格莱德的青年革命者们把他当成一位政治诗人来诵读，尊他为民主和全体大众的歌手，视他为君王们的敌人。其中一人名叫加弗里洛·普林西普，开枪刺杀了斐迪南大公。[1] 这就是为什么说一位美国诗人要为"一战"的爆发负责。

惠特曼的某些诗译成了波兰语，阿尔弗雷德·汤姆翻译的几首给我留下了持久的印象。但一般说来，"一战"前美国诗歌还是默默无闻。在华沙，直到三十年代晚期，学习英语才变得时髦起来。1939年我在华沙观看的最后一出戏是桑顿·怀尔德的《我们的小镇》，一部诗情画意的戏剧，讲的是美国人寻根的故事。后来在美国，我和怀尔德处得不错。

1945年春天我在克拉科夫编过一本英美诗选，不同译者的译文是从各处收集而来。当然，跟整个波兰知识界一样，我是西方文化的追慕者，我的左派倾向并没有改变我的亲西方主义。除此之外我还有一个严肃的打算：如果能够出版这部诗选，它将为打破苏联的灰暗控制做点事。然而，政策很快变得不那么宽松了，诗选也就没能出成。

之后，我翻译了大量美国诗歌，依然不无矫正时风的想

---

[1] 此即萨拉热窝事件，第一次世界大战爆发的导火索。

法。1956年以后，一切都变了；翻译西方诗人的作品变得可以接受。渐渐地，人们发现了美国诗歌，直至翻译作品铺天盖地而来。这样一来，别人能做的事就不再需要我来做了，尤其在翻译方面，我觉得我没法与才华横溢的斯坦尼斯瓦夫·巴兰恰克[1]相比。

在所有美国诗人中，一直让我备感亲切的是沃尔特·惠特曼。他满足了奥斯卡·米沃什所说的伟大所需的条件。奥斯卡要求一部作品应该像一条河，裹挟着滚滚泥沙与断木残枝，而不是仅仅带来些天然金砾。因此不应视乏味的章节、重复、大规模地列举事物为恼人的东西。惠特曼是"纯诗"的反面。但与此同时，一个人体验惠特曼就像体验一位绘画大师的巨幅画作，通过仔细观察，你会辨识出许多夺人的小小细节。

我对我的美国同辈不那么信任。毫无疑问，我的《论诗歌》(*Treatise on Poetry*)借用了卡尔·夏皮罗[2]年轻时所作的《谈韵脚》(*Essay on Rime*)中的某些想法；两篇作品都是长诗。然而，由于我沉浸于波兰的语言文化，以及我小心养成的"小地方人"的姿态，我保持着决然的独立。

美国诗歌土地上充满奇观。毕竟，它崛起于伤口和抗议

---

[1] 斯坦尼斯瓦夫·巴兰恰克（Stanisław Barańczak, 1946—2014），诗人、文学评论家、学者和编辑，波兰近年译介英语诗歌最著名的译者之一。
[2] 卡尔·夏皮罗（Karl Shapiro, 1913—2000），美国诗人。1946年成为第五位获得美国桂冠诗人称号的诗人。

(我们不应给惠特曼表面上的民主冲动所误导),崛起于向欧洲的逃遁(庞德、艾略特、弗罗斯特),崛起于无政府主义的"垮掉派",他们朝摩洛克[1]吐唾沫(金斯伯格)。而所有这一切都将被摩洛克所消费,在其他大陆上利用这一切来自我颂扬。

AMERICAN VISA(美国签证)。你既然能够待在美国,为什么还要抛下家人返回欧洲?[2] 扬卡热爱美国;她想让我留下,但也怕我会以此怨恨她。在危险的1950年,我为我的鲁莽设立的底线是:万一出了什么事,华沙的人也不能把我的家人怎么样。我真能留下来吗?波侨——侨居美国的波兰人社群——会放他们的狗出来咬我。说到底,我犯了一桩大罪,因为是我而不是他们,在美国创立了第一个受到资助的波兰文学讲席,把曼弗雷德·克里德尔[3]教授弄到这个讲席上来。钱来自华沙,可以说是"布尔什维克卢布"。也许,不管波侨如何,我当时在美国生存下来是不成问题的,但我想在波兰驻巴黎大使馆坚持到情况有所改观。这一努力未能成功,我困在了法国,既没钱,也没工作。

我们看自己同别人怎样看我们是两回事。总是为此而生

---

[1] 古代腓尼基人信奉的火神,以孩童作为献祭品。金斯伯格在长诗《嚎叫》(Howl)中写到摩洛克(Moloch),视其为一切邪恶的象征。
[2] 指米沃什在"二战"后作为波兰外交官第一次到美国后又返回欧洲之事。
[3] 曼弗雷德·克里德尔(Manfred Kridl,1882—1957),波兰历史学教授。从1932年起在斯特凡·巴托雷大学任教。1940年前往美国,先后在史密斯学院和哥伦比亚大学任教。另见本书 KRIDL 一节。

气毫无意义。他们爱怎么看就怎么看吧,就这么回事。向美国驻巴黎大使馆打我报告的雷沙德·弗拉伽(涅兹布热茨基)在我看来是个笨蛋,因为作为波兰东方情报部门的前任头目,他本该足够精明,不至于怀疑我是苏联鼹鼠[1],但他的确相信我是鼹鼠。对美国波侨来说,我是"诗人米沃什,贝鲁特[2]的波兰的大诗人",我不能责怪他们既没听说过我战前的诗集《三个冬天》,也没听说过文学杂志《垂直》[3]和《雅典娜神殿》[4],等等。他们对曼弗雷德·克里德尔作为波兰文学学者的崇高地位一无所知。他们通过大量信件和便条,表达了应尽一切努力阻止一个危险人物进入美国的观点,这使我获得签证的希望一下子变得极其渺茫。扬卡与美国政府部门持续交涉了好几年,注定毫无结果,她一定是因为完全不能理解那里的官僚,有一次情绪突然失控,冲他们大吼:"你们会后悔的,因为他将来会得诺贝尔奖。"往好里说,他们认为扬卡的这次爆发证明她在涉及她丈夫的事情上已经丧失判断力。

即使很久以后,即使我在法国已待了很长时间,并且对移民美国已不抱奢望,我受邀赴加州大学讲学并且在1960年获得签证的消息还是令许多人愤恨不已。这一情况我是从《钢

---

[1] 间谍行话,指长期潜伏的间谍、隐藏很深的特工,也用来指长期在某个组织内暗中监视和告发的线人。
[2] 博莱斯瓦夫·贝鲁特(Bolesław Bierut,1892—1956),波兰共产主义领导人,曾任波兰工人党领袖和波兰人民共和国总统。
[3] 《垂直》(Pion),二十世纪三十年代中期波兰具有全国影响力的右派文学期刊。
[4] 《雅典娜神殿》(Ateneum),1938年至1939年在华沙出版的文学刊物。

笔素描》(1960)的作者安德热依·博布科夫斯基的通信集里发现的。那时我已出版了《被禁锢的头脑》,在博布科夫斯基看来,这本书证明我将对学生们胡说八道,因为我在书中发明了什么"凯特曼"[1]以及诸如此类的胡思乱想。我欣赏博布科夫斯基的《钢笔素描》,但他如此下笔,只是表达了他深深的成见。说真的,他也深信选出约翰·F.肯尼迪做总统是美国的灾难,因为肯尼迪是民主党人。在我受聘为教授之际,齐格蒙特·赫兹[2]写信告诉我,巴黎某位名人就此说:"这事我永远不会信。"

二十多年以后,我坐在白宫,受里根总统邀请来接受他亲自为我颁发的一枚奖章,表彰我对美国文化做出的贡献。坐在我旁边的是大名鼎鼎的建筑家、巴黎卢浮宫前玻璃金字塔的设计者贝聿铭,还有畅销书作家詹姆斯·米切纳。晚餐时我紧挨着里根的私人朋友弗兰克·辛纳屈[3]就座。我要不要说说我当年为了拿签证遇到过多少困难?我要不要说说他们当年还不想让我入境?这一切在我看来已像旧石器时代一

---

[1] "凯特曼"(Ketman),古代波斯术语,指一种政治上的伪装,当公开反对权威会导致迫害时,保留个人反对意见,对权威口是心非表面服从。戈比诺(Gobineau)在其《中亚的宗教与哲学》中对此做了详细讨论,米沃什在《被禁锢的头脑》中加以引述。

[2] 齐格蒙特·赫兹(Zygmunt Hertz, 1908—1979),波兰出版家、社会活动家,流亡巴黎,1946年联合创办"文学协会"(Instytutu Literackiego),出版波兰语《文化》杂志,是众多波兰流亡作家、艺术家的保护人。"文学协会"一度成为优秀流亡作家的据点。

[3] 弗兰克·辛纳屈(Frank Sinatra, 1915—1998),美国爵士歌王。

样遥远。想到命运那绝难想象的诸多把戏，我只能自己撇嘴一笑。

ANCEWICZ, Franciszek（弗朗齐歇克·安采维奇），或安采维丘斯·普拉纳斯，萨莫吉希亚人，一位无神论者、马克思主义者、社会主义者、国际主义者。此人体格壮硕，头顶大麻纤维般的重发，鼻架角质框眼镜。1929年至1939年间，助理教授埃伊尼克曾主持法哲学初级研究班。那时，彼得拉日茨基[1]学说的追随者兰德教授刚离开大学，教员中唯有埃伊尼克小姐承续其思想路线。普拉纳斯出现在初级研究班上。他开口说话时结结巴巴，满脸通红，因为他几乎说不了波兰语。此前他生活在维也纳，那儿有卡尔·马克思之家，奥地利的马克思主义者们对他照顾备至。1926年他参加过社会主义者的暴动，自那以后他在考纳斯就成了受到监视的人物。所以说他过的是一种流亡生活。我与他长期的友谊是我从小地方出来以后成长经验的一个组成部分。

这位朋友在维尔诺读完法学院并获得博士学位，之后进入东欧学院的苏联学研究班。在那儿，他与学院当时的干事特奥尔多·布日尼茨基[2]建立起友谊，也成了来校讲学的斯坦

---

1 莱昂·彼得拉日茨基（Leon Petrażycki, 1867—1931），波兰著名哲学家。
2 特奥尔多·布日尼茨基（Teodor Bujnicki, 1907—1944），波兰诗人，维尔诺"灾祸派"的成员。

尼斯瓦夫·巴琴斯基的朋友，后者是诗人克日什托夫[1]的父亲。在三十年代末期，当地方长官博茨亚尼斯基发起反立陶宛人和白俄罗斯人的运动时，巴琴斯基建议普拉纳斯搬到华沙，并且在那里为他找到一份工作，我想是当图书管理员。1939年，战争来了，普拉纳斯回到维尔诺，然后作为中立立陶宛新闻记者赶赴德国。苏联人占领维尔诺时[2]他正在德国。1940年秋我们在华沙相遇；他是从柏林跑回来变卖房产的。他努力劝说我去柏林找他。我问他我怎样才能走成，他回答说："这容易。我们的领事馆也许关门了，但所有需要的印章还在，我会寄给你一份安全通行证。"我问我们社会主义组织"自由社"[3]的头头兹比格涅夫·米茨纳我是否应该接受，他说："接受。得有人到柏林去拿那些缩微胶卷。"我就这样拥有了一份立陶宛旅行证件。如果我遭到围捕，这份证件可以保护我，但也说不准，因为它在德国人那儿并没有备案。也是在这个时候，盖世太保发现了社会主义者设在瑞典驻柏林使馆的"邮箱"。

德国人占领立陶宛后[4]，普拉纳斯回来，在沙乌莱[5]当了一名律师。随后不久，他与妻子孩子穿过燃烧的普鲁士去了西方，几年之后又移民加拿大。尽管夫妇俩都拥有博士文凭，

---

1 克日什托夫·巴琴斯基（Krzysztof Baczyński，1921—1944），波兰诗人、家乡军士兵，在华沙起义中丧生。另见 BACZYŃSKI 一节。
2 1939年9月苏联入侵，吞并维尔诺，此前该地区属于波兰。
3 米沃什当时加入的一个地下抵抗组织。
4 1941年6月22日德军发动巴巴罗萨计划对抗苏联，24日侵入维尔诺。
5 立陶宛城市。

但在加拿大他们都成了工厂工人。作为工会的活跃分子，普拉纳斯人缘好，人气旺，竞选过国会议员，但未能如愿。他家中藏有大量政治和政治学书籍。

我们在维尔诺同住一间宿舍的时候，他便遭受着周期性的抑郁的折磨，总是不能自拔，好像疾病缠身。如果不是还记得这个，我一定无法解释他何以会自杀。他体壮如牛，但终生饱受灵魂疾病反复的侵扰。

ANGELIC SEXUALITY（天使性态）。那独一无二的女性现身于何时？但丁的贝阿特丽切既非其妻，亦非未婚妻，只是一位偶尔远距离投来一瞥的少女。但是她在《神曲》中与但丁相遇。在维吉尔把诗人带至炼狱最高层后，她接替了维吉尔，成为但丁的向导。这一高不可攀、为人崇拜的中世纪女性的理想形象，在朗格多克[1]游吟诗人的抒情谣曲中同样反复出现。将女性的身份提升到引领一个人进入圣爱（amore sacro）的高度，是一种圣母崇拜的反映。

后来，基督教文化屈从于异教拉丁语诗歌的影响，拉丁语诗歌并不表现爱的迷狂，尽管有无数诗作歌咏女人的美丽。十八世纪，理性的时代，性风俗解扣，领风气之先的是意大利，所以卡萨诺瓦[2]的日记看来不只反映他自己的冒险。独一

---

[1] 古时法国南部一省。
[2] 贾科莫·卡萨诺瓦（Giacomo Casanova，1725—1798），富有传奇色彩的意大利冒险家、作家。

无二、非其莫属的女人属于浪漫主义，少年维特既然无法赢得她的芳心，必然只有自杀。这种自杀的原因对于斯多葛信徒、伊壁鸠鲁信徒以及拥抱古典哲学的人来说，完全不可理喻。

然而，十八世纪末十九世纪初的人们，包括波兰的浪漫主义者，是置身于一种完全不同的阅读环境。他们从阅读中了解到什么叫两个灵魂的结合。在斯沃瓦茨基[1]（和巴尔扎克）尚处童年的时候，斯威登堡[2]的著作便滋养了他们的想象力。顺便我们还应注意到，斯沃瓦茨基的《思想时刻》和巴尔扎克的两部"斯威登堡式"小说《塞拉菲塔》和《路易·朗贝尔》差不多同时写于十九世纪三十年代。斯沃瓦茨基的卢德维卡·希尼亚德茨卡[3]是一位想象中的爱人，而实实在在的韩斯卡夫人[4]身体里却活着一个异常情绪化的胖大男人。《塞拉菲塔》有所用心，其意在解除主人公对他所爱之人的那种天主教式的重重顾虑，并使他最终踏踏实实地与来自维日霍夫尼亚的女子在婚姻中结合。

没有什么神学知识体系能如斯威登堡想象的大厦，将两个人的爱情确立在中心位置。由于感官世界与精神世界相互

---

[1] 尤利乌什·斯沃瓦茨基（Juliusz Słowacki, 1809—1849），波兰浪漫主义时期最重要的诗人。《思想时刻》是他十九世纪三十年代创作的诗歌。
[2] 伊曼纽尔·斯威登堡（Emanuel Swedenborg, 1688—1772），瑞典科学家、宗教学家、哲学家、神秘主义者。
[3] 卢德维卡·希尼亚德茨卡（Ludwika Śniadecka, 1802—1866），波兰分裂时期的活动家，诗人斯沃瓦茨基的暗恋对象。
[4] 指巴尔扎克之妻、波兰女贵族埃韦利纳·韩斯卡，《塞拉菲塔》的女主人公以之为原型。下文提到的维日霍夫尼亚为韩斯卡夫人的庄园。

应和，尘世的未了情会在天堂继续。在他的体系中，这尘世的爱情既不受中世纪禁欲主义的羁绊，也不受柏拉图理想观念的左右。在他看来，婚姻使爱情得到满足，这满足属于肉体，但必须恪守一夫一妻之道。他以同样的目光看待天堂，因为天堂里所有的天使均从人类转化而来。他们保持着青春的力和美，保持着他们的性向——阳刚与阴柔。他们性的驱动力依然如故，而且高强的性功能丝毫不减。尘世中幸福的婚侣重逢于天堂，回返青春年少的时光；那些单身男女也在天堂里找到自己的另一半。

我在斯威登堡这里发现的天使性态，不是对身体的剥夺，不是向虚无缥缈的天界的逃遁，不是绵绵不绝的渴慕与梦想。它是肉体的，超越尘世而又属于尘世，它不同于背负罪恶的爱，只在于它的情欲只导向唯一的某人。尘世的生灵以实现双方完美的灵肉和谐为目的，如果做不到这一点，他们会在荣登天界之后继续，他们之间永远不会相互厌倦。

巴尔扎克《塞拉菲塔》的主题事关雌雄同体。这是阳性灵魂与阴性灵魂的结合，并由此形成一种中性结合体。巴尔扎克之所以以此为主题，也许是因为斯威登堡认为一对婚侣会在天堂里完全结合，他将这对婚侣合成一位天使，而不是两位分说。我们发现，无论《塞拉菲塔》，还是巴尔扎克企图劝说韩斯卡太太接受斯威登堡教诲的信件，都没能改变其劝说对象的观点，其中对于基督教信仰的批判顶多给她的天主教加入了伏尔泰主义。

我如何知道这些？我不是巴尔扎克专家，但我了解法国，法国的评论研究遍地都是，这使我得以有所涉猎。在《人间喜剧》的背后隐藏着一套复杂的哲学架构，通常被那些只把巴尔扎克视作一位现实主义者的人们所低估。《路易·朗贝尔》这部小说巴尔扎克写过不止一遍，其主人公是一位卓越的思想者，他探索了两个交织在一起的思想领域："科学的"与神话的。在后一个领域斯威登堡的影响随处可见，尽管小说是基于二手知识——在这一点上，巴尔扎克与斯沃瓦茨基的情况相同。

许多作家着迷于斯威登堡（多重）天堂与（多重）地狱的意象，在很大程度上，这大概是因为传统基督教的地狱和永劫的意象与仁慈上帝的概念不相吻合。人们更容易想象出一种倾慕者之间的自然吸引，是他们之间的亲和之力而不是任何审判，使得他们向天堂飞升却落入地狱。诗人们也从斯威登堡那里有所受益（比如波德莱尔），他们从他那儿借来有关肉体世界与精神世界相互应和的思想，并称这类应和为"象征"。

ANONYMOUS LETTERS（匿名信）。"人们不喜欢你，米沃什先生。"这是一个匿名来信者的话，附在他寄给我的文章复印件之后，这篇颇让人讨厌的文章是写我的，发表在波兰流亡者的报纸上。但他这话说得倒没错，因为除了一小拨人，从来没有人喜欢我。我们没有理由肯定我们自己正确。但我的敌人们，那些经常给我写匿名信，或朝我放暗箭的人们，相信他们自己是正确的。首先，我浑身的毛病让人很难把我摆放到一个受崇拜的位置上，尽管这方面有明显的社会需要。其次，我时常在臧否人物时出言不逊，喷发我的嗜血天性，现如今我觉得那纯粹是粗鲁无礼。第三，自打我写作生涯开始，被我开罪和拒绝过的人就指责我傲慢自大，这已经成为我的家常便饭。想一想，竟有那么多人通过写作、画画、做雕塑加入了争吵。等级观念禁止人们赞扬那些在他们看来不值得赞扬的成果，但一想到某位诗人——比如说，他把一首新诗寄给我，这是他的得意之作，他认为应该可以得到我的赞扬——我还是会觉得很难受。我面临着选择：我可以写信告诉他他的诗写得不好，或者我就不回应。这事不是我编的，我就是这样伤了亚历山大·扬塔，我们的友谊就这样走到了尽头。

ANTHOLOGIES（作品选）。在旺斯，贡布罗维奇[1]曾拿我开玩笑："你能想象尼采去编什么作品选吗？"但我还是勤勤勉勉地搜罗材料编选作品，从这项活动能看到一个人的热情，这种人要么对自己没把握，要么就是太骄傲，不能只把自己供上高台。我做的第一本作品选《当代诗选》（维尔诺，1933）是与兹比格涅夫·弗莱耶夫斯基一起编的，完全是革

---

[1] 维托尔德·贡布罗维奇（Witold Gombrowicz，1904—1969），波兰小说家，长期生活在阿根廷和法国。

命狂热的产物。第二本是地下出版物《独立之歌》(华沙，1942)。第三本是一部英美诗歌汇编(克拉科夫，1945)，从未出版。第四本，《波兰战后诗选》(纽约，1968)。第五本，《有用之书摘抄》(克拉科夫，1994)。第六本是第五本的英译，出版时改名为《明亮事物之书》(纽约，1996)。就这样将种子迎风播撒，总会有所收获。

作品选大概可被视为文学门类中的异类，就像不同作者思想的摘抄，后者又被称作名言录。在一个量化繁殖的时代，作品选可以使个人的声音不至于被集体噪音所吞没。

ANUS MUNDI(世界肛门)。世界的阴沟。某个德国人1942年曾这样白纸黑字地定义波兰。我在那里度过了战争岁月以及战后一些年头，在许多年里，我试图理解一个人怀揣这样的经验度日，究竟意味着什么。哲学家阿多诺说过一句广为人知的话：在奥斯维辛集中营之后，写作抒情诗将令人厌憎。哲学家伊曼纽尔·列维纳斯将1941年确定为上帝"抛弃"我们的时候。而我，明知在这世界肛门所发生的事情，身处这一切的核心之地，却写下了田园短歌《世界》及其他作品。我是否应该为此受到谴责？可能的话，最好写下一份指控状，或者一份辩护词。

恐怖是生物世界的法则，而文明存心掩盖这一真相。文学和艺术有提纯和美化的功用，倘若它们描绘出赤裸裸的现实，正如每个人所怀疑的那样，那么没有人能受得了(但我们尽量不让自己受到这种知识的侵扰）。我们可以指控西欧文明是骗子的文明。在工业革命时期，它以人类作为牺牲来奉享社会进步的巴尔大神[1]，然后又被卷入堑壕战。很久以前，我读到过某位乌里希先生的手稿。他作为一名德国步兵在凡尔登打过仗。他们那些人被俘之后的处境有如奥斯维辛集中营的囚徒，但遗忘之水盖过了他们的磨难和死亡。文明的习惯具有某种持久的特质，在西欧占领区，德国人显然感到窘迫，还会隐藏起他们的目的；而在波兰，他们彻底放手蛮干。

当人们被公然的罪行所震惊时，会喊出"这不可能"，这完全可以理解，完全符合人性。然而事实是，这一切是有可能的。但那些宣称上帝"在1941年抛弃了我们"的人，其作为却像是在维护一种作为镇痛剂的人类文明。人类一千年来相互仇杀，这究竟是什么样的历史？姑且不提各种天灾，亦且不提十四世纪导致欧洲人口锐减的黑死病。我们更不需要一个公共舞台来展示人类生活的某些方面，展示他们对于生物法则的顺从。

生命不喜欢死亡。只要有可能，躯体就会站在死亡的对立面，坚持心脏的收放，传布血流的温暖。在恐怖之中写下的轻柔的诗歌宣示了向生的意志。它们是躯体对于毁灭的反抗。它们是颂诗（carmina），或次第展开的咒语，让恐怖暂时消失，安宁浮现——一种文明的安宁，或者说得更贴切些，一种幼

---

[1] 原指古代中东民族崇奉的繁育之神。在旧约时代，巴尔和耶和华的信仰在巴勒斯坦一带曾多次角力。另见 BAAL 一节。

稚的和平。它们给我们以安慰,让我们懂得发生在这世界肛门的事是暂时的,而安宁将会长久——虽然这一点无法确定。

AOSTA(奥斯塔)。让我们称颂那些喜爱狩猎的君主。在阿尔卑斯山南麓,他们选定奥斯塔山谷作为皇家猎苑,禁止砍伐山林,也不许任何人惊扰猎物。正因为此,奥斯塔山谷如今才成为国家公园。一些稀有动物物种在那里得以幸存——例如阿尔卑斯山羊(不应该把它们与北美落基山脉发现的美洲山羊混为一谈)。五十年代我们在法国的时候太穷了,买不起汽车,去不起奥斯塔。后来是马克·古德曼开着他那辆宽大的美国车带我们到那里走了一趟。道路颇艰,急转弯处下临陡壁。然而转眼便看到迷人的山村。高山草地郁郁葱葱,一道道清澈的溪水、小河,流着流着便消失其上。

ARCATA(阿卡塔)。加利福尼亚北部太平洋之滨的一座小镇,靠近俄勒冈州界。始终是灰色的天空,海雾蒙蒙,从无丽日。那儿能住人吗?或许作为一种惩罚吧。然而的确有人住在阿卡塔,因为他们不得不住在那儿。他们中的大多数在保存至今的红杉森林里当伐木工,但总是受到周期性失业的威胁,他们当然仇视那些有心断其生计的生态工作者。对那些感情用事的"抱树人"[1],他们拿加州州长、后来成了总统

---

[1] Tree-hugger,抱住树木以使其免遭砍伐的人,指环保狂、激进环保者。

的罗纳德·里根的名言大事反击:"见到一棵红杉,你就见到了所有的红杉。"

红杉森林极其阴郁,因为它们需要持续的潮湿环境,生长在大雾常年不散的地带。有些巨大的红杉树直指苍天,它们的树龄大概在千年以上。在树身之间,雾带横贯,低处则是完全的幽暗,而底层杂木彻底不见。当这样一棵巨杉倒下,遗木上又会迅速抽出嫩枝,伸向天空。这样一棵树可以剖成大量上好的建筑材料,这是伐木利益集团与生态工作者之间战事不断的原因所在。

ARON, Pirmas(皮尔玛斯·阿龙)。特奥尔多·布日尼茨基和我开玩笑似的创造出了这个人物。布日尼茨基想到了由几位俄国作家虚构出来的诗人科兹玛·普鲁特科夫(Kozma Prutkov)。"皮尔玛斯"在立陶宛语中是"第一"的意思,所以他的名字就是"第一个阿龙"。阿龙·皮尔玛斯在《灾祸派》[1]上发表诗歌。我后来认出他的诗歌《我穿越捷克之旅》是出自我的手笔,尽管现在收入了布日尼茨基的一本诗集。在这首诗中,皮尔玛斯自我描述为"犹太人与立陶宛人的汞合金"。其他人也用这个名字发表过东西。后来(是什么时候?)皮尔玛斯把他的名字"阿龙"改成了"阿丽尔"(Ariel),

---

1 原文为波兰文Žagary,本义为"焦木"。"灾祸派"本是维尔诺大学的一个左翼文学组织的名字,其主要成员都是诗人,米沃什是其创始人也是骨干之一;后来,他们办了份杂志,就叫《灾祸派》。

好像有好几个人用这个假名在《维尔诺信使报》上发表过他们的作品。

ASZKENAZY, Janina（亚尼娜·阿什克纳奇）。她是著名历史学家阿什克纳奇[1]教授的独生女。在耶日·斯坦鲍夫斯基[2]的著作中我们能够读到他与阿什克纳奇在1930年左右的谈话。内容挺可怕。教授清楚地意识到来自两个阵营的灾难正在不可避免地迫近波兰国土。幸运的是他死在了战前。

他的女儿有如温室里的花朵，成长在知识分子阶层那个小圈子里，完全没有能力保护自己。她个头不小，缺乏光彩，黑头发，腼腆，有心理障碍，患有严重的精神分裂，读诗歌，读哲学。在德国占领期间，她是我们"自由社"的成员。这个组织由兹比格涅夫·米茨纳领导（他最后被瓦茨瓦夫·扎古尔斯基排挤出去了），将记者、作家、演员，还有许多住在犹太人区以外的犹太人聚集到一起。阿什克纳奇小姐随身带着个手提包，里面塞满地下印刷品，在城里转来转去。我们那时住在华沙独立大道的尽头，她会来看我们。我们觉得她方向感很差。她告诉我们，有时她的方位感、时间感会完全丧失。有一回，她坐在有轨电车上整整兜了一圈，从哪儿上的

---

[1] 米沃什指的大约是波兰著名历史学家、外交家希蒙·阿什克纳奇（Szymon Askenazy，1866—1935）。
[2] 耶日·斯坦鲍夫斯基（Jerzy Stempowski，1893—1969），波兰随笔作家、文学评论家、共济会会员，1939年后流亡国外，从1940年代开始与巴黎《文化》杂志合作。

车又回到了哪儿，最终引起了"蓝警"（波兰警察）的注意。他们将她扣住，但她想办法在洗手间里将手提包里的东西处理一空。反正警察后来又放了她。谁知道怎么回事？也许她承认了她是一位著名教授的女儿，或者警察看她是个有障碍的人，不愿意找麻烦。在华沙被占领期间她好像一直孤身一人。肯定没有人照顾她。她是怎么死的我一无所知。

另一位悲观的教授浮上我的脑海：马里安·兹杰霍夫斯基[1]。就在战争爆发之前他出版了一本名为《面对终结》的书。像阿什克纳奇教授一样，他也算幸运，没有看到自己的预言成为现实。但我一想到他那完全无力自保的儿子，就像回忆起阿什克纳奇小姐一样难过。1941年6月维尔诺大流放时他被扫地出门，去了苏联劳改营，在第一批死难者的行列里就有他这样的人。

那在火坑、深井、深渊中受难的无辜者——他们中间有太多的人患有精神疾病，或者处于精神疾病的边缘，他们的恐惧被他们的疾病放大。这种恐惧会袭扰他们一生。

ATILA（阿提拉）。他是个十三岁的匈牙利少年，参加过1956年匈牙利革命，革命失败后逃到了奥地利。当时居住在巴黎的马克和谢巴赫·古德曼夫妇出于好心照看他，送他去

---

[1] 马里安·兹杰霍夫斯基（Marian Zdziechowski, 1861—1938），波兰哲学家、斯拉夫语专家、文化历史学家。法西斯和极权主义的批评者。灾祸论和悲观哲学的代表人物。

美国，供他读书。对我来说阿提拉一直是个道德难题。在美国发兵越南时，阿提拉自然是挺身前往，因为对他来说，很显然，必须打败越共，无论他们在哪里出现。由于我们是古德曼夫妇的朋友，他在奔赴远东的途中到伯克利来拜访我们。当时伯克利的反战气氛浓厚。撇开这一点不谈，我应该对他，对这个想从我这里寻求道德支持的人说些什么呢？毕竟，在法国时我关注过法国人在越南的失败；为什么美国将军们就认为自己能打赢呢？我应该怎样向阿提拉解释，越南人打的是一场反抗外国侵略的爱国战争，而这样的战争外国人打不赢？我是否本应向他灌输点悲观主义？在他已拿定主意的时候我是否本应弱化他的决心？这让我头疼。我唯一能做的就是含含糊糊地说美国人对这场战争也不是众口一词，两大集团之间的斗争并不像他想的那么简单。可怜的、上进的、没心眼儿的阿提拉！不过，他并未死在战场上。他当的是空军，回来时成了把电工好手。

AUTHENTICITY（本真性）。我最大的恐惧，是我在假扮一个我不是的人。我一直意识到我在假扮这一事实。但是让我们想一想：不这么干我还能怎么干？我的自我不快乐。倘若完全由着自己的性子来，我本可以搞出一种控诉和呻吟的文学。然而，我与我心里挤出的内容保持着距离（这或许可以比作春蚕吐丝，丝变成蚕茧；或者软体动物分泌钙质，以其做壳），这在艺术上帮了我的忙。

我曾忍不住想揭示我自己，想要承认除了自己的牙疼我对什么都不真正上心。然而我对牙疼的真实性从来没有十分的把握，我拿不准是不是我让自己相信我牙疼。我们过于自我关注时总有这个问题。

我的读者们认为我的诗歌形态（Form）很贴近我本人。甚至有一位眼光卓异的读者，康斯坦丁·耶伦斯基，也这样认为。对他来说，我的生活与我的诗歌构成了一种惊人的一致。也许是我酒神式的入迷状态让他作如是之想，那的确是我的一部分，但我只是有意识地将它作为掩蔽痛苦的最有效手段。

文学的本真性，要求我们在写作时尽量别考虑这样或那样的读者。然而我们不是生活在旷野之中，语言本身与其传统一道辖制着我们，来自这门语言其他使用者的期许也带来压力。在青年时代，我曾为马克思主义者同事们写作；在德国占领期间，我曾为爱国主义的华沙奋笔疾书。也许走上移民之路是对我的拯救，因为在法国和美国的许多年里我不曾为西方读者写作，而且反其道而行之。事实上，我珍惜我的成功，因为它发生在一个愤怒的人身上，他不断声称自己不是他们中的一分子。相比之下，在与华沙政府决裂之前，我已经开始按照社会主义现实主义的要求来写作了。

对于那些1989年之后开始为西方出版市场写作的波兰作家，我无法抱以好感。对于那些模仿美国诗歌的青年诗人，我也是一样的态度。我和整个"波兰派"做我们自己的事情，心里装着我们的历史经验。

我们依赖我们使用的语言。当然我也可以举出反面的例子：有些诗人的诗歌形态不允许他们我行我素，因为他们受制于他们的语言，无力触及大胆的思想。

AUTOMOBILE（汽车）。人们发明汽车肯定是为了嘲笑那些悲观主义者。他们曾预言马匹的数量将呈几何级数增长，而城市将被马粪马尿的骚臭呛死。从只有一辆汽车（属于扎别沃沃伯爵）的基日达尼县，我好像被弹弓一下子射到了加利福尼亚。那儿的汽车就像电和浴室一样普通。我不是在怀恋那旧日的好时光。我曾生活在污秽和恶臭之中而不自知，而我居然还曾属于所谓的上层社会。我学生时代的维尔诺，街面上铺着鹅卵石，左邻右舍没几家有缝纫机。人们可以想象浪漫主义时期维尔诺垃圾粪便堆成山的样子。值得花时间来描写一下《新爱洛伊丝》[1]的女读者们，不是从高处，而是从低处入手：从她们闺房的夜壶（在哪儿倒夜壶？），从她们的衬裤（她们根本不穿），以及她们洗漱时那些歪歪扭扭的姿势来入手描写。

说实话，我们家公寓里还是有一个锡铁澡盆的，但我们得烧柴，所以烧洗澡水成了件大事。如今我已经无法想象没

---

1 法国思想家卢梭的小说，描写贵族姑娘朱丽和她的家庭教师、平民知识分子圣普鲁的恋爱故事。

有淋浴的早晨，但我必须对自己谦卑地承认，这同一个我，曾经顶多一星期洗一次澡，而且一般是去城里某家澡堂。当时我觉得这很正常。不久前伊格纳奇·希维齐茨基[1]对我说起他的父母，他们住在马科瓦大街上（我们曾经在那条街上用一杆老猎枪打乌鸦）一套公寓房里。他们得从院子里的水井打水，再用水桶提上楼去。那时我没意识到这些，所以这一定是寻常生活的一部分。

想来真够令人惊讶：身处那样一种落后的环境，我竟然早早便屈从于保守主义以及生态冲动（ecological impulses）——后者跟保守主义差不多是同一个东西，尽管那时还无人知道这个词。造成这种情况的是我的植物标本收藏、鸟类地图册、鱼缸、鸟笼子，还有我父亲订阅的《波兰猎手》杂志。当时我还读了索非娅·罗齐耶维佐夫娜的《森林人之夏》一书。那时我也就十三岁左右，但这些东西已足够使我相当上心于保护自然。我会为我的理想之乡画出一幅幅地图，那上面既无田野也无道路，唯一允许的交通工具是河流和运河上的船只。

过去我视汽车为一种威胁，因为它的噪音。这一点如今难以理解，但那时候汽车发动机的轰鸣声响彻大地，意味着人类毁坏了大自然的宁静。即使后来，当我们"流浪汉俱乐部"去徒步旅行，我们对汽车还是没有好感。我记得有那么

---

[1] 另见本书 ŚWIECICKI 一节。

一辆小汽车从我们身旁轰响着驶过,突然停了下来,于是罗贝斯皮尔和我便开口唱道:"噢,汽车牛哄哄,转眼开不动。"

我的理想之乡的章程规定:大多数世俗之人不得入境,它只向自然之友张开怀抱。这就是说,它只接纳那些虽已成年却依然激情充沛的人们。我曾发誓要成为他们中的一员,成为一个自然主义者,但结果却是另外的样子。

我从一个拒绝汽车的人变成了手握方向盘的人。我该为汽车写一首感恩之歌。正因为有了它,我才得以从墨西哥边境沿美国西海岸一路旅行到加拿大境内的落基山脉。途中我曾在山间湖畔睡过帐篷,在被称作"死亡峡谷"的不毛之地经受过热浪的烘烤。

B

BAAL（巴尔大神）。1862年夏天陀思妥耶夫斯基旅及法国和英国。这趟旅行部分构成了他的《冬天里的夏日印象》这本小书的内容。该书第五章写的是伦敦，标题"巴尔大神"，以此为题的原因，是人类仿佛作为牺牲正被祭献给这一叙利亚与迦南的神祇，其名号的意思简简单单："上主。"即使是狄更斯，在他最黑暗的书页中，也不曾像陀思妥耶夫斯基一样，针对当时资本主义的首都出此恶语。当然，作为一个俄国人他有理由不喜欢西方，但是其道德愤怒如此强烈，其描述又如此真实，让人无法不相信他。繁重的劳动、酗酒、成群结伙的娼妓——其中有些还未成年——造就了贫困和麻木。这一切都证明英国上层社会的确是将那些牺牲品祭献给了金钱大神。所以在那同一座伦敦城里，卡尔·马克思作出了饱含如此强大的复仇之力的预言，一点也不奇怪。因为向自然法则屈服，即"吃或被吃"，就会使人背弃人类的尊严。我当时强烈的社会主义倾向便产生于有关千万民众被践踏于泥泞的思考。的确，有人也许会问，那些被践踏者是否会略感快意，当他们听说另有千万民众死于古拉格？

另一位俄国人，马克西姆·高尔基在二十世纪伊始走访过纽约。他以《黄色恶魔之城》（"黄色恶魔"指美元）为题记述了对那次旅行的印象。我读的时候心想他有些夸张，但还不算离谱,因为对生活在底层的人们来说那类城市就那个样子,而且在好多地方其特征一直保持到现在。后来,高尔基又到过索洛夫基[1],彬彬有礼地假装没注意到他是在访问一座死亡集中营。

BACZYŃSKI, Krzysztof(克日什托夫·巴琴斯基)。三十年代我在维尔诺遇见著名批评家斯坦尼斯瓦夫·巴琴斯基时,并不知道有一天我还会遇见他的儿子,而他这个儿子将作为一位诗人名闻遐迩。斯坦尼斯瓦夫·巴琴斯基是从华沙来东欧学院演讲的。他相貌堂堂,腰杆笔直,一副军人气概。这一点与人们所传他曾当过波兰军团枪骑兵(uhlan)以及他在西里西亚起义期间曾立下战功相吻合。政治上他属于毕苏斯基主义左派,由波兰社会党分化而来。他是一位马克思主义者,这一点有其文章可以印证。他的混合性格引起我的兴趣。至少我从未遇见过另一个像他这样的人。

德国占领期间我曾登门拜访克日什托夫·巴琴斯基在华沙的家(这个家属于他和他母亲,他父亲当时已经过世)。他给了我几首诗编进作品选。我记得他向后仰躺的坐姿,他始终受着哮喘病的困扰。他那文雅的仪表和他的苍白令我想到幽居于软木镶壁的房间里的马塞尔·普鲁斯特的形象。他既

---

[1] 指索洛夫基集中营,又称索洛韦茨基集中营,位于白海的索洛韦茨基群岛,是帝俄与苏联时代的一个大型政治犯劳改营。

不与他那一代的《艺术与国家》[1]那帮人结盟，也不参与其对立面塔德乌什·博罗夫斯基[2]的活动；他编自己的杂志，名叫《道路》(Droga)。我当时并不了解他在中学时代经历的思想演变。有段时间他曾自认为是托洛茨基主义者[3]。康斯坦丁·耶伦斯基曾与他在斯特凡·巴托雷男子文理中学同班；他描述过由于班里同学嘲笑犹太孩子里谢克·比霍夫斯基而开打的一场架。"只有五个同学，包括克日什托夫·巴琴斯基，站在我们一边，与他们三十多人开架。"应该说明的是，比霍夫斯基后来在英国当航空兵。他给在纽约的父亲写过一封信，信中谈及波兰人不可救药的反犹主义，以及如果能活过战争他将不再返回波兰的决定。此后不久他便战死。他的飞机被击落于科隆上空。

巴琴斯基从一个哮喘病患者，从一个被母亲娇生惯养的人转变成一名战士，是意志力的惊人胜利："意志是我的至爱。"大概他那位参加过斯托霍德战役的父亲将家族的军人传统传给了他，增强了他的意志力。批评家们写到他的转变，称颂这位英雄的战士诗人，但对他必须与之抗争的另一种心

---

[1] 《艺术与国家》(Sztuka i Naród)，"二战"期间在华沙秘密出版的文化月刊，由地下抵抗组织"国家联盟"赞助，支持激进的波兰民族主义意识形态。1944年8月华沙起义后停刊。
[2] 塔德乌什·博罗夫斯基(Tadeusz Borowski, 1922—1951)，波兰作家，其战时诗歌和描写自己作为囚犯在奥斯维辛经历的故事在中欧社会有很大影响。1951年自杀身亡。他是《被禁锢的头脑》中"贝塔"的原型。
[3] 托洛茨基主义源于苏共早期领导人托洛茨基的主张。

理冲突却缄默不语。他的母亲娘家姓杰伦奇克，属于一个著名的归化犹太人家族。雅德维加·杰伦奇科夫娜显然是克日什托夫的表妹之一，我在维尔诺学法律时与她是同学，她曾在一次辩论赛中获胜并略有声名。因此，克日什托夫从母系的血缘讲是犹太人。从父系的家族姓氏看，他似乎也有可能是犹太人（尽管对此我还缺少详证）。不管怎么说，他一定清楚地知道他的天地仅限于犹太人聚居区，而与世隔绝是犹太人区一个难以消除的问题。他一定也清楚，在他那帮家乡军同辈人的兄弟情谊背后隐藏着敌意，同样的敌意曾导致他与中学同学大打出手：他们五人与三十多人对打，而那五个人中只有一两个不是犹太人。

这个波兰浪漫主义诗歌的继承者，尤其是斯沃瓦茨基的继承者，有意识地将他的生命牺牲给了他的国家，尽管他知道他的国家并不需要他。而且，他相信他的人民只是犹太人区里的犹太人，他们与他不仅有着血缘上的联系，而且有着几千年历史的关联。他有几首诗清楚地见证了这一点，尽管考虑到他生存境况的诸多复杂因素，他的诗歌本可以揭示出更多的东西。浪漫的语调犹如幽暗的装饰面，掩藏了更清晰的自我认知的痕迹。

BALLADS AND ROMANCES（《谣曲与罗曼司》）。密茨凯维奇恒久的魔力——一种无法理解的魔力。诚然，有些魔力多多少少可以被理解。但在这里，我们面对的是不曾被刻意加工的内容（除了 Tukaj[1]）以及借用的形式。毕竟当时其他作家也曾趋时书写过主题相似的谣曲。我曾试图理性对待它们的诱惑。密茨凯维奇受到过古典主义的影响。在古典主义的诸多特色中包含着一种对男女精怪的轻灵机智的呈现（例如亚历山大·蒲伯《劫发记》中的气精）。如果一位古典主义者写谣曲，他并不一定非得相信显灵和鬼怪这类事。《浪漫主义》[2]这首诗中的卡露西亚即使宣称她看见了死去的爱人雅谢尼科，我们也会把这理解成她心灵的创造力使然，而不是她相信雅谢尼科真的出现在面前。因此，密茨凯维奇在写作谣曲时，是站在相信存在着神怪现象的边界上，玩弄着"仿佛"（as if）的世界。在其幽默之处，这种情况更加突出。当一位作者乐在其中时，好处多多。这有点像写《变形记》时的奥维德。他相信神话中的变身术，至少在他描述那化身为夜莺的少女时是这样，对不对？好，某种程度上是这样，尽管主题本身要求他悬置判断。这的确很棒。但是密茨凯维奇是喝乡下水长大的，他对民间传说倾向于信以为真。他本人还迷信，读他的《先人祭》[3]就会了解这一点。

---

1 波兰语，意为"这里"。
2 《浪漫主义》（"Romantyczność"），密茨凯维奇1823年诗选集《谣曲与罗曼司》的开篇诗。主人公卡露西亚失去了爱人雅谢尼科，但觉得后者仍然陪伴在身旁。
3 《先人祭》（*Dziady*），长篇诗剧，欧洲浪漫主义文学杰作，分为四部。Dziady一词原指古代斯拉夫民族祭祀先人的仪式。

不过我也不能锅底看着壶底黑。希维托布罗什切[1]神父的管家那篇故事，我自己不就相信其中的每个字吗？故事说她的死激起骚动，最终不得不掘开坟墓（她如今还埋在那片坟地里），以尖头白杨木棍戳穿她的尸体才收场。

理性的解释并不特别有效。《谣曲》的魅惑之力近乎魔力：它们是颂诗（carmina），这个词原指魅惑，是巫师——或如我们今天的叫法，萨满——的妖咒。后来，动词祝颂（carminare）被用来指创作诗篇。仪式或预言所要求的套话必须精练且易于发音：

"看，玛瑞拉，在树林的尽头。"

或者："在诺沃格罗代克近郊，不论你是谁。"

或者："'克利休，克利休，'他喊道，/回声应着'克利休'。"

或者："我要死了，我不哭，/但你的痛楚，你得想办法减轻。"

我同意，为了将颂诗奉入某个圣龛，或排上现代书店的架子，最好让它经受一下古典主义的淬火。密茨凯维奇就是这样做的。要是当今的诗人考虑一下在格律诗中安排音节有多大好处，他们会写好的。

永远感激密茨凯维奇。我对他的生平了解有限，我也不知他自何处获取他诗歌的力量。但感激一个人，用不着理解他。

---

[1] 立陶宛考纳斯县的一个村庄，在米沃什出生的基日达尼附近。

BALZAC, Honoré de（奥诺雷·德·巴尔扎克）。在德国占领期间，扬卡、耶日·安德热耶夫斯基和我，我们三个读得最多的就是巴尔扎克。一个蛮横的作家，一个好作家，尤其是就那时所发生的一切而言。愿我们三个人永远留在这些书页间，与我在一起，就像我们当时那样，而不是像后来，当我们的命运分道扬镳。我们阅读巴尔扎克是在我的诗歌小册子面世之后不久。小册子在迪纳西印刷，那地方离扬卡和我的住处不远。我在小册子上署了个笔名，扬·塞如切，姓氏来自我的曾外祖父。这是城市被占领以后印行的第一本诗集（印了五十来册）。安托尼·波赫杰维奇提供纸张和印刷机，扬卡订书，耶日帮忙。就在出了这本小册子之后，我们开始热情地阅读巴尔扎克，以之抗衡康拉德的影响。当时耶日在主编一份给小圈子阅读的文学通讯，我是他主要的合作撰稿人。他发表在这份刊物上的短篇小说，总是以极强的戏剧张力不断回到一些终极问题上去。扬卡头脑清醒，倾向于反讽，她对耶日作品中的康拉德式抒情不以为然（康拉德的波兰语译者是阿涅拉·扎古尔斯卡）。当我们在"公鸡脚下"酒吧喝伏特加，她便会对耶日直言不讳讲出自己的看法。她认为巴尔扎克的散文毫无浪漫抒情的痕迹，这一点有作家自己（通过博伊[1]的译文）为证。

---

[1] 塔德乌什·博伊-耶伦斯基（Tadeusz Boy-Żeleński，1874—1941），波兰著名翻译家，"青年波兰派"主要人物，一生译介上百部法国文学名著。1941年7月死于纳粹的"利沃夫教授大屠杀"。

我最亲爱的幽魂们，我无法邀请你们与我对谈，因为只有我们三人知晓，在我们身后便是我们悲惨的生活，我们的交谈会变成三种声音的悲叹。

BAROQUE（巴洛克）。他们的生活困苦而单调。他们日复一日起早贪黑，跟在犁铧后面，播下种子，挥舞长长短短的镰刀。只有在星期天，他们去教堂礼拜，一切才迥然不同。他们从灰色的世界溜进一个明快雪白又金光灿灿的王国：涡卷装饰的柱头、圣像的相框、圣坛中央的礼器，莫不如此。他们仰视穹顶，只见更多的雪白金光，与日光辉耀，融入天青。他们举目四望，管风琴的圣乐将他们高高托举。

巴洛克宫殿与教堂尖顶的影响力，都不及教堂内部的巴洛克装饰。多么辉煌的发现！天主教耶稣会的巴洛克风格在欧洲一直东传到波洛茨克和维捷布斯克[1]，并且征服了中美和南美洲，对此不必感到惊讶。繁复的曲线造型取代了直线；雕像身披奢华至极的长袍；圆滚滚的天使在空中飞翔——这些都需要黄金装饰，需要金碧辉煌的镀金。就这样，在教堂的圣殿里，信众被渡向了另一维度，与他们挣扎在艰辛劳作与困窘之中的日常存在正好相反。

巴洛克风格之所以得到发展，或许是要跟许多东正教教堂内部的"黄金匣"或"蜂房"一争高低（其中的唱颂、焚

1　波洛茨克和维捷布斯克均为白俄罗斯东北部城市。

香与礼拜仪式上的祝祷取代了神学与基督教福音的布颂）？对此我一无所知，我只知道在十世纪，当基辅骑士攻入拜占庭最大的圣索菲亚大教堂时，他们不知道自己是置身地上，还是已进天国。据传说，这影响了大公的决定，遂将基督教引入罗斯。无论如何，巴洛克天主教在竞争中胜过了东正教，也压制住了宗教改革的势头，这也许是因为新教教堂内素朴的墙壁无法显示天国的许诺。

BAUDELAIRE, Charles（夏尔·波德莱尔）。不幸的一生，才智卓绝，一位重要的诗人。其他国家或许也产生过具有如此才华的诗人，但波德莱尔是个法国人，在他生活的年代，巴黎被认为是世界文化之都。这座正在进行工业技术革命的城市，一座地狱般的城市（la cité infernale），作为大城市的象征，是波德莱尔的诗歌与其精湛画评的主题。

从神学角度看，他非常有趣。他处于信仰与无信仰的边界地带，在这一点上他有别于他的美学继承人斯特芳·马拉美和保罗·瓦莱里。他完全处于罗马天主教的氛围中，身上还深深烙着摩尼教的印记，对于"地狱"的力量——俗世（或城市）溪谷中的地狱，以及死亡之后的所在——他有一种异乎寻常的敏感。他对大城市的神话意象做出的贡献，丝毫不亚于巴尔扎克。在这一方面，T. S. 艾略特的《荒原》和詹姆斯·乔伊斯的《尤利西斯》都是对他的承继。

波德莱尔忠实于法语诗歌格律。亚历山大·瓦特[1]有一回把一首波德莱尔的诗和一首十六世纪的十四行诗一同摆在我面前。他并不告诉我谁是作者,作于何时,却要我猜。很难猜。法国的先锋派之所以要造反,是因为他们有着悠久的韵律传统。他们决心要做的第一件事便是将自己从亚历山大诗体[2]的暴政中解放出来。至少圣琼·佩斯在谈话中是这样解释的,他言辞激烈地说到其他语言中的现代诗模仿者,他认为那些人完全不了解促使法国人这样干的原因是什么。

波德莱尔很难被译成波兰语。为什么?如果某人想就此写篇文章,他将不得不从逐字对照波兰语译文与法语原文开始,最终得出的结论是:两种语言的发展不均衡。1936年我曾花很长时间翻译波德莱尔的诗《阳台》。我自认为这是我最成功的译作之一。

他论绘画的文章,包括《1846年沙龙展》和其他评论,其敏锐度始终如一。其中最重要的一篇评论,在我看来是《康斯坦丁·居伊:现代生活的画家》。那位"现代生活的画家"实际上是一位使用素描本和铅笔而非照相机的报道员。这篇论文一般以单行本发行,读到它对于生活在华沙的我至关重要。那是何时?就在战前。我开始认识到文明乃是人为构造

---

[1] 亚历山大·瓦特(Aleksander Wat,1900—1967),波兰诗人、文艺理论家、二十世纪二十年代波兰未来主义运动先驱。1939年被苏共流放至哈萨克斯坦。返回波兰后主要从事外国文学的翻译工作。1959年移居巴黎。
[2] 亚历山大诗体以十二个音节为一行,每第二个音节为一重音,为高乃依、拉辛等法国新古典主义悲剧家所喜爱。

的，是一种假托，一场戏剧，其中的女人正如画中所绘，是情色的神秘女祭司。我太喜欢这本书了，便把它译成了波兰语。但译稿遗失在我华沙寓所的废墟下。后来，乔安娜·古泽翻译了这篇论文。

BEAUVOIR, Simone de（西蒙娜·德·波伏瓦）。我从未见过她，但我对她的反感直到现在也没有减弱，即使她已死去并迅速滑入她那个时代的历史脚注。我们姑且说，我对她的反感是一个来自穷乡僻壤的男人对于一个时髦社会中的女士的不可避免的情感。我为自己在面对一种优雅精致的文明时所表现出的怯懦而愤怒，我对她的反感被这种愤怒所强化。作茧自缚于法兰西的小天地，她甚至不能想象茧子外面的人会怎样评价她。在巴黎高等师范学院三个叫西蒙娜的同学中——她、西蒙娜·薇依[1]、西蒙娜·贝忒蒙——她相信自己这个西蒙娜是最解放的一位，最能代表法国式的"资产阶级审慎的魅力"。我不能原谅她与萨特联手攻击加缪时表现出的下作。这是道德寓言中的一幕：一对所谓的知识分子以政治正确的名义朝一位可敬的、高尚的、讲真话的人，朝一位伟大的作家吐唾沫。是什么样的教条导致的盲目，使她居然要写出一部名为《名士风流》（*Les Mandarins*）的长篇小说来诋毁

---

1 西蒙娜·薇依（Simone Weil，1909—1943），犹太裔法国哲学家、政治活动家、宗教思想家和独具个性的基督教神秘主义者，对战后欧洲思潮有深刻的影响，著有《扎根》《源于期待》等。

加缪,将他的观点与人们对他私生活的流言蜚语搅在一起。

在女权主义者中,波伏瓦的嗓门最大,败坏了女权主义。我尊重乃至崇拜那些出于对妇女命运的体认而捍卫女权的女性。但在波伏瓦这里,一切都是对下一个知识风尚的拿捏。这个讨厌的母夜叉。

BEND(班德镇)。危松千尺,长空碧蓝,纯净之水自白雪皑皑的卡斯卡德山脉某处奔泻而下——一想到俄勒冈森林中的这个小镇,我的脑海里便会浮现这一切。更准确地说,小镇坐落在森林的边上,森林向西一直铺展到大洋岸边,往东则是干燥的辽阔大地,有些地方完全是荒漠。

班德镇坐守在向北通往华盛顿州和加拿大落基山脉的道路上。这条路也通向附近的旅游胜地,比如离温泉城不远的印第安人保留地,那里有些水温很高的温泉。白人给印第安人留下的,本来是片贫瘠的只生长牧豆灌木的低矮丘陵——白人一向如此。不过,后来附近小村子里的一位医生建议印第安人利用温泉来获取收益。于是他们盖起一座旅馆,挖出游泳池,植上树,咳,沙漠中就出现了一片绿洲,整个部落都挣上了工资。

班德镇与印第安大本营"卡尼塔"[1]也令我想起一些快乐时光,对于生活中这些时光我们总是珍惜不够,因为总有这

---

1 指"卡尼塔度假酒店",当地不少原住民的首选就业场所之一。

样那样的烦恼让人分心。后来，晚些时候，我们会像数念珠一样，一一数出我们一生中度过的美好与失意的时刻，想要将它们区分开来。

BERKELEY（伯克利）。1948年当我来到旧金山时，我还不知道海湾对面那座城市将注定成为我此生最为长久的居住地，即便是我度过中学与大学时光的维尔诺也不能与之相比。那时我陶醉于我的旧金山之旅，但那就像是奔赴另一个星球，而不是去往一个居住之地。尽管有这次旅行在先，1960年当我接受讲师教职时，还是把伯克利给想错了。我以为它是坐落在旧金山湾的一座滨海小城。根本不是：伯克利是围海造出的土地，是堆在围海填料之上的混凝土，是空旷的湿地，紧邻工业区和仓储区，还有黑人贫民区，只有在高处，才是白人的城市。我本以为会有海滩和游泳的人。哈！没有一粒沙子。由于一道低温洋流流经这一带太平洋海岸，海水很脏也很冷。从伯克利山丘放眼海湾、岛屿和城市的摩天楼，它们壮观而清冷。这是美洲大地的典型景观，空间辽阔，人与人之间关系疏远。我来这里，是为了忍受这一切，而不是为了喜欢这一切。我同时收到了两份工作邀请——一份来自加州大学伯克利分校，另一份来自印第安纳大学伯明顿分校。倘若当年选择了印第安纳，我的内心在那里或许会更容易与大自然相贴合。不过，不论我希不希望这事发生，加利福尼亚的风光与立陶宛的风光最终还是融会到一起。

BIOGRAPHIES（传记）。明摆着，所有传记都是作伪，我自己写的也不例外，读者从这本《词典》或许就会得出这样的结论。传记之所以作伪，是因为其中各章看似根据某个预设的架构串联成篇，但事实上，它们是以别的方式关联起来的，只是无人知道其中玄机而已。同样的作伪也影响到自传的写作，因为无论谁写出自己的生活，他都不得不僭用上帝视角来理解那些彼此交叉的因果。

传记就像贝壳；关于曾经生活在其中的软体动物，你无法从贝壳那里了解多少。即使是根据我的文学作品写成的传记，我依然觉得好像我把一个空壳扔在了身后。

因此，传记的价值只在于它能使人多多少少地重构传主曾经生活过的时代。

BIOLOGY（生物学）。科学之中最邪恶的一门。它削弱了我们对于人类的信念，妨碍人类去追寻那更高的召唤。这门科学本该由摩尼教徒来发明，他们相信世界是由一个邪恶的造物主创造的，但生物学的发展实际上要晚得多。正如其名目所示，"生物学"事关生命，因此，首先，由于以有机体果腹，每一生物都以其他生物为食。自然界就是由吞食者和被吞食者（natura devorans 和 natura devorata）所构成。它的基本假设是冲突斗争，强者生存，弱者灭绝。基于科学数据，即便哲学对此也只能得出悲观的结论，但这还不是生物学发现的最残忍的一面。生物学最残忍的一面，是将强者供上神坛。

适者生存被称作自然选择（物竞天择），据说它能用来解释物种的起源与灭绝。就这样，时间的深渊被揭示了出来——大地的过去，《圣经》所描述的大约六千年的过去，被推远到有生物存活的千百万年。它们出生，死去，全无意识，而意识是我们的荣光所在。但我们这个物种同样不能逃脱进化之链的捕获；人类的意识只在程度上有别于作为我们近亲的哺乳动物的智力。

达尔文并非不了解宗教的说法，他青年时代在牛津大学学习过神学。当他在1859年发表《物种起源》时，他有所懊悔地声称自己的著作宣扬了魔鬼的神学。这意味着一件事：他只是屈服于自己观察到的那些东西，但它们所指向的生命格局对于他来说，跟对于反对他理论的教会来说，差不多同样令人反感。

正是他拆毁了人与兽之间的栅栏。被赋予了不朽灵魂的人类曾经一向是万灵之长。《创世记》中造物主说："我要照着我的形象，按着我的样式造人，使他们管理海里的鱼、空中的鸟、地上的牲畜和全地，并地上所爬的一切昆虫。"一旦我们与其他种类的生灵之间的分界被打破，人类那至高的王权便受到怀疑。这时，在进化的进程中，产生自无意识的意识就变得靠不住了。从这时开始，相信灵魂的不朽，好像就变成了一种僭越之举。

没有任何一门科学像生物学一样如此深刻地影响了我们

观察世界的方式，然而它在二十世纪才获得了完全的权力，尽管是通过大众的简单化和庸俗化。耶日·诺弗谢尔斯基的（东正教）思考没有像在天主教徒中常见的那样，受到习惯的牵制，他认为，德国人这个哲学家的民族在二十世纪派给自己一项艰巨的任务：用实践来证明，将人类仅仅看作屈从于各种力量关系的动物，必将带来的后果。他们通过奥斯维辛集中营证明了这一点。

BLASPHEMY（亵渎）。这里指对一般认为神圣的事物的公开亵渎。这应该被称作渎圣（sacrilegium）[1]，但波兰语中没有与之完全对等的词；它只有亵渎（bluźnierstwo）一词。Świętokradztwo 可能是个近义词，但从词源学上说太近于"偷盗"的意思。要知道，一个人也可以亵渎神明而不必偷走教堂里的法器。

用最恶劣的大不敬语汇攻击上帝已得到公众的允许，有人甚至认为这是一种表达尊敬的新方式。然而我不得不应付另一种大不敬，我有过政治意义上的渎圣之举。

二十世纪的人民群众对口号缺乏抵抗力，在他们看来那不是宣传，而是显而易见的真理，只有疯子才会对它有所怀疑。一个德国人如果质疑元首奉天承运，他就必然是个疯子。将一个俄国异议分子送入精神病院的看来也不只是当局，更

---

[1] 拉丁语，指对圣物或圣地的亵渎、不敬。

是公众的呼声。

我在波兰感受过集体信仰的力量。这种信仰一天比一天坚定,因为人民所信仰的东西不容讨论,就像我们并不讨论我们呼吸的空气。波兰人民共和国整合出了一套适于当地情况的特殊理论供人们信奉。其首要论点是关于现状的持久性,这是由地缘政治决定的。其次,不管现在还是将来,真正的权力中心永远是莫斯科。大剂量的爱国主义得到了有力贯彻:工业化,保卫国家免受西边德国人的侵扰,作为民族文化推动者的国家。我所隶属的拥有特权的作家与艺术家集团发展出了自己对这种意识形态的特殊解读,他们自诩重新获得了自由,并且运用这一自由来为国家添砖加瓦。

对公共生活的日常参与以及某种集体热情,能够帮助一个人保持其声称的信念。待在国外,我得以从外部观察这些行为模式并发现那些缩在坩埚里的人们从自己身上发现不了的东西。即使这样,当我与华沙政府决裂并写出《被禁锢的头脑》,我还是有种强烈的感觉,好像我干了一件不体面的事,我破坏了每个人都接受的游戏规则,甚至可以说,我践踏了某种神圣的东西,我是在亵渎。那些对我口诛笔伐的华沙同行并不仅仅是在表达他们的恐惧(像斯沃尼姆斯基[1]和伊瓦什凯维奇所做的那样),在某些情况下,还表达了他们身为作家

---

[1] 安托尼·斯沃尼姆斯基(Antoni Słonimski, 1895—1976),波兰诗人、记者、作家,是活跃的反斯大林主义者和自由化的倡议者。

发自内心的愤慨。

加乌琴斯基[1]在他的《致叛徒的诗》中写道:"我以我母亲和华沙的名义发誓,这事依然使我痛苦。"卡齐米日·布兰迪斯[2]在其小说《在他被遗忘之前》中,塑造了一个道德上存在缺陷的人物,因为只有这样的人才会与"进步阵营"决裂。

由于全巴黎的知识分子都相信所谓社会主义制度的迅速胜利和斯大林的天才,像我这样的孤独者的声音只能属于自毁城墙那一种,任何脑筋正常的人都不会如此行事。天哪,我没有任何道德优越感来捍卫自己,因为一个亵渎者被社会驱逐出去时不会享受到任何乐趣。

后来在伯克利,我彻底见识了左派乌合之众的思想和他们表现为政治正确的思想成果。但是,在1990年的华沙,情况也是如此:说俄国共产主义是与纳粹主义一样的制度,便激起了那么愤怒的狂潮,这使你不得不怀疑,人们在其层层笼罩的潜意识之下,还存留着对这一偶像的心理依附。

---

[1] 康斯坦丁·加乌琴斯基(Konstanty Gałczyński, 1905—1953),波兰诗人。"二战"期间沦为战俘,战后写有很多支持共产党政权的作品,包括一首针对米沃什的讽刺诗。他是《被禁锢的头脑》中"戴尔塔"的原型。
[2] 卡齐米日·布兰迪斯(Kazimierz Brandys, 1916—2000),波兰散文家、电影编剧。

BOCCA DI MAGRA（马格拉河河口）。位于卡拉拉[1]之南。我想那是1955年夏天。尼古拉·恰罗蒙特[2]与我坐在那座镇子上唯一一家饭馆的露台上，喝着葡萄酒，聊戏剧。玛丽·麦卡锡与西班牙作家、侨居法国的豪尔赫·森普伦一起到来。我儿子托尼与森普伦的儿子们相互追逐，嬉戏打闹。尼古拉的妻子米丽娅姆也在场，还有一个英国女孩，她的名字我忘记了，在场的还有我妻子扬卡。我们这群人时不时登上渔港里一艘汽艇，驶往一处走陆路无法抵达的小海湾。海湾被白色大理石的悬崖围护。海水平静、碧蓝、透明。悬崖的白色倒影从水底映射上来。纯粹的泅泳的快乐。我们躺在大理石板上稍事休息，又复入水中。我现在想到的是：我在那儿的时候有种感觉，那小海湾里的快乐时光理应是时间永恒的面目，但与此同时我悲哀地感到事实并非如此，因为我所熟悉的良心之痛从内部啃噬着我。毫无疑问，如果我是小说家，那里所有的人物，包括我自己，都会为我提供有趣的写作素材。但是行了吧，愿安宁与他们同在，也与我同在。

BOGOMILS（鲍格米勒派摩尼教众）。中世纪保加利亚摩尼教信徒的一支。保加利亚之所以会有这些人，是因为当先知摩尼的异端宗教开始在拜占庭东部的亚洲省份传播开来

---

1 意大利托斯卡纳城市，以开采优质大理石著称。
2 尼古拉·恰罗蒙特（Nicola Chiaromonte，1905—1972），意大利活动家、作家。另见后文CHIAROMONTE一节。

时，皇帝曾努力清除摩尼的信众，把他们流放到了北部边疆地区。那里的修道院于是变成了鲍格米勒派摩尼教众的避难所。俄国支派倾向于认为，物质世界即便不是由魔鬼直接创造，也算得上是魔鬼的领地。这与使用斯拉夫语的教会一样，是他们的保加利亚遗产的一部分。鲍格米勒派摩尼教众又从保加利亚向西迁徙，在波斯尼亚创建传教中心，并沿亚得里亚海岸迁移至意大利北部，再从那里走向普罗旺斯。在普罗旺斯，摩尼教徒变成了纯洁教派（Cathars）或阿尔比教派信徒（Albigensians）。我在伯克利斯拉夫语言文学系的盾牌卫护下探究过他们漂移的行迹，作为我开设的摩尼教课程的绪论部分——我好像是在为摩尼教弄出一个斯拉夫谱系。当然，历史学家们对纯洁教派感兴趣是由于宗教法庭的缘故。在教会史上举足轻重的宗教法庭，其建立首先就是为了对付纯洁教派，而法庭对纯洁教派的刑罚，对人类在大地上创造出地狱有着非凡的贡献。

西蒙娜·薇依让二十世纪的人注意到阿尔比教派和摩尼教派并将之基本视为一个宗教问题。她这样做并非为了复兴摩尼信仰，而是因为她发现，他们对《旧约》中耶和华的观点得到了如今很多人的应和——摩尼教徒视耶和华为一位邪神，得对这个罪恶的世界负责。作为进化论的成果之一，动物与人类之间的边界被拆毁，人们日益敏感于不仅是人类在遭受磨难，所有生灵都在受苦。这种感受也助长了人们对摩尼教徒的应和。那创造世界的神，对宇宙之痛负有责任。失乐园的神话，即亚当之孽玷污上帝造物的神话，被人们拒绝了。相反，人们争论说，人类是由与动物一样的本能所驱使的，并同样受制于为生存而争斗的律法。

西蒙娜·薇依依然是一位有争议的人物。犹太人认为她有反犹主义（纯洁教派拒绝《旧约》）并予以谴责，认为她在自然（和人类）的问题上是一个严格的决定论拥护者。她认为基督教是一种末世宗教，她把祈祷辞"你的国降临"解释成对世界终结的吁请。

对纯洁教派而言，这受造世界的邪恶是不治之症，连人类的生殖力也是邪恶的，因为它延长了世界的存在。尽管西蒙娜·薇依倾力向往非存在，她还是欣赏这受造世界之美（包括其数学之美）。她的理智迫使她承认，在对存在的赞颂与反抗之间存在着矛盾，而这一矛盾是纯洁教派设法忽略的。

BOŁBOT, Yan（扬·波乌勃特）。那是战争刚刚结束的时候，我们这些低年级学生被划成一拨。这一拨多为小孩，只有几位是耽误了学业的运动员，年龄大一些，其中一人就是扬·波乌勃特。明摆着，他的学习一塌糊涂，因为升入高年级后我就没见过他了。多年以后我在某处读到边防军部队1939年武装抵抗苏联入侵的报道，其中写到一位英雄中尉在前线捐躯的事迹，这名中尉就是扬·波乌勃特。

BOREJSZA, Jerzy（耶日·博热依沙）。一个别致的姓氏，但却是个化名。他平时搞出一副地方乡绅公子哥的派头，但那只是一副面具。他是波兰共产党员中最为国际化的一位，或许在某种程度上他是以维利·明岑贝格[1]为榜样。明岑贝格在德国魏玛共和国时期建立起一个报业帝国，后来他从希特勒德国逃到巴黎，并在那里建起一个共产党的宣传中心。博热依沙在一位苗条的金发女郎，即我们亨利克·丹比尼斯基的遗孀[2]（她姐姐是一位修女）的襄助下，于1945年白手起家，建起了他自己的新闻和出版帝国：采特尔尼克出版社（Czytelnik）以及其他出版社、各种报纸和周刊。一切都离不开他：作家的地位、书稿的采用、赞助费。我也是他马厩里的一员，我们全在那儿。他发起了保卫和平运动——即便不是他单独发起，我想，这个主意至少也是来自他的脑袋。1948年弗罗茨瓦夫大会[3]时，他想办法把毕加索也吸引来参加。这是他的创举。不过这也是他走下坡路的开始，因为俄国人对那次大会的某些方面不满意。其后就发生了一起神秘

---

[1] 维利·明岑贝格（Willi Münzenberg, 1889—1940），共产主义政治活动家，魏玛时期德共的主要宣传者，创造性地开展与教条主义截然不同的宣传工作，得到一批独立作家和学者的支持，开办了自己的报纸、出版社和读书俱乐部。后与共产主义疏远，流亡巴黎。

[2] 另见本书 DEMBIŃSKA, Zofia 一节。亨利克·丹比尼斯基（Henryk Dembiński, 1908—1941）为波兰社会活动家、记者，米沃什大学时代的校友，曾在《灾祸派》杂志发表作品。

[3] 1948年8月，来自四十五个国家的五百多位科学家、政治家、学者和艺术家，在波兰的弗罗茨瓦夫召开"世界保卫和平大会"。与会者包括毕加索、小居里夫妇、布莱希特、艾吕雅、赫胥黎等知识界名人。

的车祸。我读过有关明岑贝格出名和衰落的文字，所以现在没法不把他们两人的经历摆在一起来看。西班牙国际反法西斯运动期间，明岑贝格大奏和声，但他惹恼了斯大林。后来，当莫斯科召唤他（去受死），他又拒绝前往。从那时起，他在巴黎的生活就被一种持久的危险所包围。当德国人扑向巴黎，他逃往南方，死在逃亡的路上，看来是被处死的（他被吊在一片树林里）。或许博热依沙的经历没有那么戏剧化，但考虑到他对国家的服务，他死后官方报纸的长期沉默，就让我不由得感到奇怪。他这人非同一般，值得一写。

BOROWIK, Anielka（阿涅尔卡·博罗维克）。生于华沙一殷实之家。她的父亲亚历山大·盖普纳1939年本可远走高飞，投奔异国，但他出于全民团结一致的根本信念，选择留在了波兰，然后便栖身于犹太人区。战前，阿涅尔卡是美术学院的学生，她与扬卡的友谊便始于那个时期，以后一直持续到战后。她与她丈夫卢茨扬·博罗维克在曼哈顿的家始终是我们温暖的落脚点。卢茨扬做进出口生意，并且在地产投资方面很成功。战前和战争刚爆发几个月时移民到纽约的华沙中产阶层（医生、律师、商人）很快便融入了美国社会。他们心态开放，宽容，保持着战前出版的《文学新闻》[1]的最佳传

---

1 《文学新闻》(Wiadomości Literackie)，1924年至1939年在波兰出版的民主自由派文化周刊，其创始人和主编为米奇斯瓦夫·格日泽夫斯基（Mieczysław Grydzewski）。杂志每年颁发自己的文学奖，在波兰拥有广泛读者群。

统。我曾在华沙政权驻外使馆工作，而他们是讲波兰语的人当中极少数不曾用"叛徒"一词来形容我的人之一。我一直对那个圈子，对博罗维克夫妇心怀感激。多亏了阿涅尔卡，我得以结识博尔斯泰因博士。他是个可爱的书虫，受雇于纽约公共图书馆，任斯拉夫语部主管。有一天，我坐在图书馆里翻阅报刊，他走过来小声问我是否认识坐在我旁边的那位先生。那是克伦斯基，俄国后沙皇时代第一届临时政府总理。

博尔斯泰因博士、博罗维克夫妇[1]、社会学家亚历山大·赫兹、约瑟夫·维特林[2]、亚历山大·扬塔-波乌琴斯基——在1946年至1950年间，这些人基本就是我的纽约。

BOROWSKI, Edward（爱德华·博罗夫斯基）。我的同辈，也是我在B班的同学（B班学德语，我们A班学法语）。直到如今，他对我来说依然重要，因为他与我以及我圈子里的人迥然不同。他出身有钱的名门望族，忠于家族传统，带着受过良好教养的人那种势利和保守派的架子，发表反动观点还摆出一副挑衅的姿态。他与另一位名叫雅内克·梅什托维奇的同学合得来。那也是一位用心保持精英观点的人。如果我没记错的话，他是瓦勒瑞恩·梅什托维奇神父的侄子（或同父异母兄弟？）。神父先当过枪骑兵，后来成了神学教授和梵

---

1 另见本书BOROWIK一节。
2 约瑟夫·维特林（Józef Wittlin, 1896—1976），波兰犹太裔诗人、散文家、翻译家、编辑，著有小说《大地之盐》（*Sól ziemi*）等。

蒂冈外交官,在我们的城市里大名鼎鼎。

我自问,为什么我这样一个大户人家的后代,会对自己的家族背景感到别扭。或许是我对自己血统的羞耻感预先决定了我后来的种种智力冒险。我的民主倾向和社会主义倾向是从哪儿来的?毕竟,我本可以告诉自己:我生来就是一个庄园少爷,应该持有与之相称的政治观点。尤其是考虑到那些保守的维尔诺"野牛"(大地主),以他们威权家长式的眼界(要知道,是他们掏钱支持斯坦尼斯瓦夫·马茨凯维奇的日报《词语报》),却不像民族主义者那样将波兰人等同于天主教徒,所以对他们来说这不是一个利用宗教来促进民族利益的问题。阶级利益无疑是社会和谐的保障,这样说不无某种伏尔泰的味道。

我试着想象自己作为一个年轻的保守派会是什么样。如果是那样,我的生活道路会截然不同。尽管我必须承认,那样一个人在文学圈子里是待不下去的,我将不得不动用我的超级博学和辩才以维护自己的身份。的确,克萨弗里·普鲁辛尼斯基[1](他娶了雅内克·梅什托维奇的妹妹)曾宣布自己是一个保守主义者。但他可不是知识分子。

显然,一切就该是那样,我不得不承担我的错误、执迷、愚蠢和愤怒所带来的后果,但作为交换,我看到了他们从未能看到的东西。

---

[1] 克萨弗里·普鲁辛尼斯基(Ksawery Pruszyński, 1907—1950),波兰记者、作家和外交官。

BROCÉLIANDE, Forêt de la（布劳赛良德森林）。六十年代晚期，扬卡和我曾去布列塔尼[1]度一个长假，我坚持要到这座森林里走一趟。我们的假期被阿图尔·曼德尔从伯克利发来的一封电报打断，电报说我们的儿子托尼出了车祸。我的确驾车穿越过这片森林，但这段旅程在我脑子里不曾留下丝毫确切的印象。也就是说，我不记得任何地方可以让小仙女维维安和她的情人魔术师梅林居住其间。[2] 实际上，我们根本不能肯定布劳赛良德森林就在布列塔尼；有更具说服力的证据表明，那座森林是在海峡的另一边。但是梅林、维维安、亚瑟王，还有圆桌骑士——哎呀，公元500年左右所发生的一切——都缺乏文字记载，而传说又变来变去，有如维尔诺上空的云彩。"布劳赛良德"这个地名听起来像法语，显然来自凯尔特语的 bro，意思是"土地""大地"，还来自 llan，意思是"神圣的地方"——合起来就是"神圣的土地"。

BRONOWSKI, Wacław（瓦茨瓦夫·布罗诺夫斯基）。在学校，我们经常坐一条长凳。学法律的第一年，我们在河堤街合租了一间房，从房间可以望见维利亚河对岸的发电厂。在智识上，我们毫无共同之处。如今想来，那些与我合住的

---

[1] 位于法国西北部的布列塔尼半岛，英吉利海峡和比斯开湾之间。
[2] 布劳赛良德森林因亚瑟王圆桌骑士的传说而著名，魔术师梅林是亚瑟王的谋士，爱上了湖中仙女维维安。

同学对我来讲完全是陌生人，而所有那些我们合租的房间，倒是见证过一些事情。比如，我们都隐藏起了真正的、私人的自己，这样住在一起反倒简单。不过这并不意味着，当我们需要有一种真正的相互理解时，事情会变得容易。

瓦茨瓦夫的书呆子气和狂热癖好让我觉得有趣。我们都吸烟。那时吸烟得分别买烟草和卷烟纸回来自己卷。装在盒子里的卷烟纸五颜六色，各式各样。瓦茨瓦夫攒卷烟纸盒，津津有味地把它们码起来。请注意，造卷烟纸是一项颇为短命的技术，战后就消失了。那时，华沙街头卖着精心烤制的、家种的烟草，货品一般摆在人行道上。卷烟纸单卖。一个人卷那些"穷光蛋"（立陶宛人都这么叫）可以卷得得心应手。就我所记得的，克龙尼斯基斯产销的烟卷，卷烟纸的烟嘴和烟杆部分并无任何区别。

瓦茨瓦夫的书呆子气与他缺少青春气息有关。他骨瘦如柴，尖下巴，亚麻色的头发，做起事来一板一眼，有条不紊，使他看上去马上老了一大截。不过，他很有幽默感。他是一位女业主的独生子。实际上，我在希吉斯蒙德·奥古斯特文理中学的大多数同学都有着相似的家庭背景。如今这成了我思考的内容，关于豪门大户和居住在我们那一带的人们之间的分界线。

我学了法律而非人文专业，这并不是明智之选，但法律完全适合瓦茨瓦夫和他那种脑袋。他对证据逻辑和罗马法惯用语乐此不疲，而我只能死记硬背。不久以后，我便没了他的音

B
109

信，可我相信他在取得文凭以后做过一阵子学徒，但不是干辩护律师的工作。1939年时他一定已经当上了助理检察官或法官，这使他成了流放犯的理想候选人。维尔诺地区被流放的人员主要去的是沃尔库塔的古拉格集中营。我所知道的就是他遭到了流放，然后死在了某个劳改营，很可能就是在那里。

BUDDHISM（佛教）。现如今，我差不多会赞同奥斯卡·米沃什有关深入开掘我们地中海传统的忠告。我大概也会认同卡尔·荣格的警告——他对西方头脑是否可能理解东方宗教始终持怀疑态度。话虽如此，与本世纪初相比，佛教在西方国家取得的地位已经大为改观。它已经变成与基督教、犹太教、伊斯兰教并存的信仰。我显然被佛陀法言所吸引，因为我生命中所经历的困苦——生灵的困苦——正属悉达多王子普世情怀的核心关照。佛教大慈大悲，将一种神圣体验带给很多无法让自己安于接受《圣经》宗教的各种矛盾或接受一位人格神的人们。佛教既非有神论也非无神论，它对创世和第一推动力不置一辞，因此不需要在为什么造物主既称唯一又兼有善恶两面的问题上左右挣扎。

在美国，我对日本、中国和越南移民的佛教并无特殊兴趣。那是他们文化的一部分。他们在每一座大城市都设有寺庙。另一方面，我对不设寺庙、只设禅修中心的纯粹的美国佛教兴趣浓厚。佛教并不敌视其他信仰，它并不排斥同时属于天主教、新教或犹太教的东西。它通过神学对话，尤其是佛教徒与基督徒之间的对话，结出了普世性的硕果。

BULSIEWICZ, Tadeusz（塔德乌什·布尔谢维奇）。幸运的布尔谢维奇，维尔诺的伊莱娜·别尔斯卡[1]戏剧工作室最英俊的一员。你的阳刚之美，来自你强健匀称的躯体。你并不很高，给人的印象是平均分配了力量与灵巧。他们将你流放到古拉格之后你遭了大罪，但强壮的体魄帮了你，你幸存了下来。然后是离开牢房，穿越里海的欣悦之旅，东方世界五光十色的市集，军装和武器，士兵的营帐。你明白要珍惜只有少数人才有机会见识的冒险滋味，这种事别人只会在书里读一读；但话说回来，《献给波兰军团之诗》里的句子你早已烂熟于心。后来你来到了意大利，置身于军队、军团和胜利的战场。在其中一场战斗中，在一处山坡，在一次冲锋中，当两肺深深吸入空气，而你即将跃步向前，当你的心跳赞美着青春，一粒子弹打中了你。卡西诺山[2]将它的一小块土地留给了你，而你不必再像你的同伴们那样浪迹流亡，从阿根廷到加拿大。[3]

---

1 伊莱娜·别尔斯卡（Irena Byrska，1901—1997），波兰戏剧演员、导演、剧团经理，丈夫是戏剧艺术家塔德乌什·别尔斯基。别尔斯基夫妇"二战"后共同经营剧院，是波兰戏剧界的重要人物。
2 "二战"最激烈的山地战卡西诺战役即发生在此地。
3 《米沃什词典》第一卷于1997年在波兰首次出版后，作者获悉布尔谢维奇赴死的情景，大概不是他半个世纪以来所以为的那样（见后文 INACCURACY 一节）。——原注

B

BYRSKI, Tadeusz and Irena（塔德乌什·别尔斯基和伊莱娜·别尔斯卡）。健美、聪明、体面、高贵。我崇拜他们；他们是我最亲密的朋友，他们的友谊给了我骄傲的资本。我在维尔诺电台的日子是与别尔斯基夫妇一起度过的。我们也一起被赶出那个地方。有趣的是，在经历过维尔诺的文化活力之后，别尔斯基认为他的家乡华沙简直就像一个安静的地方小镇。

战争期间我们曾去华沙的别拉尼区拜访他们。他们五岁大的儿子科日的冒险事儿让他们在邻里间出了名。科日与其他孩子一起玩，玩的当然是打仗。他从一堆破烂儿里找到一把夜壶，扣在头上当头盔，一个"敌人"用棍子照他头上打了一下，就把他的头打进了夜壶。孩子们不得不用报纸将他连头带壶包起来，把可怜的科日带上电车。他后来当上了波兰驻印度大使，回到华沙后成为印度研究教授。

在他不得不消失的几个星期里，塔德乌什和我们一起住在独立大道。但那不是一幢安全的公寓楼，因为门房总是东嗅西闻，看有谁在帮助犹太人。塔德乌什长一头黑发，看上去像个犹太人。

塔德乌什来过西方几次，其中一次还到我们在法国的家看过我们。后来，在我获得诺贝尔奖以后，1981年夏天，我们两人曾开一辆敞篷车在华沙四处乱转。

C

CALAVERAS（卡拉维拉斯）。一度看起来最真实、最本原、最自然的东西，后来往往被发现只是一种文化构建的产物。一些民族服装的样式来自轻骑兵花里胡哨的军装，一些玻璃彩绘模仿的是教堂的巴洛克彩窗，一些所谓的民谣是派生自文学作品，比如我童年时代生活过的基日达尼地区流传过一首民谣，唱的是一个墓地鬼魂夜里将他喜爱的人劫持到马背上。

地方传说也一样。有些仅仅是地理因素使然，但有时也是文学想象中的某个念头使人们灵机一动。时不时地就有人说起，在加利福尼亚的沙斯塔山和三一山脉看到了"大脚怪"，说一个又是猿又是人的家伙留下了巨大的脚印，像是一种"雪人"（yeti）。这也许是出自淘金者的篝火闲谈，但我怀疑这个传说与附近镇子上记者们的利益有关。那地方平淡无奇，了无特色，没有什么能比一个野人近在咫尺更令人兴奋。

每年5月，卡拉维拉斯都要举办一场跳蛙比赛。如果不是马克·吐温用他的小说《卡拉维拉斯县著名的跳蛙》使该县扬名，没人会听说这个地方。比赛地点选在内华达山脚下、萨克拉门托东南的天使营小镇附近的田野里。在马克·吐温写他的小说的时候，那儿只有开采金矿的营地；他把他听来的一则逸闻写成了一个短篇。如今，当地就有了这么一个不

C

115

太广为人知的节日。尽管如此,当一只青蛙打破了纪录,报纸上还是会报道。届时那里会停满汽车和轻型飞机,因为养蛙人(主要是学校里的男孩子们)和蛙迷甚至会从邻近的亚利桑那州和俄勒冈州赶到那里。如何才能让青蛙跳跃?你得跺脚吓唬它。我以前不知道青蛙们本领高强。一只好的参赛青蛙可以跳出十九英尺远。最棒的青蛙们跳出的距离需要一英寸一英寸地丈量才能分出高下。有一次我们把维克塔·维尼茨卡博士也带到那里看比赛,所以那应该是六十年代中期的事。她是约瑟夫·维特林同母异父的姐妹。她玩得很开心。我们开着沃尔沃一路旅行,后来有人生病才只好停下来。我们穿越了加利福尼亚北部地区,又继续向北,穿过俄勒冈和华盛顿,直抵加拿大,其间我们曾在加拿大落基山脉露营。

文学与地点。对华沙的某些居民来说,博莱斯瓦夫·普鲁斯[1]的长篇小说《玩偶》(1890)完全是写实的,以至于两次大战之间那段时期,有人在位于克拉科夫郊区街的一幢公寓楼的墙上钉了块小牌子,上面写着:"《玩偶》主人公斯坦尼斯瓦夫·沃库尔斯基曾在此居住。"

CAMUS, Albert(阿尔贝·加缪)。他出版他的书《反抗者》(*L'Homme révolté*)时,我一直关注着人们在巴黎对他的所作

---

[1] 博莱斯瓦夫·普鲁斯(Bolesław Prus,1847—1912),波兰文学史上的一位领袖人物,主要作品为四部长篇小说:《哨所》《玩偶》《新女性》《法老》。

所为。他像一个自由人那样写作，但后来的事情表明，人们不允许他那样做，因为"反帝"（即反美和拥护苏联）的阵线有一种强制性。在萨特的《现代》杂志上进行的那场丑陋的讨伐中，发起攻击的主要是萨特和弗朗西斯·让松，很快西蒙娜·德·波伏瓦也加入进来。那是在1951年，正好也是我与华沙决裂的时候。针对加缪，萨特写道："如果你既不喜欢共产主义，也不喜欢资本主义，我看你唯一可去的地方是——加拉帕戈斯群岛[1]。"

加缪给我的礼物是他的友谊。他为伽利玛出版社工作。该出版社有他这样一位同盟者十分重要。我的《伊萨谷》由让娜·赫尔施翻译成法文，加缪读了打字稿很喜欢。他告诉我，我的小说让他想起托尔斯泰有关其童年的写作。

我与伽利玛出版社的关系并不融洽。由于我获得了欧洲文学奖（Prix Littéraire Européen），他们出版了我的《权力的攫取》，随后又出版了《被禁锢的头脑》。但后一本书从没在书店上架。我不无理由怀疑是图书发行商出于政治原因联合抵制了这本书。他们因为加缪的推荐出版了《伊萨谷》，但据出版社财务处的人讲，这本书根本就没卖出去过；与此同时，有人从非洲给我捎来了这本书的第四版。加缪死后，我在出版社就没了帮忙说话的人。根据我与他们所签合同中规定的

---

[1] 又名科隆群岛，属厄瓜多尔，被称为"生物进化的博物馆"，保存不少罕见物种，达尔文曾于1835年上岛考察。

优先出版权,我把塞迪尔翻译的《故土》交给了他们。但是当时负责外国文学编辑室的狄俄尼斯·玛斯科洛,一个共产党员,把它交给了耶日·里索夫斯基(一位当时正住在巴黎的波兰共产党员),要他评估这份书稿,实际上是希望由他出面把它毙掉。这就像十九世纪时要求沙皇的驻外使馆评估那些政治流亡者。里索夫斯基写了一份恭维的书评。他们出版了这本书。此后,我决定不再和这家出版社打交道。

我记得同加缪的一次谈话。他说他是个无神论者,他问我,以我之见,要是他把他的孩子们送去领第一次圣餐是否合适。当时我刚去巴塞尔拜访了卡尔·雅斯贝斯[1]回来。我曾问雅斯贝斯我是否应该将我的孩子们培养成天主教徒。雅斯贝斯回答说,他作为一名新教徒对天主教教义并无偏好,但必须根据孩子自己的信仰培养他们,只要给孩子们接通《圣经》传统,以后他们会自己做出决定。我差不多是以同样的说法回答的加缪。

CAPITALISM, The End of (资本主义的终结)。我当然相信这一点。在三十年代,世界变得太荒谬,难以忍受,人们无法不去寻找解释。我们说服自己:不管怎样,非理性是一种例外,当制度改变之后理性就会占据上风。毕竟,在最为工业化

---

[1] 卡尔·雅斯贝斯(Karl Jaspers, 1883—1969),德国哲学家,对现代神学、哲学、精神病学等领域均有深刻影响。

的国家，有千千万万的失业者排队等待施汤；独裁者在体育场正面看台上咆哮并攫取权力；军备竞赛成了给人们提供工作、推动经济的唯一手段；战祸没完没了地燃烧——在中国，在非洲，在西班牙。西欧的知识分子们忙于嘲笑民主，而波兰人在贫困的边缘茫然度日，穿过乡村田野的道路上尘土飞扬。因此，资本主义制度必须为这一切负责；不曾遭受周围愚蠢所污染的理性，等待着属于它的时刻的到来。这就是我当时的思想状态，这就是我作为理性之友，面对波兰民族主义意识形态的态度。

CARMEL（卡梅尔）。

> 若你在人生几世之后前来寻找此地，
> 或许我手植的丛林只会剩下几棵树
> 依然挺立。
>
> （罗宾逊·杰弗斯，《岩石山居》）

树木没有得到很好的保护。由于这里面向大西洋，地价后来变得奇贵。杰弗斯的后人抵挡不住诱惑，将这块土地出手卖给了开发商。但是他亲手建造的那座岩塔依然矗立，依然是被他称作"岩石山居"（Tor House）的房子。它也是"岩石山居基金会"的会址。

我曾是杰弗斯诗歌的捍卫者，曾不无困难地力图证明一种今天简称为"非人主义"（Inhumanism）[1]的东西的正当性。这仅仅是因为，杰弗斯在一个人们连想都没想到过后现代主义的时代，已在深思熟虑地反对现代主义。他拒绝始于马拉美象征主义的对诗句的加压浓缩，他决定直截了当地表达他的哲学观点——这些无非就是后现代主义。他这是打了个大赌。卡梅尔这地方使我伤感，因为那些他手植的树木，以及声名的无常。毕竟，在二十年代，杰弗斯曾是美国最伟大的诗人。德怀特·麦克唐纳，且以此人为例，视杰弗斯远远高于 T. S. 艾略特。而今，尽管他依然拥有得其三昧的诗歌崇拜者，但他已变得像个"业余妇女"——一个丑妇。用马雷克·赫瓦斯科的一句聪明话来说：他只是给业余爱好者看的。

现在对他的作品盖棺定论还为时过早；它们还需要经过时间天平的反复衡量，尽管从语言的角度维护他那些长篇诗体悲剧大概不无困难。但是，这个以手中之笔反对一切的人，即使是在失败的时候，也有一种高贵之气。

他至少有一位忠实信徒：威廉·艾弗森。此人有段时间在奥克兰做过多明我会的专职修士，以"安托尼努斯修士"（Brother Antonius）为笔名写作。我曾去位于夏伯特路的修道院拜访过他，也曾将他的几首诗翻译成波兰文。他出版过几本诗集和一本论述杰弗斯哲学的专著。在这本专著中，他大

---

[1] 杰弗斯造的词。他在《双斧》一诗的序篇中阐释"非人主义"，强调了"从人到非人的哲学转变"，认为这种观念"具有客观真实和人文价值。它将理性的超脱作为一种行为准则"。

概将杰弗斯过于拉向了自己一边,这意味着杰弗斯哲学的两个组成部分——"科学世界观"和尼采——被遮蔽了,而他的泛神论狂热被推到了突出的位置。

CENTER and periphery(中心与边缘)。塑成我们文明的一切——《圣经》、荷马、柏拉图、亚里士多德——是否均出自权力的中心?不总是这样。有比耶路撒冷更强大的首都,而小小的雅典很难与埃及一较高低。确实,罗马帝国给了我们维吉尔、贺拉斯和奥维德;君主制的法国催生了古典悲剧;英格兰王国,是莎士比亚;在中国,诗歌杰作涌现于以唐朝皇帝的年号命名的时代。但是,西欧半岛,尽管分成了大大小小许多国家,也应被视作一个中心,那里出了但丁、塞万提斯、巴洛克音乐、荷兰绘画。

创造的冲动从一国游走至另一国,是件极其神秘的事。由于缺乏明确的动因,我们便用承袭来的时代精神(Zeitgeist)一词指称它。当我们用它在我们自己身上检验时,它显示出强大的说服力,因为欧洲分为创造的西部与模仿的东部(它重复西欧的形式),这是一个尽人皆知的事实。波兰的纪念性建筑重复的是舶来的风格。的确,它们一般都是由来自佛兰德斯、德国、意大利的建造者所建。其教堂绘画总的说来也是源自意大利。一个巴黎人也许会理直气壮地说,我何必要看那几位波兰印象派画家的作品,既然我知道他们模仿的是哪些原作?

让我们将这个问题变得复杂一点。一位盎格鲁-爱尔兰旅行家描述过1813年的莫斯科,他指出,受过教育的俄国人读写都使用法语,这可以理解,因为用一种野蛮的语言和一种野蛮的字母根本写不出东西。同一位旅行者,在骑马去华沙的路上经过诺沃格罗代克,他断言这个单调、丑陋、荒凉的地区永远不会产生像斯特恩[1]或伯克[2]那样的天才(不过他也许在街道上撞见过还是少年的密茨凯维奇)。

俄国上流社会从模仿法国作家开始,但不久以后他们不仅学会了用自己的语言来写东西,而且用这种语言创造出了伟大的文学。诚然,这个事例为那些将智识活动与权力中心联系在一起的人提供了支持性的说法——俄罗斯文学诞生于彼得堡,那是帝国的首都。

人们从不同的角度解释创造力——地域风光、种族、一种无法描述的民族精神、社会结构,等等,但又说不清道不明。不论在何种情况下,西欧居民的脑子里都刻着一套有关文化中心与边缘的根深蒂固的成见,这套看法在道德上既不中立,也不单纯。德国人确信斯拉夫文化低人一等,将斯拉夫人作为"次等人类"大批屠杀;而在法国人的反美主义中,包含着一种对粗野牛仔的蔑视。然而今日,科学和艺术的中

---

[1] 劳伦斯·斯特恩(Laurence Sterne, 1713—1768),英国小说家,著有《项狄传》和《感伤的旅行》等。
[2] 埃德蒙·伯克(Edmund Burke, 1729—1797),英国政治家、思想家,著有《法国革命论》等。

心已经从欧洲转移到美国，人们很难不虚心接受这一事实。

在这一领域，成见挥之不去，与此同时，成见也在瓦解。必须承认的一点是：有年迈的文化，有年轻的文化。这即是说，其语言或已被长久耕耘，或刚被短暂开发，姑且以此为例。既然我用语言工作，我明白发展的各阶段是不能跨越的。我期望参与到世界文学中来，不过我却受制于我的前辈介绍给波兰语言的东西，尽管我自己对它也做出了微薄的贡献。

CHIAROMONTE, Nicola（尼古拉·恰罗蒙特）。在我脑海里，这个名字总是与我对伟大的思索联系在一起。我认识许多名人，但我将名望与伟大区分开来。尼古拉并非大名鼎鼎，他的名字只在他的朋友圈中很有意义。即使是他散见于各种报刊的报道和文章，也能很好地展示他不可思议的思维理路。他的思想本于古希腊哲人，始终关注公共领域，试图界定人道主义者对城邦（polis）的义务。他的一生，就是在我们这个混乱无序的二十世纪介入政治的一个例子：他投身各种政治运动，而这些运动一次又一次地转变成意识形态的奴役。恰罗蒙特对历史和历史真实超级敏感，但他拒绝一切意识形态。他离开意大利是因为他反对意大利法西斯主义。他参加了西班牙内战，站在共和派一边，任马尔罗[1]中队的飞

---

1 安德烈·马尔罗（André Malraux，1901—1976），法国小说家、社会活动家，著作《人类的命运》获1933年龚古尔奖。"二战"期间参加支援西班牙共和国的国际纵队，担任外国空军部队的总指挥。

行员，但他并没有成为共产党的同道。他在美国生活期间，德怀特·麦克唐纳和玛丽·麦卡锡的非共产党左派群体尊他为大师和导师。他在《党派评论》和《政治学》杂志上发表见解。他后来回到法国，最终于1953年重返意大利。其后，他与伊尼亚齐奥·西洛内[1]合编《当代》(*Tempo Presente*)杂志，肩负起抗衡当时由共产党及其支持者主导的公共舆论的责任。

伊尼亚齐奥·西洛内曾是一位共产党员，还出任过驻共产国际代表。他著有小说《芳丹玛拉》(*Fontamara*)，并被政治"电梯"抬升到声誉之巅。由于道义立场不同，他与共产主义决裂。他完全明白这意味着什么：他的名字既不见于法西斯的意大利，又从反法西斯的报纸上消失。后来，法西斯倒台，他与恰罗蒙特编辑的《当代》并不为广大公众所知。对我来说，尼古拉和西洛内代表了一种不屈不挠的正直动机。他们是我见过的最了不起的意大利人。

CHURCHES（教堂）。人们去教堂是因为他们是彼此分隔的人。他们希望，至少有片刻时光，能从那包围着他们并被称作唯一真实的现实中脱身，进入另一种现实之中。日常现实坚硬，野蛮，残酷，难以忍受。人类之"我"有一个柔软的核心，无时无刻不在怀疑自己能否适应这个世界。

---

[1] 伊尼亚齐奥·西洛内（Ignazio Silone，1900—1978），意大利记者、作家。曾与安托尼奥·葛兰西一起加入意大利共产党，1931年退党。

天主教教导我们，环绕着我们的世界是暂时的，神子通过对世界律法的屈从取消了它们。此世界的君王取得了胜利，他也因此而失败。我们做弥撒便是再次否定这无意义、寡仁慈的世界；我们所进入的是一种以善、爱、宽恕为要的境界。

如果去做弥撒必须具备坚定的信念，必须具备一种觉悟，即我们生命中的所作所为符合宗教对我们的要求，那么所有热衷于去教堂的人都配得上"伪君子"和"法利赛人"的称谓。事实上，坚定的信念是一种稀有的天赋，至于做礼拜这一行为，它提醒我们世人皆有罪。因此，去教堂的并不一定就是上帝的选民。

是否去教堂做礼拜取决于个人的需要，而对于教义问答手册的了解，甚至对于所谓基本教义的稔熟，都不是最重要的事，尽管它们不无益处。

CITY（城市）。我对城市这一现象想得很多，但不是关于那种愚蠢的口号大都会、大众、机器（Miasto, masa, maszyna——波兰先锋派的口号）。我曾在一些奇大无比的大都会生活过，比如巴黎、纽约，但我的第一座城市却是一座外省的省城，与一座村庄几乎没有分别——当然，还是有所不同。正是那座城市为我的想象提供了材料。我可以想象出不同时期的维尔诺，对于其他城市则无法做到这一点。比如说，启蒙时期或浪漫主义时期的维尔诺：那臭气熏天的垃圾堆，从下水道一直淌到道路中间的污水，人们不得不穿行其间的尘土，不得不蹚过的泥泞。但是上流社会的男女（如今还在世的人里面，曾听过人们在日常语言中说"阁下"这种词的，我是不是最后一个？）并不是搬到城里去安度晚年，而是住到了他们在安托科尔（安塔卡尔尼斯）的庄园里，因为他们觉得在那儿能享受到居家的自在，而且不必走远路去参加每日弥撒。四十座教堂钟声大作之时，无数妓院中的女人们正在接待官员和学生——也就是说，万事无分高低，一切同时进行，而不是像回忆录中美化的那样。当然，法国士兵在大教堂广场扎营以后，情况有所变化。那帮人穿着最奇怪的服装——什么都穿，斗篷式长袍、十字褡，仅仅是为了多少能挡点寒风。瘟疫肆虐之后，出现了露天医院和数千具掩埋的尸体，然后是某种安宁的回归，教授们会去巴克什塔街上作为共济分会据点的罗默家族宅第，《街头新闻》开始出版。在紧邻圣约翰塔的犹太人区狭窄的小巷里，犹太人也在忙着自己的事：面对来自南方的哈西德[1]信徒对律法章句显示出的不恭，伟大的加翁[2]发起了斗争；他保留着对于瓦伦汀·波托茨基[3]的记忆，后者是一位正直之士，先在阿姆斯特丹改宗犹

1　Hasidim，希伯来文意为"虔敬者"，犹太教神秘主义团体，出现于十八世纪中叶的波兰，到十九世纪其教徒已占东欧犹太人半数。反对过于尊重律法的传统犹太教，强调普通人内在的神性。
2　维尔纳加翁（Vilna Gaon，1720—1797），犹太教圣人，犹太法典研究者，非哈西德派犹太人过去几个世纪以来最重要的领袖。
3　瓦伦汀·波托茨基（Walentyn Potocki，1700—1749），犹太传说中的波兰贵族，因放弃天主教改信犹太教被罗马教廷烧死。其生平为加翁传播。

太教，后被烧死在维尔诺的火刑柱上。加翁也讲述了军官格拉代的故事。这位军官藏身在一个虔诚的犹太人家里。加翁讲到他怎样从伤病中恢复，决定成为一名犹太人，他行了割礼，打算娶这家主人的女儿为妻。这个人的后代中有一位将成为意第绪语诗人。他就是海姆·格拉德[1]，系"年轻维尔内"[2]小组成员，与我们"灾祸派"关系友善。

对我来说这座城市是活的，什么都无法改变这一点，今天、昨天、前天，同时存在于城中，连1655年也是如此——人们在多明我会教堂的地下室下面发现了大量骸骨，骸骨们身着古波兰贵族的外罩袍（kontusze）和丝绸长袍，这证明俄军在短期占领维尔诺期间进行过大屠杀。[3] 1992年也依然存在，那是我在离开五十二年之后首次重返维尔诺，我写下了一首关于穿过一座幽灵城市的诗。

就像那些西里西亚[4]的城市，维尔诺历史上一直摇摆在两种文化之间。首先是旧罗斯，也许是从诺夫哥罗德来的商人们在此定居。他们用木头建造了相当数量的东正教堂，现已荡然无存，很有可能是被焚毁的。维尔诺过去的名字是维尔

---

1 另见本书 GRADE 一节。
2 "年轻维尔内"（Yung Vilne），意第绪语，相当于波兰语的"青年维尔诺"，为了区别起见，译为"年轻维尔内"。
3 1655年，第二次北方战争开始。长达五年的混战之后，波兰立陶宛联邦损失了三分之一的人口和大国地位。1655年7月31日，维尔纽斯被俄军攻破。
4 中欧历史地域名称，目前绝大部分地区属于波兰，小部分属于捷克和德国。西里西亚在中世纪曾先后隶属于波兰、波希米亚、奥地利、普鲁士等国。

纳，源自小小的维尔纳河。我年轻时这条河被称作维伦卡河。当格季米纳斯[1]由特罗基迁都至此时，城市将目光投向了东方，因为大公的子民主要是东斯拉夫人和东正教徒——尤其因为古白俄罗斯语为官方文献用语，而且《立陶宛法规》(*Statuty litewskie*)也以该语言写成。但是，自从立陶宛统治者受洗之后，城市变得越来越罗马天主教化。教堂先是盖成哥特风格，后来又盖成了巴洛克风格。这表明了波兰对它的影响。维尔诺及其周边地区的波兰化贯穿了整个十八世纪，到十九世纪，它与开始出现的俄罗斯化发生了冲突。维尔诺郊区的农民已渐渐从说立陶宛语改成说波兰语，但如果立陶宛始终是一个苏联共和国，很有可能他们会接受俄语。我不应该隐瞒我对东方的恐惧。在我脑子里，东方的形状有如一个深不见底的陨石坑或沼泽地的大漩涡。就此而言，我大概算那个地区波兰人的一个典型。沙皇的历史学家们狂热地出版各种文献以展示这座城市的东斯拉夫特质——如果不是一种绝对的俄罗斯特质的话。但是立陶宛情感的再生和立陶宛民族主义的兴起破坏了他们的计划。与此相似，被称作"简单用语"的当地方言，就像白俄罗斯语和波兰语一样，屈从于俄罗斯化，因为它们都是斯拉夫语言。只有立陶宛语是非斯拉夫语言[2]，还能够抵抗其影响。

---

1 格季米纳斯（Gediminas，约1275—约1341），立陶宛大公，统治立陶宛二十多年，使该国疆域从波罗的海扩张至黑海，并建造了立陶宛首都。
2 立陶宛语属印欧语系的波罗的海语，使用拉丁文字母。

CONGRÈS pour la Liberté de la Culture（文化自由大会）。就此我可以写出整整一本书，但我没这个兴致。毕竟，已经出版过一些关于所谓"自由派阴谋"的书。这是冷战时期一个重要的插曲。情况是这样的：战前，马克思主义在纽约影响相当大，而那里的托洛茨基主义者和斯大林主义者正恨不得把对方生吞活剥。随着战争的爆发，美国情报机构（战略情报局，Office of Strategic Services，简称OSS）雇佣了一大批NCL（即non-Communist left，非共产党左派）的纽约左翼分子。他们明白意识形态的重要性，尤其是在欧洲。战争一结束，无人再关心共产主义对欧洲人心灵的掌控。随后，战略情报局的雇员们发现自己已经成了中央情报局的人（战略情报局更名为中央情报局），并且可以大展身手。然而，1950年在西柏林召开的"大会"，其倡议却来自阿瑟·库斯勒[1]。他在三十年代曾是著名的维利·明岑贝格麾下一名共产党办事员。库斯勒为明岑贝格的宣传中心干过。现在，在与党决裂之后，在巴黎，他有意要创建一个类似的自由意识形态中心。梅尔文·拉斯基和其他一些纽约人支持他。大会在西柏林开过之后，他们决定将中心总部设在巴黎，并为它取了一个法文名称。所以说，大会（le Congrès）是那些经历过马

---

[1] 阿瑟·库斯勒（Arthur Koestler, 1905—1983），英籍匈牙利作家、记者。1931年加入德共，后因反对斯大林主义退出。1940年出版小说《正午的黑暗》。

克思主义、修正主义和托洛茨基主义的头脑搞出来的东西；事实证明，只有这样的头脑才明了斯大林体制的危险，因为他们是西方唯一一批一直渴望了解共产主义俄国究竟发生了什么事情的人。简而言之，大会主要是由纽约犹太知识分子创立的。约瑟夫·恰普斯基[1]和耶日·杰得罗依茨参加了柏林的成立大会，这也就解释了为什么我对大会早有了解。

当时无人知道是谁向大会提供的资金。人们传说掏钱的是一些大商人，而他们也确曾到场与会。但是到了1966年，有关中情局参与此事的真相被揭露出来，而那几个商行原来不过是走前台的。不管怎么说，大会在巴黎的运作能让人闻出大把金钱的味道，并且这味道只来自不远的地方。而法国人一门心思沉浸在他们的反美情绪中，完全拒绝参加大会。

如今回顾此事，我必须说，"自由派阴谋"是必需的和正当的。苏联人曾花费天文数字的金钱用于宣传，而大会是对于这种宣传的唯一抗衡。大会用欧洲的主要语言出版了一批高质量的报刊：在巴黎出版有《论证》(*Preuves*)，由瑞士人弗朗索瓦·邦迪主导编辑方针，在伦敦是《冲突》(*Encounter*)，在澳大利亚是《象限仪》(*Quadrant*)，在罗马是伊尼亚齐奥·西洛内和尼古拉·恰罗蒙特[2]编辑的《当代》，用德语出版

---

[1] 约瑟夫·恰普斯基（Józef Czapski, 1896—1993），波兰艺术家、作家、波兰家乡军军官。1939年波兰战役后被苏军俘虏，是少数在卡廷惨案生还的军官之一。"二战"后流亡巴黎，是《文化》杂志的创始人之一。

[2] 另见本书 CHIAROMONTE 一节。

的是《月报》(*Der Monat*)，用西班牙语出版的是《万花筒》(*Quadernos*)。他们想把《文化》杂志也纳入这一网络，但被杰得罗依茨拒绝了，尽管加入网络能够缓解他的财务困难。

在这伙人中我感觉很别扭，因为我太压抑，太痛苦，最要命的是，我太贫穷。贫穷一眼就能看穿富人将自己包裹其中的脂膏肥油。在那些日子里美国人拿着高工资，他们是巴黎的有钱人。也许到今天，我对迈克尔·乔塞尔森[1]的看法会更公平一点，那时候一切都靠他。可我当时不喜欢他的自以为是和他的雪茄烟。那些人对自己的错误总是健忘的。错误之一便是将他们奢华的办公室开在巴黎最昂贵的地段，蒙田大道。我同大会只有一种松散的联系，为了进一步说清此事，我想补充一点，即美国人曾拒绝给我发签证。当然，对这件事大会不需要负责，话虽如此……

要说乔塞尔森缺乏坚定的信念，那是毫无根据的；正相反，作为大会的负责人，他把他的生命都献给了大会。此人不简单。他生于爱沙尼亚的塔林，父亲是一位说俄语的木材商，"一战"后他们全家移居德国，那是俄国侨民的一个大据点。他在那儿上了大学，然后有几年，他成了巴黎一位成功的商人。此后他又移民美国并成为美国公民，于战争期间入伍。他能流利地讲四种语言；我相信他也懂波兰语，但他不

---

[1] 迈克尔·乔塞尔森（Michael Josselson, 1908—1978），美国记者、中情局员工。曾是巴黎文化自由大会与美国情报部门之间的联络员。

承认。我后来发现，他为了不得不装扮成另一个人而隐藏起真实的自我，承受了巨大的折磨。参与大会的欧美学者和作家来来往往，不知道是谁在花钱资助自己，而乔塞尔森则被禁止泄露任何内情。当时他出于兴趣在写一本有关拿破仑战争中俄国军事领导人巴格雷申的书，这使他得以将兴趣集中在俄国，并且在一位被羞辱的英雄身上找到认同。他的心脏也出了毛病。离开大会以后，他定居日内瓦并在那里死去。

CONNECTICUT RIVER VALLEY（康州河谷）。我第一次迷上康州河谷大约是在1947年，当时我是去北安普敦的史密斯学院做一个讲座。我在维尔诺的教授曼弗雷德·克里德尔曾在那里短期执教。附近的农村住着许多波兰人，他们是在爱尔兰人开始移居到大城市以后填充进来的。我第二次去那里是因为我的朋友简·杰隆科在那所学院教书。多年以后，我在曼荷莲学院教过一学期书，住在约瑟夫·布罗茨基家里。每一次到那里，我都置身于秋日的辉煌，难以形容的多彩的叶簇——正因为此，那座河谷对我而言始终是天堂，有醒人的寒冷和不同层次的金黄。一切都是转瞬即逝。克里德尔、珍妮、约瑟夫——他们如今都成了幽灵王国的人。不久，托拉·伯加卡也将加入到这些幽灵当中。我曾在克拉斯诺格鲁达[1]爱上过她，再在北安普敦重逢时她已是一名精神病学家。

---

[1] 米沃什的外祖父库纳特家族在立陶宛的庄园。另见 KRASNOGRUDA 一节。

CRUELTY（残酷）。在本世纪波兰知识界的文化特征中，也许存在着一种对恐怖笑话和黑色幽默的趋向。这应归因于发生在欧洲某地区的历史事件。在上一场战争之前，出现在《大头针》(Szpilki)这类杂志或卡巴莱酒馆里的幽默都颇为残酷。诗人雅努什·明基维奇和希维亚托佩乌克·卡尔皮尼斯基是表现这一特点的佼佼者。在战争岁月里，习以为常的搜捕和处决、人命的不值钱，都加强了这种倾向。各种调侃外国人的滑稽段子，很可能与人们的缺乏理解以及某种反感心态相符合。当然，我们也不该忽略西方文学和电影中的虐待狂因素对我们的显著影响，这与市场催生的对惊世骇俗的趣味不无关系。就在战前不久，放映过一部萨查·基特里[1]的电影，开场是一个送葬场面：十一二口棺材走在前面，后边跟着一个孤零零的男孩，他是他们家唯一的幸存者。除了这个男孩，全家人晚饭时都吃了有毒的蘑菇，而这个男孩是因为干了坏事，被罚不准吃饭。不过，当南斯拉夫导演马卡维耶夫[2]将摄自卡廷惨案[3]遇难者尸体的真实照片用进他的超现实风格喜剧片时，他就做得太过分了。

---

1 萨查·基特里（Sacha Guitry, 1885—1957），法国作家、演员、电影导演，生于圣彼得堡。二十世纪二十年代年代法国最受欢迎和多产的电影人之一。
2 杜尚·马卡维耶夫（Dušan Makavejev, 1932—2019），南斯拉夫电影导演、编剧，以六七十年代拍摄的开创性影片闻名，作品饱受禁映非议。
3 1940年春苏联在卡廷森林对被俘的两万余名波兰军人、知识分子、政界人士和公职人员等进行的有组织的屠杀。1990年苏方正式承认对卡廷事件负责。

《等待戈多》在巴黎首演时，观众一看到波佐折磨他的奴隶"幸运"（Lucky）便爆出笑声。坐在我边上的哲学家吕西安·戈德曼被惹恼了："他们在笑什么？在笑集中营？"

由于感同身受而导致的描述的加强；出于对残酷世界的报复而进行的强化描写——这二者之间边界何在？萨德侯爵[1]小说的核心不正是这样一种报复心态吗？我怀疑自己深受波兰人对于恐怖笑话的轻薄心态的影响，我想我得找个法子治好这个病。

在维尔诺的学生和文学圈里有一位出名的年轻人，魁梧英俊，出身殷实之家，在北方布拉茨瓦夫地区世代拥有土地。他甚至自费出版过一个剧本，印刷精美。碰巧那是在苏联军队开进维尔诺不久，而立陶宛刚刚结束了它的中立，我们三人——他、他的美丽的妻子，还有我——坐在一起左思右想：走还是不走？走，要冒巨大的风险。不走，就是成为苏联公民的命运。我决定穿越边界（虽然如果不是扬卡在华沙，我是不会这样干的，我会害怕），而他们则留了下来。

雅努什·明基维奇靠着表演他的"悍妇"（Xantippe）卡巴莱在维尔诺活了下来，他回到德国占领下的华沙以后，根据上面这一对的经历编了段恐怖笑话，在地下文学夜间聚会时读出来逗笑。不曾经历过苏联统治的人不能真正体会那种

---

[1] 萨德侯爵（Marquis de Sade，1740—1814），法国小说家，以色情文学著称。著有《美德的厄运》《激情的罪恶》等。

巨大的恐惧,因此,勒谢克·B.为了逃避流放而决定去工人文化补习班上讲马列主义,在他们听来或许实在可笑,因为勒谢克对马克思根本就摸不着门。他被约瑟夫·马茨凯维奇[1]写进了小说《通往乌有乡之路》,以他为例讲述当时人们都用了什么法子活下来。雅努什·明基维奇将此故事进一步演绎:德国人来了,勒谢克声称自己是白俄人(没人知道这是否属实),还得到了一处房产。此后他就拿着根鞭子到处转,并且威胁农民:"我让你们看看什么叫共产主义!"(还是没人知道这是否属实。)他吃晚饭时被人从窗外开枪打死了。谁开的枪?从小说中看好像是农民干的,但当时在那个地区活跃着一个苏共武装小分队,很厉害,人们也可以怀疑,勒谢克与白俄当局合作,而苏共的人当时正与之战斗。

那些被迫落入与自身格格不入的制度掌心的人们,用尽各种办法以求自保。一个人若对他们抱有同情之心,就不会容忍将他们的经历用作玩笑的材料。我后悔我曾在某处复述过明基维奇讲的故事,现在我写下这些文字以便有所挽回。

CURIOSITY(好奇)。每个人小时候都干过拿镜子折射阳光的事,尽管不是每个人都好好想过这件事。光线在一个有限的范围内移动;一旦超出这个范围,光线便消失了。从这

---

[1] 约瑟夫·马茨凯维奇(Józef Mackiewicz,1902—1985),波兰作家、小说家和政治评论员。

样一种观察中大概可以看出小科学家朝演绎推理方向进步的智力倾向——当然也未必如此。如此运作的世界会使他完全着迷。说实在的，无论你面向何方，到处都能使你产生相似的惊讶。世界收藏着无数细节，无不值得留意。

如此组织起来的世界妙趣无限；崭新的发现会层出不穷。这就像一次穿越迷宫之旅，当我们穿行的时候，迷宫也在悸动，在变化，在生长。我们独自进行这一旅程，但同时也参与全人类共同的事业，参与各种神话、宗教、哲学、艺术的发展，以及科学的完善。驱策我们的好奇心不会满足，既然它不会随时间流逝而稍减，那它便是对于死亡趋向的有力抗拒。不过，说实话，我们中的许多人在步入死亡大门时同样怀着巨大的好奇期待，急切地想去了解生命的另一面究竟是怎样一个世界。

好奇的反面是厌倦。没有什么还有待认知，日光之下无新事——所有导致这一结论的观点都是错误的，是被厌倦或病态所左右的。

先生，你能否使我确信，当我们一天老似一天，还会有更新鲜的景象向我们展开，就像旅途中我们每经过一个新的转弯所看到的那样？我能使你确信这一点。一切看起来好像都一样，但还是不一样。毫无疑问，我们是在变老；这就是说，我们的感官在弃我们而去，我们的听力日渐迟钝，我们的视力越来越弱。但我们的头脑变得敏锐了，这是我们年轻时所不具备的，它弥补了我们所失去的东西。所以，当头脑也被年纪打败，追随感官昏昏入睡，就更值得同情。

我尊敬那些由于对知识的饥渴而跨到死亡边界另一边的思想者和诗人，并与他们深深共情。斯威登堡的天堂是建立在无止境地获取知识并学以致用（usus）的基础之上的，否则皇家矿业协会勤勉的评估员该如何设想天堂？七十岁的威廉·布莱克[1]去世时唱着赞美诗，他坚信——不只是相信，而且还知道——他将被载向永恒的知识的猎苑，那里再不会有能量或想象的荒废。

倘若有那么多人在数千年的时间里努力想要发现、触摸、命名、理解一个有着无数维度的难以捉摸的现实，那么好奇心一定是一种强大的激情。那个把我们说成是一张纸上的二维形影的人何其聪明：很难跟平面人解释在这张纸上方一厘米、身处三维空间之中的东西，更别说存在于其他维度之中的东西了。

---

[1] 威廉·布莱克（William Blake，1757—1827），英国诗人、画家，浪漫主义诗歌的先驱。

D

DĄBROWSKA, Maria（玛丽亚·东布罗夫斯卡）。战争期间我们经常见面，要么在她位于波尔纳街上的住处，要么在齐格蒙特和富塔·蓬尼亚托夫斯基位于凯尔采街16号的寓所里。这是我们讨论小组的聚会地点。（注意：华沙起义的头两周，我们是在蓬尼亚托夫斯基家度过的。起义就发生在他家附近，让我们意外赶上了，后来我们一起徒步穿过田野，去了奥肯切。）我在东布罗夫斯卡面前要命的失言令我心怀愧疚。尽管她对我的评价冷若冰霜，但一想到我对她犯下的罪过之大，我便不把她的话放在心上了。我对玛丽亚·东布罗夫斯卡怀着恰如其分的尊敬，但我从不认为谁会把她当作一个女人看。这个小矮个，隐约有点斗鸡眼，一头鬃毛剪成向内卷的发型。我的情欲无论如何也不会以这个活物为对象。我完全不知道在她那些日记的读者中间最终会形成什么样的共识，我是说，就其情色的一面。她在日记中写到，她的伴侣斯坦尼斯瓦夫·斯坦鲍夫斯基不喜欢我。这我不信，因为他对我挺好，还曾托我将一封信转交给华盛顿一位共济会核心会员。

后来，东布罗夫斯卡显然被我冒犯了。我在一篇文章里将她比作十九世纪的小说家伊丽莎·奥泽什科娃。那实际上是恭维她的话，但她认为自己是一位更伟大的作家——这一点我过去和现在都不相信。

D'ASTRÉE, Anka（安卡·达斯忒）。她过去随夫姓拉维奇（Rawicz）；我再也想不起她做姑娘时的名字。她的家乡在小镇杜鲁亚，那原本是米沃什家的族产，一度属于萨佩哈家族[1]，所以我们有些共同语言。她参加过位于叙尔库夫路上的天主教使徒协会[2]举办的晚间讲座，除此之外，我和她没有什么密切的往来。她的波兰语说得极好；毕竟，她毕业于一所波兰的文理中学。她的勤奋令我惊叹。她以一个假姓氏达斯忒在巴黎开办了自己的电影制片公司，主要是拍广告片，经营得相当不错。她从发型、妆容（maquillage）到服饰都完美无瑕——一整套职业妇女每日汲汲于挣钱所需要的行头。这一切都是为了掩藏起她跌宕起伏的私人生活戏剧。她与彼得·拉维奇的婚姻在任何一点上都显示出深厚的爱和理解。两人都曾在索邦大学读书，趣味相投，过去的经历也一样，都是幸存下来的波兰犹太人。如果我没记错的话，彼得·拉维奇出身加利西亚[3]一个殷实之家，老家在利沃夫[4]；他在父母家里受到了高雅文化的熏陶，掌握了多种语言。他从德国集中营走了出来，但那段经历萦绕在他的脑海里，成为其小说《天空之血》（*Le sang du ciel*）的素材，小说由伽利玛出版社

---

1 波兰立陶宛显贵家族，中世纪波雅尔贵族后裔，十六世纪波兰立陶宛联邦时期获得极大权势。
2 1835年由圣文森特·帕罗蒂（St. Vincent Pallotti）创办。
3 中欧历史地区，在今波兰东南。
4 乌克兰西部城市。

出版（后来还出了英文版）。他在巴黎得到认可之后一直为《世界报》撰稿。他是科特·耶伦斯基的朋友。他与安卡的婚姻包含了一系列令人难以置信的当众吵闹与分分合合。最终他们还是分了手。

巴黎是我常常落脚的地方。有一次，很可能是在七十年代，安卡请我去她新买下的寓所。公寓位于圣米歇尔大道上段一个富人居住区。房子确实可爱，里面摆放着雕塑和新家具，布置精美。但是为什么一个人要把房子装点成这样然后马上赴死呢？她与彼得之间一定存在着一种强有力的精神维系。她死后不久，彼得也开枪自杀了。发生了这样的事，人们不可能不作感想。从犹太人大屠杀中生还的人，没有不带着心理创伤的。这一对的故事可以写成一个动人的电影剧本，但无人会写。

DEMBIŃSKA, Zofia（索菲娅·丹比尼斯卡）。没错，她是个狂热分子。如果不是对其事业抱有绝对的信念，她是不会那么拼命的。她与耶日·博热依沙一起组建了采特尔尼克出版社和一整个出版帝国。她的姐姐同样信念坚定，但信的是另一个东西，天主教；她是个修女。

战后初期，所谓的"维尔诺集团"在波兰影响巨大，共产党的一些大人物多出自这个群体。让我在此列举出他们的名字：斯特凡·英德里霍夫斯基、耶日·什塔海尔斯基、其妻杰维茨卡-什塔海尔斯卡（穆塔·杰维茨卡）、耶日·普特拉门特[1]（又名杜鲁托或杜鲁塔斯，一个当了波兰驻法国大使的立陶宛人）、其妻古加·萨维茨卡，还有卡齐米日·彼得鲁塞维奇，最后还有索非娅·维斯特瓦莱维奇，婚后随夫姓丹比尼斯卡。在这些人中间，没人比亨利克·丹比尼斯基更有个性。他被德国人杀害于白俄罗斯波莱西省的甘采维奇，他是被苏联当局派到那里去出任一所白俄文中学的校长一职的。由于维尔诺集团成员相互支持，展现出一种强大的团结，一些维尔诺的无党派人士也聚集在它周围。比如说瓦迪斯瓦夫·瑞尼卡和"灾祸派"诗人切斯瓦夫·米沃什、耶日·扎古尔斯基和亚历山大·雷姆凯维奇——一句话，全抱在一块儿。

毫无疑问会有一天，历史学家们要对维尔诺集团进行研究。在那些日子里，共产党的大人物中很少有人不是犹太人。这个集体的显著特点之一，是集团成员都出身大户人家或基督教中产阶级家庭。总的说来，他们的过去都具有很强的天主教色彩，索非娅就是一例；她过世的丈夫原先属于天主教里名为"再生派"的组织，而他们两人几乎走过了相同的道路，最后接受了马克思主义。所以说，该集团的特征是在成员们承自家庭的宗教与革命之间存在一种紧张感。这与犹太马克思主义者们的经验有相似之处，只不过对后者而言，斗争矛头指向的是犹太教，时常还指向犹太复国主义。

丹比尼斯基身上燃烧着社会改革者的如火炽情。他是一

---

[1] 耶日·普特拉门特（Jerzy Putrament, 1910—1986），波兰诗人、编辑、政论家，三十年代曾是"灾祸派"成员。他是《被禁锢的头脑》中"伽玛"的原型。

个属于过去时代（比如1848年"人民之春"时代）的革命者。在战争刚刚爆发的岁月里，他对席勒充满激情，谈话中大量使用浪漫主义修辞。在声讨资本主义制度给人民造成的不幸、波兰滑向法西斯主义，以及政客们无法看出德国对国家安全构成的威胁时，他的观点完全正确。但是他那"崇高的炽热"使我只好以一种怀疑的眼光来看待他。

在华沙的废墟间，维伊斯卡街有如砾石之海中的一座岛屿。博热依沙和索非娅坐镇位于那条街上的采特尔尼克出版社。在尤利安·图维姆[1]从美国回来以后，博热依沙给了他一间街对面的寓所，正对出版社（我看到过图维姆在纽约写给博热依沙的一些信件）。

索非娅每天大概要工作十四个小时。从她的工作看，从她写下的无数便笺看，她就像十九世纪小说中的一个人物。我这样说是因为在波兰，实在找不出另一个妇女社会改革者和女强人的榜样。作为她和博热依沙旗下曾经的一名作者，我感到有必要提醒人们，不应将波兰人民共和国的开端归因于纯粹的政治游戏。像这两位党员，一方面显然希望通过新闻和图书出版来控制社会思想，但与此同时，他们也对国家作为艺术赞助者的角色感到骄傲。用政府的拨款、下大力编辑出版的世界文学经典的长长的书单，足以驳斥那种一概而

---

[1] 尤利安·图维姆（Julian Tuwim，1894—1953），犹太裔波兰诗人。1919年与斯洛尼姆斯基、伊瓦什凯维奇、扬·雷宏尼等共同创立"斯卡曼德诗社"（Skamander）。

论地说波兰作家"叛国"的责难。他们毕竟还翻译、编辑了数不清的西方当代作家的作品。其结果是莫斯科人和列宁格勒人纷纷学习波兰语以阅读那些在俄国被禁的作品。索非娅·丹比尼斯卡为后来的出版运动做了重要的准备。

DISGUST（厌恶）。这个俄国革命时期的故事是约瑟夫·恰普斯基给我讲的。在火车站的自助餐厅里，一个人在吃晚餐。其服饰、举止使他有别于周围的环境，他显然属于战前的俄国知识界。他引起了坐在餐厅里的几个流氓的注意。他们走到他的桌子边，开始嘲笑他，最后还向他的汤里吐痰。这个人根本没有反抗，也没想把那几个闹事者赶走。场面持续了很长时间。突然，他从兜里掏出一把左轮手枪，把枪管插进嘴里，开枪打死了自己。很明显，他在此遭遇的事情，是往一盏已盛满厌恶的水杯中投下的最后一滴，那些丑恶行径在他心里引起的厌恶已达到极限。不用说，他细腻敏感，在一个温文尔雅的环境中长大，受到较好的保护，远离社会底层习以为常的残酷的现实。那种残酷和庸俗随着革命翻腾到了生活的表层，变成了苏维埃的生活品质。

到1939年，维尔诺和利沃夫的人们忽然发现了这种生活的灰暗和丑恶。关于斯坦尼斯瓦夫·伊格纳齐·维特凯维奇[1]的

---

1 斯坦尼斯瓦夫·伊格纳齐·维特凯维奇（Stanisław Ignacy Witkiewicz，1885—1939），一般被称作维特卡奇，波兰诗人、作家、画家。米沃什曾在《被禁锢的头脑》中讨论其作品。

自杀，我的观点也许耸人听闻：他自杀的原因中有恐惧的成分，但更多是出于他对他知道将要发生的事情的厌恶。这一点他写进了小说《告别秋天》的最后几章。乔治·奥威尔不曾读过维特凯维奇的小说，却在《一九八四》中用同样的笔调描述了新秩序统治之下的日常生活：灰暗，四处尘垢，了无生趣，还有从廉价自助餐厅飘出的气味。将这种感受划入美学范畴并不会使事情好转。我们最好想一想在人类的生存中有什么是无法忍受的，而在某些情况下，这些无法忍受的因素全汇集到一起。这样一想，我们便会得出结论：有必要保护人类，需要的话，甚至应该用幻想的蚕茧将人类裹在其中。

DOSTOEVSKY, Fyodor（费奥多·陀思妥耶夫斯基）。我教过一门关于陀思妥耶夫斯基的课。人们多次问我为什么不写一本关于他的书，我总是回答，关于他，人们用各种语言已经写出了整整一座图书馆，而我不是一个文学研究者，我至多是一个研究者的远房亲戚。不过，说实话，我不写他还有另外一个原因。

假如要写，那将会是一本基于怀疑的书，而没有信任你就写不成。在对欧美思想的影响方面，除了尼采，其同辈中无人能与这位伟大的作家比肩。无论是巴尔扎克、狄更斯、福楼拜还是司汤达，现如今的声名都不及陀思妥耶夫斯基那样尽人皆知。他所采用的小说形式，在他之前（或在他之后）没有人成功地使用过，只有乔治·桑曾经尝试过。陀思妥耶夫斯基以这种形式呈现了他对一种广阔现象的诊断，即宗教信仰的侵蚀。他从内心深处体验到这一点，并对它有着彻底的理解。后来证明，他的诊断是正确的。他预见到俄国知识阶层的头脑中这种侵蚀的后果。正如卢那察尔斯基[1]公开承认的那样，《群魔》和《宗教大法官》的故事预言了俄国革命。

毫无疑问，他是一位先知。但他也是一位危险的导师。巴赫金在其论述陀思妥耶夫斯基诗学的著作中提出一个假说，认为复调小说是俄国作家的发明。复调性使陀思妥耶夫斯基成为一个如此现代的作家：他听到了说话的声音，许多人说话的声音，在空气中相互争吵，表达着相反的意见——在文明的当下阶段，我们难道不是被这种混乱的吵闹声所包围吗？

不过，他的复调有其局限性，在那背后隐藏着狂热的信徒、俄国千禧年主义者[2]和弥赛亚主义者[3]。在《卡拉马佐夫兄弟》中有一个描写波兰人的场面，其愚鲁的讽刺不适合这部作品的严肃性，人们很难想出比这更不具复调性的场面。对伊万·卡拉马佐夫这个人物的处理所产生的强烈的情感效果，也已超出复调性所能允许的范围。

---

1 阿纳托利·卢那察尔斯基（Anatoly Lunacharsky，1875—1933），俄国马克思主义革命家，曾任负责文化启蒙与教育事业的苏维埃人民委员。
2 千禧年主义是某些基督教教派的信仰，认为将来会有一个黄金时代，全球和平来临，地球变为天堂，基督统治世界。
3 弥赛亚主义又译为"救世主义"，认为上帝会在历史终结时降下救世主弥赛亚，对所有民族施以最终审判。弥赛亚意识被认为是俄罗斯民族思想的核心理念之一，关心谁是解决世界终极问题的人选。

陀思妥耶夫斯基有一些失言之处，这损害了他的伟大。为了维护他的伟大，有人将作为理论家的陀思妥耶夫斯基与作为作家的陀思妥耶夫斯基区分开来。巴赫金的假设在这方面帮了大忙。然而实事求是地看，你可以说如果没有俄国弥赛亚主义者，没有他对俄国的富于激情的关注，就不会有作为国际性作家的陀思妥耶夫斯基。不仅是对俄国的关切给了他力量，对俄国未来的恐惧也迫使他写作以发出警告。

他是基督徒吗？不清楚。也许他认为自己会变成基督徒，因为在基督教之外他看不到俄罗斯获得拯救的可能？但《卡拉马佐夫兄弟》的结论使我们怀疑，在他心里是否已找到能与他所观察到的毁灭性力量有效抗衡的东西。纯洁青年阿辽沙，带领着他那像童军一样的十二个学生，这是否折射出基督教的俄罗斯有能力将自己从革命之中拯救出来？这有点太甜蜜了，而且有点媚俗。

他避开媚俗；他寻求有力的味道。世界文学中的罪人、反抗者、异常的人、疯子，首先栖身于他的小说。在他的小说中，似乎沉入罪孽和耻辱的深处是获得拯救的条件。但他创造了下地狱的人，像《罪与罚》的斯维德里盖洛夫和《群魔》的斯塔夫罗金。尽管他就是所有他创造的人物，但有一种观点认为，有一个特殊的人物最接近他本人：伊万·卡拉马佐夫。因此，列夫·舍斯托夫怀疑，是伊万表达了陀思妥耶夫斯基对信仰的最终的无能，尽管有佐西马长老和阿辽沙那样的正面人物。在我看来，舍斯托夫所论不错。那么伊万表明了什么呢？他因为孩子的一滴眼泪退还了造物主的"入场券"，然后又讲述了他自己编的宗教大法官的故事，其含义令我们得出结论：如果在基督座下不能使人们获得幸福，那么你就得通过与魔鬼合作来使人们获得幸福。伯迪亚耶夫[1]写到，伊万的性格是"虚假的过度敏感"，陀思妥耶夫斯基无疑也是如此。

在致冯维辛夫人的信中他写到，如果命令他在真理和基督之间做一个选择，他会选择基督。那些<u>选择</u>真理的人大概更值得尊敬，即使真理表面看来否定基督（正如西蒙娜·薇依所说）。至少他们没有依赖他们的幻想，并且不以自己的形象来创设偶像。

有一个原因使我倾向于做出一个温和的判断：列夫·舍斯托夫从陀思妥耶夫斯基身上为他的悲观哲学找到了灵感。舍斯托夫对我而言极其重要。正是由于对他的阅读，约瑟夫·布罗茨基和我才得以在智识上相互理解。

DREMA, Vladas（弗拉达斯·德莱马）。比起作家，画家对维尔诺做出了更多的贡献。德莱马是我的大学同学。他是美术系的学生，这个系事实上保留了从前大学[2]始于十九世纪早

---

1 尼古拉·伯迪亚耶夫（Nikolai Berdyaev，1874—1948），俄罗斯宗教哲学家、存在主义神学家。
2 米沃什1929年进入斯特凡·巴托雷大学（即维尔诺大学）法律系学习。此处指该大学前身，1803年由沙皇亚历山大一世命名的维尔纳帝国大学。1832年11月起义之后，大学被关闭。

期的传统。德莱马是1937年创建"维尔诺集团"的人之一，集团成员是一些波兰、立陶宛以及犹太裔画家。注意，起初在维尔诺接受艺术训练、后来蜚声国际的艺术家包括海姆·苏蒂纳、雕塑家安托科利斯基和利普席茨，还有知名度略逊一筹的费迪南德·鲁什奇茨、卢多米尔·什伦兹尼斯基和维陶塔斯·凯如克什提斯，还有不少高产的、通常也很杰出的艺术家，他们临摹翻刻的绘画和版画作品也令我动心。

德莱马的身影比他的面孔给我留下的记忆更深刻。他一度亲近共产主义，就像他的朋友、以笔名凯克斯塔斯发表作品的立陶宛诗人阿达莫维丘斯。这解释了德莱马与《灾祸派》杂志的关系。我相信他在上面发表过一小篇文字。

1992年，我在阔别五十二年之后重返维尔诺，曾经行走在那些街道上的人，我一个也没碰上。他们要么被杀害，要么被流放，要么已移民他乡。但我发现德莱马还活着，便决定去拜访他。我得到他一个地址，在文学巷。竟然就是我旧居的大门，门后是我住过的地方，现在门洞大敞：有厚重金属装饰的老门已经不见了！（被偷了？）上楼，朝右转？要知道，就在那里，在1936年，我曾向一位老太太租过一个房间。老太太栖身在她自己的套间里，屋子被搁物架和小雕像占满。后来我才知道，德莱马曾在这幢公寓楼住过许多年。最终，我得到了他的新地址。

他躺在床上，腰部以下已经瘫痪，由妻子和女儿精心照料。看起来他的疾病并不是他被忽略的唯一原因。他作为维尔诺艺术史家的贡献没有得到应有的承认。他写过一本关于画家卡努特·卢谢茨基[1]的书（关于十九世纪二十年代罗马的波兰艺术家村），还著有大量的随笔和文章。最重要的是，他是一部纪念碑式作品的作者，这部作品使我深受感动，我希望其创作者永远被铭记。维尔诺的迷人之处很难理性地解释清楚，她所具有的某种魔力会使人爱上她，如同爱上一个生灵。两个多世纪以来，许多画家和艺术家一直以维尔诺的建筑和景色作为他们绘画的主题。德莱马为一展城市的昔日风采，将那些油画、水彩和素描收集成册，取名《消失的维尔诺》（*Dinges Vilnius*），于1991年出版，首印四万册。这无异于一部四百页厚的维尔诺建筑图像史，并附有各种旧地图。这部书美轮美奂，色彩缤纷，完全不同于那些印在光面纸上的无数有关城市的专著。波兰人、立陶宛人、犹太人、俄国人——后者之中包括这座城市的真正热爱者，比如十九世纪下半叶的楚特涅夫[2]，他们都画过维尔诺。

DRUŻYNO, Anna and Dora（安娜·德鲁日伊诺和多拉·德鲁日伊诺）。德鲁日伊诺姐妹。矮小的安娜小姐几乎是个侏儒，却生着硕大的脑壳和一张奇丑无比的脸，鼻子上巨大的疣子

---

[1] 卡努特·卢谢茨基（Kanuty Rusiecki，1800—1860），波兰画家，主要创作宗教油画、水彩肖像和风景画，也临摹意大利文艺复兴时期的艺术家作品。十九世纪二十年代曾留学罗马。

[2] 伊万·楚特涅夫（Ivan Trutnev，1827—1912），俄罗斯画家，维尔纽斯美术学院的创始人。

成了她最显著的特征。她看待自己的教师职业既骄傲又严肃；在她的青年时代，传授受到沙皇政权歧视的语言、传播有关波兰浪漫派诗人的知识是一种爱国行为。许多立陶宛和萨莫吉提亚[1]的庄园主延聘这样的教师。我们家对安娜小姐尊敬备至，因为她做过我父亲的家庭教师。1918年立陶宛独立，有一段时间安娜担当起了位于彭涅维热的波兰大学文理中学校监的工作。不过后来，到我做学生的时候，她和她妹妹住在维尔诺，靠她微薄的积蓄（勉强）度日。

她出身小地方的乡绅家庭，没能找到一位丈夫，便做了一名教师，因为那时单身女人除了当教师几乎找不到别的生计。安娜的独身苦了她自己，也强化了她的性格。她的独断发展成专横的暴脾气，一点就着。然而她的怒火只能撒给她的妹妹多拉。多拉本该结婚的，却也变成了一个老姑娘。在世上，她除了安娜再无别人。她在每件小事上都唯安娜是从，从不坚持自己的观点。她愚笨，几乎可以说是迟钝，围着姐姐瞎忙活，买东西，做饭，打扫卫生。

她们在河堤街租了间房子。我曾到那儿拜访她们，去干什么我记不住了。这是我们家的义务，就像走亲戚。每次登门我都怀着矛盾的情感：姐妹俩属于遥远的过去，年迈，贫穷，无助；而我的二十世纪、我的青春和我受到的教育，使我享有比她们优越的处境。这使我对她们产生怜悯，并从她

---

[1] 立陶宛五大地区之一，位于立陶宛西北部，官方语言为萨莫吉提亚语。

们身上体会到这世界的悲哀,因为人类命运竟能凄凉如此。一直以来我总能看见这两位老妇人,她们无力抗拒历史时间,或者,简单地说,无力抗拒时间本身。除了我,无人再记得她们的名字。

E

ECONOMY（经济）。我对此一无所知。按照常识，一个人应该耕种自己的土地，蓄养自己的牲口，以此获得自己所需的食物。但是对于某个特定国家的人们来说，生活并不仅限于此，他们还得相互买卖——这已经够可以了，但还有一整套有关供求规律的知识。有人献身于这门"科学"（？），还能拿到诺贝尔奖。我在加州大学伯克利分校的两位同事德布罗和哈撒尼（一位法国人，一位匈牙利人）就得过这个奖。

可我至少应该了解一点点经济，因为在维尔诺时我还通过了有关这一学科的考试。教这门课的是扎瓦兹基教授。与其说他是一位理论家，不如说他是一位实践者；无论如何，他曾一度担任财政部长。他习惯于从兜里掏出个小镜子，看看自己的舌头是否由于夜间的豪饮而发白。他块头挺大，黑眼睛黑头发，就像维尔诺那位姓扎瓦兹基的书商（他出版过密茨凯维奇最早几卷书）的所有后代一样。人们说他们是犹太人。我的同学尤雷克·扎瓦兹基与教授有相似的体貌特征，也是黑眼睛黑头发，且有超重的趋势，就连他漂亮的姐妹们也像他。我想他们的父亲是一位银行行长。不管他是干什么的，他们家很阔绰，地上铺着抛光的拼花木地板。我穿着家里做的衣服去他们家觉得很别扭。扎瓦兹基一家住在城里，但他们在乡下也有地产。我之所以提到这一点，是因为这是当地最上层知识圈的人们长期以来家庭生活的模式，你可以在不同的文学作品中读到——比如密茨凯维奇的《城市之冬》。

毕业以后，尤雷克上了华沙理工学院。1939年苏联军队开进波兰之后，他便丢了性命。

我夸大了自己对经济的无知，因为我早年便完全从非理论的角度对它有所了解，那时对我来说，经济就是缺钱。二十岁时我便发现了它的恶兆之力。它一如命运，铁定了人们的归宿，不管他们愿望如何、欲望如何。1929年美国大萧条，把波兰移民劳工从法国的矿井和工厂驱赶到大街上，我第一次到巴黎，便汇入了那移动的人群。在德国，经济危机剥夺了千百万人的工作，让他们准备投票给希特勒。我在美国发现，社会肌体何其脆弱，其运作是多么容易被打乱。自从1929年股市突然崩溃，人们就像经历了大地震的加利福尼亚人那样行事：地震随时可能发生。我们不能确定针对来年制订的计划和意向会否突然受阻。无怪乎在很大程度上是为了预测灾难的经济科学（或艺术？）会被高度重视，并且有人会因此获得诺贝尔奖。

EDIFYING READINGS（益智阅读）。在选择益智读物方面，我真是我外祖母库纳特的孙子。她的智识范围窄一点，而我的宽一点，但这无关紧要。在此我必须做一个区分：我会为千百种不同的理由读书，但对于我称之为"益智"的读物却抱有明确的目的——强化我自己。与我同时代的大多数文学作品并不能强化读者，反倒会使人虚弱，因此不适用于我的目的。出于同样的理由，我对小说没有特别的喜好。一般被归为美文学（belles lettres）[1]的东西也不能怎么使我受益。

一切拓展人类而使其大于自身的书籍，一切描摹出人的多维存在的书籍，都使我们得到强化。人不仅仅是一具肉体，他还是超越尘世的另一个世界的居民，通过他的祈祷频繁造访那个世界——要理解这一点是有些困难的。因此我选择各种不同宗教的虔诚读物，基督教与非基督教的——既有圣奥古斯丁和伊曼纽尔·斯威登堡的著作，也有《佐哈尔》[2]和其他卡巴拉[3]选本，还有圣徒的传记。此外还有哲学，如果它足够虔诚。在这一点上，懂法语帮了我的忙。战前我钟爱宗教哲学家路易·拉韦尔[4]，战后又读上了加斯东·费萨尔这样的神学家的著作。英语方面，战争刚一打完，我便在美国发现了一本十四世纪的冥想手册《未知之云》（*The Cloud of Unknowing*）。

---

[1] 法语，原意为"优美的文字"，在现代文学批评语境中常常贬义地指代那些注重语言的美学品质而非其内容实质的写作，有别于严肃的纯文学。
[2] 《佐哈尔》（*Zohar*），意为"光辉之书"，卡巴拉经典，犹太神秘主义对摩西五经的注疏，成书于十三世纪晚期。在犹太神秘主义者中，该书的地位可与《圣经》和《塔木德经》相提并论。
[3] 卡巴拉（Kabbalah），希伯来神秘主义宗教和哲学思想，公元前在诺斯替教派的影响下产生，并在塔木德时代成形，中世纪时又受到伊斯兰教苏菲派的重大影响。否定理性，倡导"灵魂移植论"，即灵魂能摆脱肉身而移植他物，最终通过神秘途径摆脱物质世界，与神合为一体。
[4] 路易·拉韦尔（Louis Lavelle，1883—1951），法国哲学家，代表作为《永恒存在的辩证法》。

身在异国，我阅读克拉科夫出版的天主教期刊《标志》（*Znak*），在其中发现了大量材料供我深入思考。我向该杂志的编辑致以敬意，他们可能不知道他们的影响所及竟如此之远。

从我提到的这一切，人们可以探知一种对真理的实用主义态度，因为这些多样的、互不相容的文字滋补了我的想象力。对此我没有异议。我在维尔诺上文理中学时读过威廉·詹姆斯的《宗教体验的多样性》，这对我影响巨大，而詹姆斯本人就是一位实用主义者。但我必须紧接着补充一点：对实用主义者来说自然而然的宽容，并不非得指向"新世纪运动"所谓的各种信仰与信念的混一。看来我能让自己免于此道。

在开启心智的阅读中，我还应举出几位不那么严峻却又能使人精神振奋的哲学家：叔本华，尼采（某些作品），舍斯托夫。

ENGLISH（英语）。看来第一次世界大战结束了法兰西文化在欧洲的统治。在此之前，说法语意味着你属于上流社会。不过，在两次世界大战之间，法语还是存活了下来，只是到那二十年快结束的时候，人们才开始纷纷学习英语。我尝试过各种自学教材，尤其看重那些情节简单的双语小册子——比如吉卜林的书。不过我真正开始学英语是在战时的华沙，和扬卡跟着她在斯达特电影制片厂的同事图什·托普利茨学习。托普利茨后来成了沃兹电影学校的校长。他当时在华沙四处游荡，授课，好像世道如常，不愿去想作为一个犹太人他正处于巨大的危险之中。他这种态度在我们身上奏了效，我们也不去想他身处的危险。仅仅是以防万一，他揣着意大利的身份证。我们的另一位老师是玛丽·斯克利沙林，一个英国女人，贵格会教徒。"一战"后她跟随一个贵格会慈善组织来到波兰，嫁给了一位俄国侨民。她育有一男一女两个小孩，儿子认为自己是俄国人，女儿认为自己是英国人。玛丽的戏剧性事件始于德苏战争爆发。她儿子参加了某个由俄国人组成的对抗布尔什维克的部队，隶属于德国军队；她后来再未得到儿子的音信。玛丽·斯克利沙林是一位善良和蔼的人，她大概死于华沙起义期间。

英语方面的长进给了我勇气，我从埃德蒙·维尔钦斯基那里接受了一项委托任务，为地下戏剧协会翻译莎士比亚的《皆大欢喜》。实话说，当时已有的法语和波兰语译文给了我帮助。我翻译得最成功的是剧中那些歌词，唱出来我们也高兴，我们的朋友也高兴。T. S. 艾略特的《荒原》我是在1944年上半年翻译的。

居住在美国，我迎面碰上了翻译问题。很明显，任何国家的文学和语词，都在相当程度上受到翻译成本国语言的作品的影响。拉丁文和法文在波兰即是如此。我们同技术文明与其英文术语的不可避免的接触，迫使我们思考什么东西应当维持原样，什么东西应当归化波兰语；比如说，"大众传媒"（mass media）是否应当按其字面意思翻译成"大众传播手段"（means of mass communication）？我曾为巴黎《文化》杂志翻译《大众文化》专号里的一些文章，恐怕就是在那次翻译中，我第一个采用了这个词的波兰化译文形式。

我在加州大学伯克利分校教过一个诗歌翻译的研究班，用上了我在维尔诺文理中学的拉丁文老师阿道夫·劳热克班上学到的东西。那是一种集体翻译的民主方法。我带着学生们翻译，结果编成了一本波兰战后诗选。我喜欢翻译其他诗人的作品，翻译我自己的作品要难一些。有很长一段时间，在某些圈子里，我以《被禁锢的头脑》的作者而知名，而在另一些圈子里，我是诗歌翻译者，尤其是兹比格涅夫·赫贝特的翻译者。直到七十年代后期，人们才知道我是一个诗人。

F

FAME（声名）。倘若把自己从芸芸众生中抽离出来，从某个高处俯瞰，那么梦想成名这一人类愚行就会显得可悲并且值得同情。尽管有人无此弱点，这事还是让我们感到惊奇。很久以前，一个人有可能知名于邻里，知名于乡间，知名于他生活的那个县。那时没有报纸、广播和电视来传播某人的不同凡响，虽然时常也有壮汉、怪人和出众的美人，其声名远播至本县以外；比如说，饕餮怪人比托夫特便在整个立陶宛鼎鼎有名。另一位老爷名声略逊，叫帕什凯维奇，或者叫帕什卡，他用立陶宛语写诗赞颂他庄园里的一棵橡树，为这棵树取名为"鲍伯利斯"（Baublis）。不过这棵橡树的大名还真的流传了下来，密茨凯维奇将它写入《塔杜施先生》，使之名垂后世。歌谣总能使一些名字成为不朽，即使是那些不起眼的希腊小国国王的名字，也因《伊利亚特》而永存。他们往往是些战争英雄，尽管由于荷马我们也记住了海伦和卡珊德拉的名字。

自从个体的人变成亿万大众的一员，并且与大众一样无名无姓，事情就完全不一样了。他在报纸上、银幕上看到电影明星和运动员，感到自己的籍籍无名是一种痛苦。他渴望以某种形式显示自己的独特存在，这可能成为一种真正的激情，为此人们会采取不同的方式。"我在这儿！"他在一本发

F

行量极小的薄薄的诗集中这样喊道；他写下意在为自己打开知名度的小说；我们或许也可以猜测，某些异常之举，包括犯罪，往往是为了吸引别人的注意力到行为者的身上。

然而，这种游戏与其说是他与大众之间的关系，毋宁说是他与身边的环境，与他的家人、同学、所归属的职业圈之间的关系。我不妨在此说说自己的经验，说说我在维尔诺求学和文学活动的开始。在文理中学，我的论文好像写得还不错，但我已记不得什么了，除了早年间对生物学的兴趣。我也曾在一次文学比赛中获奖，凭的好像是一首十四行诗，但对此我仍是零记忆。然后是上大学，写作班，"灾祸派"，急切地希望博得同行的赞许。这种赞许是我所需要的。至于那些不懂诗的公众，我何必在乎他们怎么看呢？我想要得到的是行家对我价值的肯定。我曾将行家这一头衔赠予我的几位朋友。

渴望得到认可是人的基本需要，你可以从这个入手来研究各个不同的社会，问一问人们都用什么手段来确保其雄心的实现——爵位、荣衔、封地、金钱？交战的士兵勇于拼杀，难道不是出于这样一种心理：在自己的队伍中即使不能争先，至少不能落后？

声名的本质在于它虚无缥缈。如果人们说到一个人的鼎鼎大名而不知其大名何以鼎鼎，那么这个大名有什么意义？说到底，这就是每一座大城市里的大多数纪念碑的命运；它们变成了符号，而内容却蒸发了。人的数量越多，越能见出声名的专业局限性；这就是说，一位天体物理学家会知名于其他天体物理学家，一名登山家会知名于其他攀登过众多山峰的人们，一个象棋大师会知名于其他象棋大师。多元文明唆使人们将自己区隔成不同的小团体、俱乐部、小圈子、秘密社团的分会、读诗会，甚至更狭窄：俳句爱好者或五行打油诗爱好者、摄影师或皮划艇赛手。当然，诺贝尔奖会带来某种规模的声望，但别忘了，相对而言只有极少数人明白为什么某人会获奖，因为诗歌读者所占的比例并不大——不同国家的诗歌读者群也只是略大一点或略小一点。

FEDOROWICZ, Zygmunt（齐格蒙特·费多罗维奇）。圆圆胖胖的费多罗维奇是国家党的活动家，在战时的地下活动中尤其活跃。他是维尔诺希吉斯蒙德·奥古斯特国王男子文理中学的校长。这是一所人文文理中学，这意味着学校会教拉丁文。与我们学校教学水平相当的是伊莱萨·奥耶什科娃女子文理中学，也偏人文，还有莱勒维尔男子文理中学，但不教拉丁文。与这些学校几乎同样孤高排外的，还有教会创办的学校——耶稣会创办的男校和拿撒勒修女会创办的女校。那些以密茨凯维奇、斯沃瓦茨基和爱泼斯坦的名字命名的学校排名较差，还有那些不以波兰语而以意第绪语或俄语为教学语言的学校，以及一所教立陶宛语、一所教白俄罗斯语的学校，排名也靠后（后者作为"共产主义的温床"不断被停课整顿）。

对我来说，旧时的维尔诺不仅是一座记忆之城，而且是一个始终存在的政治问题。当年的童军活动被民族主义情绪所支配。有两支著名的童军——黑十三团和天青第一团；我非常急于加入天青第一团。我通过了考试，得到一枝金百合[1]。我年龄虽小，却具备了成为一位好公民的一切条件。但是现在，回想起当年的维尔诺，我感到非常惊讶。1919年，整个城市弥漫着天主教和爱国主义氛围，到处回荡着钟声，欢迎波兰枪骑兵把它从布尔什维克手中解放出来[2]；人们感激毕苏斯基，在中立陶宛共和国[3]时期还投票并入波兰（犹太人和立陶宛人没有参加公投）。作为一名温和派民族主义者，费多罗维奇的活动并不突出。那是毕苏斯基的追随者得势的时候，这一点从他们的新闻喉舌，偏保守的《词语报》和偏开放的《维尔诺信使报》就看得出来。民族主义者的《维尔诺日报》发行量较小。

这座城市已经习惯了被困孤堡的状态，人们最看重的是一个人是否忠心，是否时刻准备着参加英勇的战斗。事实上，在德国占领期间，爱国主义教育和童军运动就在不屈不挠的地下抵抗组织中结出了果实，这也导致苏联军队进城之后开

---

1 波兰童军的军徽图案为金百合。
2 "一战"期间，维尔诺和立陶宛其他地区均被德国占领；1918年德军撤退后，维尔诺被苏联红军占领。1919年，毕苏斯基的波兰军队夺回了城市。此后，城市的控制权又多次易手。
3 1920年，维尔诺市及周围地区成立了中立陶宛共和国。1922年公投之后，整个地区归属波兰，直到1939年苏联入侵。

始大搜捕，并在泊那里[1]处决了大批犯人。被困孤堡的心理状态，其中一个方面就是一门心思总想着敌人，到处都发现背叛的行为。敌人被一一确认，根据敌对的不同程度，有俄国人、德国人、立陶宛人，还有犹太人（因为他们1919年的时候向着俄国人）。

城市的武装力量是家乡军（AK），这支军队捍卫的是1939年以前的波兰疆域。当它发现包括盟军在内无人承认其战前的边界时，便陷入一种绝望的境地。

在两次世界大战之间的岁月里，"地方主义者"被指控为叛国贼，因为他们竟敢提醒人们，这块多民族聚居的土地属于立陶宛大公国，这便是要抹去"永恒的波兰维尔诺"的形象。

1936年对《不拘礼节》（*Po prostu*）杂志一干人等的审判造成了城市舆论的分裂。这伙人脱胎于"灾祸派"集团。大多数右翼分子指责他们是共产国际的代理人（实际上，波兰共产党一直小心监控着《不拘礼节》杂志）。

在立陶宛当局控制城市以后[2]，约瑟夫·马茨凯维奇的《每日新闻报》又被指控曾与占领者合作，因为他忠于"地方主义"意识形态。在我看来，后来针对这位作家的诽谤指控（说他与德国人合作）是没有根据的，而且是出自最初对其背叛的猜疑。但是地下"民族主义者"费多罗维奇与奥霍茨基坚

---

[1] 另见本书 PONARY 一节。
[2] 1939年9月，苏联侵入并吞并维尔诺。10月，立陶宛当局同意苏联在其国内设立军事基地，以此为条件换取维尔诺回到立陶宛。

持指控，不肯罢休。

《每日新闻报》并非立陶宛当局治下唯一一份波兰语报纸，同样出版的还有《维尔诺信使报》，它被认为是波兰的喉舌。该报编辑卡齐米日·奥库里奇（托马什·赞共济会分会会员）思想开明，后来去了伦敦，编辑责任就落到了我在希吉斯蒙德·奥古斯特文理中学的同学、绰号"黑铅"的约瑟夫·希维齐茨基头上。他后来被流放到沃尔库塔一个劳改营并死在那里。在费多罗维奇之前出任我们文理中学校长的是热尔斯基，我相信他与费多罗维奇持有相似的观点。许多毕业于希吉斯蒙德·奥古斯特文理中学的学生后来都出了名。我应该列出其中几位的名字：切斯瓦夫·兹戈热尔斯基，卢布林天主教大学的波兰文学教授；斯坦尼斯瓦夫·斯托马，一位天主教记者和法学教授；托罗·戈乌别夫，一位小说家；扬·梅什托维奇，著有数部有关二十世纪历史的著作；小说家塔德乌什·孔维茨基；以及这部词典的作者。

FEUER, Kathryn（凯瑟琳·弗尤厄）。一位研究俄国的学者，我在伯克利的同事。她主要讲授托尔斯泰，是一个聪慧、和蔼、为人着想、富于学院气质的人。她出身说法语的加拿大家庭，因此也就是一个天主教家庭。这种家庭出来的姑娘怎么会研究上了俄国？首先，她不得不反抗其家庭和教区，选择马克思主义，并且面向东方眺望黎明。我并不确定她脑子里的幻象是何时消亡的——是因为莫斯科的肃反还是因为希特勒-斯大林协定？但既然她的方向已定，就意味着去研究俄国文化，写一篇硕士论文，学习这门语言，并在这条路上的某个地方认识了她信奉马克思主义的丈夫，路易斯·弗尤厄。丈夫的思想随之很快发生了剧变，追上妻子，反对马克思主义，然后拿到博士学位，并在伯克利为他们夫妇两个人都谋到了教职，他自己成了社会学教授。他们俩真是一对可怜的反抗者，像吉卜赛人一般，却被准予从事一种不可思议的冒险——在伯克利当教授。他们不习惯稳定的家庭生活。关于这一点我有一个证据，那就是路易斯会胡乱捣腾他们的壁炉设施。这是我去拜访他们时发现的。依我之见，生炉子是一门学问，应该用专门的东西引火，然后把木柴架上去，可路易斯在炉膛里烧报纸。

凯瑟琳对苏联体制了如指掌，并且强烈关注生活在那种体制之下的人们。她和路易斯读过《被禁锢的头脑》的英译本，完全理解这本书，因为，可以说，这本书写的就是他们。我不知道我其他的教授同事们如何看待这本书，甚至不知道他们是否读过。格列布·彼得罗维奇·斯特鲁韦，巴黎一位俄罗斯侨民活动家的儿子，与苏联现实从未直接打过交道，尽管作为曼德施塔姆[1]诗歌的出版者，他熟悉这些问题。其他俄国人就未必如此了。我只知道，当校方在考虑要不要给我终

---

[1] 奥西普·曼德施塔姆（Osip Mandelstam，1891—1938），深具影响力的俄苏诗人，阿克梅派诗人代表。

身教职时，学校里有人提出了反对意见，主要是说，《被禁锢的头脑》的写作目的在于为左派辩护。

如果我没弄错的话，将亚历山大·瓦特请到伯克利来的主意出自斯特鲁韦。他在牛津大学一个研讨会上见识过瓦特的魅力。不过，斯特鲁韦不是唯一的倡议者。我相信在这件事上凯瑟琳发挥了主要的作用，她对瓦特极其上心，而我也帮了点小忙。瓦特旅行起来有困难，因为他在身心两方面都有不适。名义上，他是由斯拉夫与东欧研究中心邀请来的。当时的主任格雷戈里·格罗斯曼对瓦特表现出了深深的同情，是他想到要为瓦特的谈话录音。

1968年"革命"期间，凯瑟琳和路易斯离开了伯克利，因为路易斯所在的院系视他为反马克思主义者，对他嗤之以鼻。有几所大学雇佣了他们。他们最终落脚在弗吉尼亚大学。我去那儿拜访过他们。

凯瑟琳已经过世，但我经常想起她。她是一个结合了智识与善心的人——我们还能向一个人要求什么呢？大概这种结合不可能不受惩罚，因为我觉得她并不快乐。我并不是要在这里分发月桂花环，所以我不会略而不提她酒喝得很厉害（我经常陪她喝）。她后来发展成酗酒，直到生命的终结。

FRANCE（法兰西）。对法兰西的热爱塑造了我成长其中的文化，尽管这种热爱不是双向的。或许这种不平等被部分地遮盖起来了。渐渐地我才相信，我这一部分欧洲在法国人的脑海里是一片空白。阿尔弗雷德·雅里[1]证实了这一点，他在剧本《愚比王》里借愚比王之口说："在波兰，那就是说在无何有之乡。"

在学校里，我们被灌输拿破仑的传说和朝圣者的浪漫主义。实话讲，我们那时并不知道，在资产阶级的法兰西，那些来自农业国家的不幸的朝圣者是多么孤绝。就像他们的后继者，一些在灵魂里珍视弥赛亚神话、肉体却奔赴里维埃拉或蒙特卡罗度假的地主。法国像一块磁铁般吸引着知识界的势利眼；法国——不是德国，不是意大利，也不是英国——是西方文化的同义词。正因为此，1940年法国的失败给被占领的华沙带来了天大的沮丧，这被解读为欧洲的终结。这难道不是欧洲的终结吗？欧洲重建所需要的力量是欧洲所不具备的。

我为我西方式的势利感到害臊，但我就是这样被教育成人的。在巴黎的两次逗留弱化了我心目中作为文学和艺术国度的法兰西的形象，与此同时强化了另一个形象，即，在这个国家，每个苏[2]都要被算计，流大汗的波兰移民劳力对此一清二楚。我有一首诗写的是勒瓦卢瓦-佩雷这个地方的失业者的工棚。不过，不论那里的条件如何，我对法语的熟练掌握在三十年代后期和战争期间对我的阅读还是至关重要。在我的文学圈子里，雅克·马里坦作品的影响力不容置疑。在拉

---

1 阿尔弗雷德·雅里（Alfred Jarry，1873—1907），法国象征主义作家。
2 旧法郎的货币单位。

斯基的马里坦爱好者圈子里正好有个人，我想是玛丽亚·恰普斯卡，我从她那儿得到了马里坦《穿越灾难》(*À travers le désastre*)的一份打字稿。这是马里坦到美国后写的东西，由人从荷兰偷带入境。该书旨在反对与德国人合作，支持戴高乐和自由法兰西。我把它翻译成波兰语，1942年以《沿着失败之路》为书名，地下出版了个小开本。在为这本书写的序言里，我捍卫了遭到德国人污辱的法兰西荣誉。我应该为此获得荣誉军团勋章，尤其是因为巴黎午夜出版社的法文地下版比华沙版晚了一年半或两年。

我提及此事是为了弱化人们认为我反法的印象。我无意掩盖一个事实，即我隐藏着一份受过伤的情感；这份情感产生于战后岁月我作为一名政治流亡者的生存境况。即使法国知识分子后来承认他们犯了巨大的政治错误，我的态度也没什么两样。那个错误的程度使我不再相信任何后来的"主义"，如果它们源自巴黎。

那么，人们是否应该同意这样一个观点（来自一位法国人），即法国对于非法国人来说是一个美妙的国家？我对这个国家怀有矛盾的心态：一方面是极度反感，因为我曾被踢到一边；另一方面，对于法兰西文化我又心存感激，我同样感激的还有几个人，外加巴黎的几条街道和几处风景。

FRENCH（法语）。我是一个见证人。那是几十年前我那个年代发生的事。一开始，上流社会的人都能说点法语，哪怕只够在仆人面前交流以免他们听懂。两次世界大战之间的二十年里，文理中学开设法语课和德语课，由学生们任选一门——不用说，我选了法语。在文学方面，人们还是将注意力放在法国上，尽管青年一代的法语水平已经变得可疑，而且也不那么容易弄到书。本质上，法语出版帝国——那些沿着伏尔加河、多瑙河和维斯瓦河售卖的黄色封皮小说——在1914年便走向了终结。

"一战"以前，巴黎作为世界文化之都的地位毋庸置疑。这种情况一直持续到三十年代。这里是美国那些自我放逐的文学家、艺术家首先落脚的地方，也是波兰艺术家、文学家落脚的地方。可以把"巴黎波兰艺术家协会"的会员名单视作一个不存在的学院选举出来的院士名单。应该做个调查，看看"小小绿气球咖啡馆"[1]在多大程度上照搬了巴黎卡巴莱酒馆的形式。在德国占领期间，雷昂·席勒[2]和泰奥菲尔·特奇尼斯基在钢琴伴奏下唱给我们这帮人的歌，用的是法国旋律。其中一首名曲如此唱道：

> 大风窗外笑，
> 妈的，生活已烂掉。
> 还喝吗？不喝了，
> 我要重新做人在清早！

---

[1] Zielony balonik，克拉科夫颇具传奇色彩的卡巴莱酒馆，文人艺术家频繁光顾。
[2] 雷昂·席勒（Leon Schiller，1887—1954），波兰戏剧和电影导演、批评家。

博伊的翻译堪称法国文学在波兰达到的最高成就。两次大战之间的诗歌，纪尧姆·阿波利奈尔[1]经由亚当·瓦热克的翻译获得了声誉。那些诗歌催生了一批诗人：约瑟夫·切霍维奇、安娜·希维什琴斯卡、米沃什——这还不算克拉科夫的先锋派。

我在学校里法语学得不算上心，但课本引发了我的好奇，对我产生了影响。我在其中发现了约阿希姆·杜·贝莱（十六世纪诗人）的一首诗。我非常喜欢，便以之为榜样写起诗来。别人可能会以为我模仿的是利奥波德·斯塔夫[2]的诗。

直到后来，到1935年春天，在巴黎，我才开始认认真真地学习这种语言。那时每天早上，我要穿过卢森堡公园去位于拉斯帕伊大街上的法语协会上课。那是一所正规学校，要求很严格，尤其是对我这种报了高级班（cours supérieur）的学员。语法讲解，听写，文学讲座。几个月后有一次高难度的笔试，然后是一个名头过于响亮的毕业证书。过了这一关，一个人便有了在学校里教法语的资格。这样折腾一番对我很有用；我后来意识到，我是我这一代作家中极少数通晓法语到这种程度的人之一。这对我的阅读好处多多。作为《南方

---

[1] 纪尧姆·阿波利奈尔（Guillaume Apollinaire，1880—1918），法国超现实主义诗歌写作的先驱人物。
[2] 利奥波德·斯塔夫（Leopold Staff，1878—1957），波兰现代派诗人。

手册》[1]月刊在波兰的唯一读者,或几乎是唯一的读者,我得以了解晚近的文学发展。不过,最使我受益的还是对法国宗教哲学家,比如路易·拉韦尔及其他神学家的阅读。他们的散文保留了那种古典的平衡与清晰,这是为法语协会的教师们所称道的。不过很快,学者和哲学家们的法文便屈服于一种惊人的快速转变,好像要以此印证法语在欧洲崇高地位的丧失。法语的文风变得含混、缠绕,充斥着专业术语,攀升到胡言乱语的高度,而胡言乱语是声望的保障。

华沙的法语学院开在斯塔什茨宫里,毁于德国人的炸弹。我和斯坦尼斯瓦夫·迪加受雇从瓦砾堆中抢救图书,这更大规模地增加了我的法语阅读。这种阅读大概应和了贡布罗维奇在旺斯说过的一句话,他总是习惯性地把话题引向哲学:"奇怪,我们用法语说话就准确,一旦我们改用波兰语,我们就变得模糊起来。"

我认为1938年是每个华沙人都开始学英语的年头。法语的时代,就像此前拉丁文的时代,从1914年开始,经过短暂的反复、中断,终于在欧洲走向了终结。把这种转变解释为时代精神的一时兴起,要比归因于盎格鲁-撒克逊的军事支配容易得多,而这种支配就要到来。

---

1 《南方手册》(*Les Cahiers du Sud*),法国二十世纪上半叶著名文学刊物。

F

FROST, Robert（罗伯特·弗罗斯特）。他被尊为美国二十世纪最伟大的诗人，但我写他不是出于崇敬，而是因为我惊异于这样一个人物居然可能存在。很难理解一个国家怎会产生三位如此不同的诗人：沃尔特·惠特曼、艾米莉·狄金森和罗伯特·弗罗斯特。

弗罗斯特生于1874年，是保罗·瓦莱里（1871）、利奥波德·斯塔夫（1878）和博莱斯瓦夫·莱什米安（1878）的同代人，前后差不了几年。二十世纪开始的时候，他的知识结构已经成形。那时的美国远离欧洲，而欧洲的文化之都在巴黎。我可以用比较的眼光看待弗罗斯特，因为，正如我所说，我了解那些与他完全不同的诗人——法国诗人和波兰诗人。不单是欧洲人视美国为肤浅的物质主义的国家；她自己的公民也这样看。如果他们看重文化的价值，他们的目光便充满渴望地越过大西洋。当弗罗斯特还是个年轻人时，他也在伦敦待过几年，在那里出版了《波士顿以北》（1914），这本诗集也为他在美国赢得了认可。但他整个非凡的生涯，是在他回到那块金色小牛皮一般的土地上之后建立起来的。他是怎么做的呢？

他改变了装束，戴上面具。他把自己弄成个乡下人的模样，一个新英格兰农民，用简单的口语化的文字写他身边的事和生活在那里的人。一个真正的美国人，在地里挖土，没有任何大城市背景！一个自力更生的天才，一个与自然和季节打交道的乡村贤哲！依靠他的表演和朗诵才能，他小心维护着这个形象，投合人们对质朴的乡村哲学家的喜好。他的朗诵总是吸引大批听众。在他的暮年，我亲眼见过这位吟游诗人：蓝眼睛，刷子般坚硬的白头发，体格坚实，其坦诚与质朴应得到倾心与信赖。

事实上，他完全是另一种人。他的童年是在旧金山而不是波士顿郊外的农村度过的。在他谋过的不同生计中，他也曾在新英格兰经营过几年农场——那是白人在美洲大陆殖民的最老的一片土地。他感受那里的风光、乡民和语言；他了解他们的工作，因为他自己就干过那些活计——除草、挖地、伐木。不过，他的读者欣赏他诗中的田园风味，而这仅仅是他的假面。假面之后隐藏的是对人类命运的灰暗的绝望。

他具有强大的才智和非凡的理解力，熟读哲学。他具有极大的欺骗性，竟能将自己的怀疑主义隐藏在始终摇摆矛盾的态度背后，因此他的诗歌是以一种和蔼的智慧加以欺骗。法国诗人会怎样读弗罗斯特？想到这个我就觉得有趣。比如说，保罗·瓦莱里。瓦莱里大概会对那些由一个——你知道的——由一个笨蛋、一个牛仔笔录的来自日常生活的小戏剧故事嗤之以鼻。与此同时，人们得记住，不论两位诗人的意愿与知识如何，他们都与当时的语言状态和语言趋势相连，只不过在法语中这一趋势是自上而下，而在美国英语中，是自下而上的。

弗罗斯特曾热情地阅读达尔文，与十九世纪的科学世界观进行过内心斗争。注意，达尔文不仅是科学家，还是思想

F

家，他了解他的发现对其同代人的影响。对弗罗斯特而言，这就意味着与爱默生决裂，与美国人所持有的大自然具有良善之力的信念决裂，并接受仅由机遇牵引的个人生活的虚妄本质。这就是说，他仔细思考过进化论，并且借鉴了柏格森的《创造进化论》。但我不想探究他的哲学。我想说的只是，莱什米安的诗歌也具有类似的怀疑主义基调，而他谣曲般的质朴也只是表面看来如此，本质则不同。他那些神明和想象中的世界，是对虚幻的摩耶面纱[1]的着意描述。保罗·瓦莱里的世界观同样是怀疑主义的，他设法构建出自我创造的头脑，这头脑赞佩它自己的创造。不过，在莱什米安那里，大自然披上了童话的外观，其中云集着异想天开的生灵，一座基督教的天堂向诗歌想象的宇宙开敞，这种想象被其自身的美所救赎。瓦莱里用水晶建造的、自主的智识大厦，也在其完美的诗歌格律中得到终极实现。《海滨墓园》中有几行诗始终与我相伴。那么，我要问，为什么我会觉得弗罗斯特如此令人不安和沮丧？

不是因为他自我掩饰。他决定要做一位伟大的诗人，无情地谴责他的对手，但他也知道，凭着他的哲学癖好他无法成就伟大。很简单地，他觉察出了什么将成为他的力量所在：新英格兰乡村和他能品鉴英语口语各种变化的超级耳朵。他

---

[1] 尼采在《悲剧的诞生》中不止一次提到摩耶面纱。摩耶（Maya）在梵语中意为"幻"，尼采用以指人类存在其中的表象的现实。

不得不将自己局限在他熟悉的东西上，贴近他似是而非的乡土性。他的诗歌并不抒情，而是悲剧性的，因为他那关于人与人之间关系的叙事诗都是些小悲剧，或者说，它们是描述性的，或者更准确地说，是说教性的。我觉得这使人扫兴。

将诗歌和隐藏其后的诗人的传记放在一起来考虑，就会落入一个无底洞。读弗罗斯特的诗，谁都不会读到他自己的伤痛和悲剧；他不曾留下线索。他对生活中一系列令人惊骇的不幸，包括家人的死亡、精神失常、自杀，始终保持沉默，好像这是对清教传统的确认，因为清教传统要求将私人生活隐蔽在寡淡的门脸背后。这一切当中最大的问题，是一旦沉浸在他的东西里面，你就会觉得自己的独特存在感遭受到威胁。倘若人类个性的边界流动不定，以至于我们真的不知道我们是谁，并且没完没了地尝试新衣新帽，那么弗罗斯特怎么就能一成不变？真正了解他是不可能的，我们只看到他直奔声誉这一目标的坚定努力，以此强行报复个人生活中的种种挫败。

我承认我不喜欢他的诗歌。我称他伟大，只是在重复别人的话，包括约瑟夫·布罗茨基的话。布罗茨基是把他当作格律诗大师来看待的。弗罗斯特说过，写自由体诗就像打没有网的网球。而我，完全站在惠特曼一边。

弗罗斯特也并非一无是处。我应该补充一点，他不曾弱化人类生活的残酷真相，他所看到的就是那样；而倘若他的读者和听众不明了这一点，那对他们来说兴许更好。比如说，他有一首诗写的是人在面对自然时的极度孤单。这对他来讲完全无关紧要，尽管他也希望收到一些被理解的信号。人不仅在自然中孤单，人孤单是因为每一个"我"都与其他人相隔离，好像他是宇宙中唯一的统治者。他徒劳地寻求爱，而他以为得到的回应，仅仅是他自己的希望的回声。下面我引用一首诗，因为它也展示了弗罗斯特的寓言方法和说教方法：

它的大部分

他曾经以为他独自拥有这世界，
因为他能够引起的所有的回声
都是从某道藏在树林中的峭壁
越过湖面传回的他自己的声音。
有天早晨从那碎石遍地的湖滩
他竟对生命大喊，它所需要的
不是它自己的爱被复制并送回，
而是对等的爱，非模仿的回应。
但他的呼喊没有产生任何结果，
除非他的声音具体化：那声音
撞在湖对岸那道峭壁的斜坡上，
紧接着在远方有哗哗的溅水声
但在够它游过湖来的时间之后，
当它游近之时，它并非一个人，

并非除了他之外的另外一个人,
而是一头巨鹿威风凛凛地出现,
让被弄皱的一湖清水朝上汹涌,
上岸时则像一道瀑布向下倾泻,
然后迈蹄跌跌撞撞地穿过乱石,
闯进灌木丛——而那就是一切。[1]

---

[1] 本诗译文引自《弗罗斯特集》(上),辽宁教育出版社 2002 年版,曹明伦译,第 424-425 页。

G

GOLD（黄金）。第一部有关神话般的加利福尼亚岛的长篇小说出自西班牙。小说中，以卡拉菲亚女王为首的女战士们居住在这座岛屿上并施行统治。岛上一切物什和陈设均用黄金打造，这种金属在当地相当丰富。这一金色土地的传说吸引了大批冒险者跨海渡洋，打败了阿兹特克人和印加人。他们期望掠夺原住民的财产，然后自己能够回到文明的马德里终其天年。但他们中只有少数人梦想成真，大多数人死于战斗或疾病，或者幸存下来了却无法返回。

人们后来发现，加利福尼亚并非一座岛屿。但他们也发现那里确有黄金。那是在1848年1月，人们在苏特的地面上盖一座小工厂时，在一道溪水中发现了天然金块。约翰·奥古斯特·苏特来自瑞士，他在后来的萨克拉门托市那个地方附近建造了新赫尔维希亚[1]和一座防御堡垒。当时他是内华达山脉以西最富有和最有权势的人。他无法保住发现了黄金的秘密，而这件事毁了他。盖工厂、办企业、耕种土地，都变得不可能。每一个还能喘气的人都投入到四下寻找和挖掘黄金的行动中来。一群又一群被吸引来的人们无视其私人地产的边界，并且杀害他的印第安人。很快，乘船赶来的北方佬和欧洲人也加入这个

---

1 New Helvetia，意为"新瑞士"，加州墨西哥时代建立的移民定居点。

行列。乘帆船绕道合恩角需要好几个月的时间。船会将乘客运到巴拿马地峡，也在地峡的另一边把乘客接走；乘客们要做的便是各显神通，以任何他们能找到的办法横穿地峡。于是旧金山发展起来，尽管其港口很快便塞满了报废的帆船，因为船员们为了淘金全跑光了。

淘金热到1849年达到顶点。对我来讲，这个年头与"人民之春"[1]相吻合。密茨凯维奇的《人民论坛报》还在出版，但很快就将精力耗尽。我记得在那些伟大的希望化为泡影之后亚历山大·赫尔岑[2]对欧洲的麻木与漠然的描述。饥饿的欧洲人只剩下迅速致富的梦想。

麇集在内华达山山脚营地里的白人，职业不同，国籍不同，受教育程度不同，不过他们在一件事上达成了共识：对待盗马贼（即印第安人）不必心慈手软。他们强加给自己的劳动有如刑罚一般，只有极少数人弄到了大量天然金块和金沙。即便如此，人们还是把钱浪费在了喝酒、赌博和找女人上。商贩和酒馆店主们倒是行为理智，向营地供应食品、器具，还有供男人追逐的女人（这几乎是一个男人的天下），她们拿自己的魅力做交易。其中有几位在旧金山挣到了大钱。医生们，特别是那些治花柳病的医生，也殷实起来。那些医生里有一位是居住在旧金山的波兰人，名叫费利克斯·维尔

---

1 指1848年欧洲革命。
2 亚历山大·赫尔岑（Alexander Herzen, 1812—1870），俄国作家，反对沙皇专制，长期流亡西方。自传《往事与随想》是俄罗斯文学传记的杰作。

日比茨基（1815—1860），他在较早前的1834年移民美国。加利福尼亚出版的第一本书的作者就是他，书名为《加利福尼亚现状及可能》。

适合拍成电影的荒蛮的西部，好像存在于遥远的过去。但我却在这荒蛮的西部生活了大半辈子，很难不去想那些曾经在此行走的人们：关于约翰·奥古斯特·苏特的悲剧故事，关于那些穿行于这片大陆却命里注定要毙命于一把小刀、一颗子弹或疾病的人们，关于那些躺在淘金作坊附近的许多墓地里的人们。还有印第安人：他们的猎场被摧毁，其后又为偷盗他们所需要的马肉和骡肉而被杀。

所有财富的取得和浪费，所有胜利的时刻和戏剧性时刻，最终化为一首歌。这首歌至今传唱，还被用进了电影。它唱的是1849年的一位砂金矿矿工和他的女儿克莱门泰。我把这首歌的第一节与合唱部分抄录在此，省得读者再去寻找歌词：

> 有个峡谷，有个山洞，
> 那里金矿正开工。
> 有个矿工，四十九岁，
> 克莱门泰，他女儿的大名。
>
> 合唱：
> 亲爱的姑娘，亲爱的姑娘，
> 啊，亲爱的克莱门泰。

你离开我们，永不回来，

这难过好吓人，克莱门泰。

与其说这歌曲感伤，不如说它挺幽默。因为当歌中女主角死去，掉进湍急的河流，谁会说"这难过好吓人，克莱门泰"？歌中对她的美也未见多少渲染，她像个淘气鬼，穿九号大鞋，这表明她是个大高个。在她溺水时，她那玫瑰色的小红嘴唇吹出"气泡，晶亮可爱"，而那怀念她的男人忏悔道：

但是哎哟，我不会游泳。

我便失去了我的克莱门泰。

亲爱的姑娘，亲爱的姑娘，

啊，亲爱的克莱门泰。

GRADE, Chaim（海姆·格拉德）。诺贝尔奖颁给艾萨克·巴希维斯·辛格[1]，在纽约说意第绪语的犹太人中引起了激烈的争论。格拉德的背景比辛格要好得多；在美国，你最好是维尔诺人，比较次的是华沙人，最次的是加利西亚人。[2] 然而，争论中的大多数人最主要的看法是，格拉德是一位比辛格强得多的作家，但他很少有作品翻译成英语，因此瑞典皇家学院

---

1 艾萨克·巴希维斯·辛格（Isaac Bashevis Singer, 1902—1991），美国犹太作家，生于波兰。意第绪语文学运动的领导人物，1978年获诺贝尔文学奖。
2 格拉德是维尔诺人，辛格出生于距华沙东北约二十四公里的拉齐米恩。

的院士们无法读到他的作品。根据这种观点，辛格是靠一些不诚实的手段获得的声誉。他着迷于性，创造了一个与现实完全两样的他自己的波兰犹太人世界——色情，怪异，充满幽灵、精灵和罪魂[1]，好像这一直是犹太市镇司空见惯的现实。而格拉德是一位真正的作家，忠实于他所描述的现实。他该得诺贝尔奖。

维尔诺是犹太文化的重要中心——不仅是当地的中心，还是世界性的中心。在那里，意第绪语是一种优势语言。维尔诺，连同纽约，给了意第绪语文学重要的支持，一如那里出版的一些杂志和书籍所显示的那样。"一战"以前，在该城尚属俄国并且受益于它作为铁路干线枢纽和贸易中心的角色的时候，维尔诺的经济状况要好得多。在城市被划入小小的波兰以后，这种状况即告终结，尽管从文化上讲，两次大战之间是一段百花盛开的时光。过去岁月的某种生命力（尤其是1905年至1914年这段时间），依然在持续。沙俄时代建立的各个政党依旧活跃，只是他们优先考虑工人和社会主义革命的需要——其中最重要的是联盟党[2]，一个独立的社会主义政党，意欲搞一场说意第绪语的犹太工人的运动。该党与波兰社会主义党有某种互补性，但后者被认为是一个专属于波兰人的政党，因而在城里的拥护者相对较少。把犹太历史学

---

1 Dybbuks，犹太民间传说中，罪人死后附在活人身上的恶灵。
2 全称"立陶宛、波兰和俄罗斯犹太工人总联盟"，是一个犹太社会主义政党，于1897年在维尔纽斯成立。

院的创立与联盟党联系在一起是不准确的。但该院志在保护那些以意第绪语为日常语言的市镇的文化遗产，从这一点，人们可以察觉出联盟党的精神。共产主义者们是联盟党的竞争对手，并且逐年壮大；到1939年，显然多数人都成了共产党的追随者。这些政党先后都与犹太复国主义和东正教发生过激烈冲突。

这个犹太化的维尔诺心仪俄国文化，但国界线将维尔诺隔在苏联之外。不过，国界线就在附近，这在维尔诺造成一种特殊现象。许多青年人梦想着参加"社会主义建设"，在没有相关证件的情况下越过东部边界。走的时候他们向亲友信誓旦旦地保证，他们会从那边写信回来，但是无人再得到过他们的音信。他们被直接送进了古拉格。

海姆·格拉德属于一个叫作"年轻维尔内"的青年诗人群体。这个群体中的诗人，除了亚伯拉罕·苏茨科沃，我还记得卡切金斯基的名字。这个群体对老一辈诗人的态度有点像我们"灾祸派"那帮人，这让我们有意于跟他们结盟。我们年纪相仿，他们的那个"青年维尔诺"[1]曾经来过我们的朗诵会。

诗人格拉德是拿破仑军队中一位名叫格拉代的军官的后裔。格拉代负了伤，在维尔诺一户犹太人的家里养伤。这家

---

[1] "青年维尔诺"（Young Wilno）是米沃什所在组织的名称。海姆·格拉德所属的组织是"年轻维尔内"（Yung Vilne）。

人照顾他痊愈以后，他便入了赘，并且改信了犹太教。海姆的母亲是一个街头小贩，很穷，所有家当可以装进一只篮子。在他的作品中，有相当数量的动人篇章写的就是这个虔诚、苦干的好女人。作为这个形象的背景而出现的是周遭环境里的人们，他们恪守所有的宗教习俗，他们的共同特征是赤贫。

海姆在维尔诺度过的青年时代并未避开政治冲突和私人冲突。他的父亲，什洛莫·莫迪凯拉比是一位希伯来文化的倡导者和犹太复国主义者，信念坚定，绝不妥协，与保守派拉比们展开过激烈的争论。他把儿子培养成一个虔诚的犹太人。海姆后来的经历表明他一直忠实于犹太教，这与打破了约束的辛格形成对照。作为一位诗人，海姆很快获得了认可并在当地出了名。但他不同于大多数青年人——他们读马克思，唱革命歌曲。共产主义者们想把他吸引到自己一边，但未能成功，而后格拉德成了暴力攻击的对象。更糟糕的是他爱上了弗吕梅-利伯。她也是一位拉比的女儿，家里人都是犹太复国主义者，并且移民到了巴勒斯坦。格拉德的共产党同伴为了阻止他们的婚姻空忙了一场。

这些细节见于他四百页厚的小说体回忆录，英文版书名为《我母亲的安息日》(*My Mother's Sabbath Days*)。他在书里细致讲述了他从苏军入城开始的战时经历。他朋友们的热情与维尔诺大教堂里做弥撒的人众面无表情的悲伤形成了鲜明对比——他自己是出于恻隐之心而去那里的。1941年6月德国入侵所造成的混乱将他与他亲爱的妻子分开。或许几天后他们有过一次重逢，然后他就再未见过她。她死了，像他母亲一样，死在犹太人区。难民潮把他带向东方。屡遭变故之后（有一次他们要将他作为一名德国间谍枪毙），他去了塔什干，战后移民到纽约。他总是以一种友爱和尊敬的笔调写到俄国人。他坚持说他在俄国从未遇到过反犹的迹象。

他在"年轻维尔内"的同伴苏茨科沃和卡切金斯基住在犹太人区，后来参加了苏联的游击队。苏茨科沃最终落脚在以色列。他办了一份诗歌季刊，名为《金链》(*Di Goldene Keyt*)。这是那里唯一一份用意第绪语，一种濒临死亡的语言出版的诗刊。

到美国以后，诗人海姆·格拉德变成了散文作家。就像辛格力图重现波兰犹太城镇那消失的世界，格拉德也沉浸于过去，写立陶宛和白俄罗斯的犹太人聚居区。辛格的写作充满异想天开，开罪了许多他的读者；格拉德却十分在意他所记录的生活的准确性，因此被人拿来与巴尔扎克或狄更斯做比较。看来他的主题重心在于描写他了如指掌的宗教社区里的生活，尤其是家庭问题。在那些家庭里，妻子挣钱养家，丈夫研读圣书。他有一本中篇小说集干脆就叫《拉比们和妻子们》。

我对格拉德的兴趣要归因于我与他的第二位妻子、他的遗孀的交往。格拉德于1982年去世（享年七十二岁）以后，她开始为他的作品勤力奔走并与其英译者合作。

H

HATRED（仇恨）。我一生的故事是我所知道的最为惊人的故事之一。的确，它缺乏一个道德寓言的清晰，你在约瑟夫·布罗茨基的故事里可以看到这种清晰：他在阿尔汉格尔斯克附近的国营农场里挥叉扬肥，可没过几年，他荣名尽收，包括诺贝尔奖。然而，我的故事与波兰寓言中那个笨蛋雅希不无相似之处，因为，与文学圈里的同行异道而行，并逃往已处于衰落之中的西方（西方人自己都认定这种衰落），这需要拿出巨大的愚蠢。《哈姆雷特》中有几行诗用于冷战，可以很好地描述我这种外逃的危险：

> 在双方拼命苦斗刀来剑去的时候，
> 一个不知高低的人闯了进去，
> 是难免危险的。[1]

我一生中曾受到鄙视，曾取得胜利。我的敌人曾编造一些关于我的可憎之事，他们其实是愚弄了自己，我相信时间将显明这一点。最让我感兴趣的，是我们的形象在自己眼中和在他人眼中的不同。很明显，我们美化自己，而我们的对

---

[1] 出自《哈姆雷特》第五幕第二场，梁实秋译文。

手要在我们身上攻击哪怕是他们想象出来的弱点。我揣摩我的肖像,它浮现于别人的仇恨之歌中,有诗歌也有散文:一个幸运儿。事事顺当的那种人。不可思议地狡诈。自我陶醉。爱钱。没有一丝一毫的爱国情感。对祖国麻木不仁,卖国只卖个手提箱的价。衰弱无能。一个关心自己的艺术而对人民无动于衷的唯美派。可收买的人。没有见识(他写了《被禁锢的头脑》)。个人生活不检点(利用女性)。蔑视他人。傲慢自大。等等。

对我性格的这番描述,常常还有我的一系列可耻行径作为佐证。但最令人吃惊的,是这样刻画出来的却是一个精明强干的人,而我深知自己的弱点所在,我更倾向于把自己看作各种惯性思维的混乱缠结,一个在迷雾中喝醉的孩子。我也倾向于同意我的敌人所说的,我的目空一切源于我不能顺从主流,因为在我的身体之中那个礼貌待人的童军少年依然颇为坚定地活着。我是真的坚决谴责学校里因我而起的流言蜚语。而在我每一个有违社会规范的行为中,我都发现了争吵的乐趣并能从中得到心理平衡。

我倾向于做琐细而无用的分析,倾向于享受罪念(delectatio morosa)——僧侣们用这个词来形容寻求受虐乐趣,比如当他们回想自己所有的罪孽——这一点与我所声称的长处相悖。确切地说,这不是骄傲;至于说傲慢,尽人皆知那通常只是羞怯的面具。

我从未落入政治警察之手,这算是我的一大幸运。一个能干的审讯者会很快猜出我惯有的愧疚感,并利用这一点把我引向忏悔,对他所提出的一切罪行来一个彻底悔悟。有太多类似的不幸之人就这么完了。我为他们深感难过。

HOOK, Sidney(西德尼·胡克)。生于布鲁克林,童年时家境贫寒。二十世纪三十年代,他像"所有的纽约人"一样,相信资本主义必将灭亡,共产主义必将在全球取得胜利。他学的是哲学,本来是马克思主义者,后来转向了杜威的实用主义。他与共产主义者们早早分手,后者的报刊称他为"反革命爬虫"。尽管他不是托洛茨基主义者,但在莫斯科大清洗之后,他与杜威组织了一个委员会,研究扣在托洛茨基头上的不实罪名,还其清白。

战后我第一次逗留巴黎期间与他相识。我曾长期关注他的活动。他从大学教职上退休以后定居帕洛阿尔托,我曾在那里见过他。他给我的印象是一个冷峻、不屈的知识分子。从时间的角度来看,我认为人们应当向这种执拗致敬。他狂热地信仰理性,憎恨谎言,因此他的一生无时不在与苏联的倾慕者和同情者斗争。1950年初他在纽约创立了"文化自由委员会",早于6月间在西柏林召开的大会和在巴黎开设的"文化自由大会"机构。他与他的委员会同巴黎大会的关系,就是一个针对东方意识形态进行战略调整的故事。巴黎大会的创办者们代表的是NCL,即非共左派,对美国的许多事情持批判态度,看样子,他们为了朝全欧洲对美国体制的一致批判靠拢（种族主义、对卢森堡夫妇的审判、麦卡锡主义、越南战争），不惜把压舱物都扔下了船，以便甩开膀子大干一场。胡克和他在纽约的同仁面对组织严密的反美宣传，力图逐一研判各项指控，并做出周密应对。他们对六十年代的"革命"和大学的政治化倾向一直保持清醒的头脑，捍卫那些因抵制革命和政治化而不受欢迎的教授。在巴黎文化自由大会是由中央情报局资助的消息被捅出后，1968年大会解散，变成了文化自由协会，此后胡克与该组织（主要人物是皮埃尔·伊曼纽尔和科特·耶伦斯基）不再有任何共识。唯一与胡克一样采取了不妥协态度的是伦敦《调查》（*Survey*）杂志的编辑利奥波德·瓦宾兹。

胡克最著名的文章名为《要异端，不要阴谋》（"Heresy Yes, Conspiracy No"），明确了他作为民主捍卫者的立场。

HOPPER, Edward（1882—1962）（爱德华·霍珀）。美国绘画艺术的典范，他的作品里有种令我不安的东西，我曾有意以诗或文章的形式写写他。站在他的画作前，人们不禁要问：一幅呈现了特定国家和特定时代的绘画能够告诉我们什么呢？这是一个很难的，实际上不可能回答的问题，因为，比如说，光，在维米尔[1]的作品以及大多数荷兰绘画中，见证

---

[1] 约翰内斯·维米尔（Johannes Vermeer，1632—1675），荷兰风俗画家，"荷兰小画派"的代表。代表作有《戴珍珠耳环的少女》等。

了宗教的和谐与家庭生活的祥和；但我们知道，恰恰在当时，是贩奴船——实际上就是漂动的集中营——大规模地造就了荷兰的财富。与此相似的一个问题是，谁敢从印象派画家的油画去认识资产阶级的法国？但两者之间确有关联，即使这种关联遁迹于语言。

霍珀是二十世纪上半叶的画家。他对源自巴黎的时尚不怎么敏感，这是他与同代人的不同之处。"一战"前，他曾数度访问巴黎。他钦佩法国画家，但抗拒他们的影响。他坚持认为，法国艺术一分一毫表现的都是法国。他宣称："我们已经给他们当了三十年学徒，这足够了。"他明白，一个美国画家就得靠自己的脚站住。据他看来，艺术转向变形和抽象，意味着艺术手段而不是艺术目的获得了优先权，其结果是艺术逃向了装饰性，而这只会使艺术变得贫乏。对他来说，绘画的目的是忠于经验、生活、内容、内在真实、自然——他一一界定它们。他将画笔的运行和形状的捕捉作为达成那种艺术目的的手段。他有关忠实于自然的某些言论在我听来仿佛是约瑟夫·恰普斯基在说话，尽管恰普斯基，这位小咖啡馆和郊外夜行火车的观察者并不致力于概括总结，而霍珀却是有意要画出美国的肖像。

他的美国，主要是纽约和东海岸。他如实地描画出大城市里的建筑以及滨海地区的木屋、桥梁、高速公路、加油站，只在少数场景中他会画上一两个人物，通常是一个孤单的女人，金发，裸体，四十岁左右，眼望天空，或望向租赁公寓窗外的墙壁。空旷，是他常见的主题——例如在《星期日》(Sunday)这幅画中，我们看到一排外表相似、属于中下阶层的房子；一个小男人，无所事事，显然不知道该拿手里这把时间怎么办。他也画黎明前大城市里的空旷:《夜枭》(Nighthawks)画的是坐在餐车式饭馆里的两个人，一个皮条客，一个老妓女，远看两人穿着光鲜，走近了才能看清他们那被损毁的、真正可怕的面孔。

看到霍珀画出的东西，每个人都会说:"对，这就是美国。"并且肯定画上的东西在其他国家画不出来。但除此之外，这些画中还包含着某种使人心里沉甸甸的东西。亨利·米勒的某些小说描写了纽约空旷的街道大峡谷，这些画可以用作他小说的插图。那么，霍珀是一位批判社会的讽刺艺术家吗？或许他还具有马克思主义精神？不，根本不是。他只是努力传达自己的经验，这经验并不呈现美国生活的全部。例如，他的画从不表现恐怖的黑人贫民区或黑人农业劳工东飘西荡的生活。所以说，他画的是白人的美国，即使这样，关于穷苦白人的广大乡村，他也只是稍稍触及。不，霍珀最确定的一点就是不使用任何一种社会分析；他努力抓取的内容用语言难以描述，尤其因为朴素的怜悯作为一种重要因素支持着他的画笔。据我所知，马克思主义者们从未用霍珀的绘画做过反美宣传。这不奇怪，因为如果他们这样做，他们就会把自己的目标变得可笑：这就是你们汲汲以求的东西，繁荣昌盛，以及看上去像塑料做的孤独的人们。霍珀的内容或他的真相很难命名，但它与马克思主义者们所喜爱的"异化"概念依然存在某些共通之处。这现实主义的肖像画家，他画出了异化，他警惕任何规划纲领，力图尽量正派地使用他的画布和画笔。

HULEWICZ, Witold（维托尔德·霍莱维奇）。对今天的读者来说这只是个名字而已，不再有其他含义，这有些不公平。但对我来说，这个名字也只是一张面孔和一个身材高大的男人形象：他挺结实，不是瘦长的那种，宽肩膀，黑发，橄榄色的皮肤，长着个大鼻子。我在波兰广播电台的演播室里见过他。我也见过他伏在他那辆大摩托车的把手上，后座上带着个漂亮女人。（他们总说："摇匀了再喝。"）他在维尔诺可是个名人，但却是个外来户。如今我自问，那些外来户在我们中间是怎样过活的？在"我们"和"别人"之间存在着一道明显的界线，后者无论是否来自加利西亚，都被统称为"加利西亚人"。在我们文理中学，只有拉丁文教师阿道夫·劳热克显然是个加利西亚人。但在大学里，本地人和外来户看来是一半对一半。谁受过维也纳式的教育，一望便知，比如我的罗马法教授博索夫斯基，腰杆笔直，好像吞下过一根木棍，他戴着硬领，就像从前的轻骑兵军官。

霍莱维奇来自波兹南地区。"一战"时他曾加入德军，在西线打过仗。战后，他与他的兄弟耶日在波兹南合编过杂志《源泉》(*Zdrój*)。他写诗，出过几本诗集。尽管他属于"斯卡曼德诗社"一代，但声誉绕他而行，就像绕过许多他的同代人，这或许是因为《源泉》没能流行起来。与《斯卡曼德》[1]杂志不同，《源泉》在语言的使用上介于"青年波兰派"和更新的人之间。

对维尔诺来说，霍莱维奇是个宝贝，二三十年代他在那里很活跃。是他创建了波兰作家联合会，并且发起了一个名叫"斯摩根尼亚"（Smorgonia）的幽默表演机构，创立了CAWA（即维尔诺艺术家协会理事会）。他还当过奥斯特瓦的《据点》（Redoubt）杂志的文学部主任，后来成了维尔诺波兰广播电台的台长。是他把塔德乌什·别尔斯基从《据点》挖到了广播电台。

那么，为什么会发生一场针对他的如此激烈的围攻？这场围攻由斯坦尼斯瓦夫·马茨凯维奇的《词语报》打先锋。究竟是什么事，今天已无人记得。当时报刊上恶语相加的小品栏全以他为靶子。《词语报》的常任插画师、维尔诺各咖啡馆的常客费利克斯·当热尔用讽刺画没完没了地取笑他（注意，1939年9月之后，当热尔便身着德国军官制服走上了维尔诺街头）。霍莱维奇本该将这些攻击视作地方主义的嫉妒一笑了之，这种地方主义喜欢把人分成立陶宛大公国的"我们"和外来的"他们"。可是，这实在让他堵心。他放任了自己的怒火，于是在他和马茨凯维奇之间有了一场军刀决斗。一时

---

[1] 斯卡曼德诗社在1920年创建了自己的月刊《斯卡曼德》（Skamander）。

流言满天飞。直到最后，1934年，波兰广播电台总部将霍莱维奇召回，任命他为华沙总部文学部的头头。

霍莱维奇翻译过里尔克，我觉得这是件重要的事。自二十年代他在国外遇到里尔克以后，他们一直保持私人联系。他的名字大概是里尔克传记中出现的唯一一个波兰人的名字。我不想拿他的译文与后来的译文，主要是米奇斯瓦夫·亚斯特伦的译文，做质量上的比较。如果研究一下为什么里尔克只在两次世界大战之间存在于波兰诗人的头脑之中，那会挺有趣——也许修波兰文学的学生们将对此进行探究。在这方面，哦，我自己就是一个例子，尽管我确实读过霍莱维奇翻译的里尔克散文《马尔泰·劳里兹·布里格手记》。研究造成这种现象的原因大概会遇到与语言和文学社会学有关的一大堆错综复杂的问题——举例来说，《文学新闻》在精神旨趣上就不喜欢这种诗歌。

霍莱维奇像许多外来户一样，为维尔诺的魅力所折服。他在一本薄薄的诗集《云层下的城市》（1931）中展示过这一点。他对维尔诺巴洛克建筑高耸入云的壮观大加赞美。

在德国占领的第一年，一向活跃的霍莱维奇便投身组织地下出版活动。他于1940年8月被捕，在监狱里一直待到1941年6月12日。这位德国诗歌和音乐的倾慕者，一本关于贝多芬的书的作者，就在这一天，在帕尔米里[1]被枪杀。

---

1 位于波兰坎皮诺斯森林边缘。"二战"期间，纳粹德国曾在该地大规模处决犹太人、波兰知识界精英、政治家和运动员。

I

IMBRODY（英布罗迪）。我用力拉着这根记忆之线，但只能拉长一点点。我祖母米沃什的故事我也只记住了一点点。英布罗迪在她的童年时代是个可爱的地方，属于莫尔家族，或者叫冯·莫尔家族。在整个因弗兰提地区存在着几支后来波兰化了的条顿骑士的后裔：莫霍尔家族、普莱特家族、威森霍夫家族，还有其他家族，比如罗默家族、普特卡默家族。后两个家族要么向南迁入立陶宛，要么像巴德伯格和其他家族那样被俄罗斯化，为沙皇政权效力。他们中间有些家族，比如托特勒本家族，我不知将他们如何归类。

英布罗迪位于代内堡（现称陶格夫匹尔斯，归拉脱维亚）附近的某个地方，离那儿不远就是武科姆拉，现属白俄罗斯。米沃什家族的杜鲁亚一支的墓地就在那里。我零星听到过一些模模糊糊的故事：关于一位迷信的姑娘，小青年们喜欢拿她开玩笑；关于湖上的 bacik（现在谁还用这个词来指称帆船？）；关于乘马车旅行，穿过林木繁茂的陡坡，遇上土匪的袭扰；还有诵诗和演戏的晚会。爱国主义，对埃米莉亚·普莱特的崇敬，这位女英雄可是我们的远房亲戚。大伙儿中间长期流传着一个女人的轶事——她近视度数太深，错把胸前的花边装饰当成了汤碗里的蘑菇：

她以为这是块掉落的蘑菇,

便随手把它丢进汤碗里。

曾经有过这样一个女人,这件事情本身打动了我,可关于她的一切,留下的只是这两行诗句。

对了,很久以前,有一回,我曾翻阅我祖母年轻时代的绘画练习本。她画花朵和水果,也写过一些诗——我不知那些诗是否都是她自己写的。她的故事讲的全是里加城里的晚会,因为她就生活在那里;英布罗迪是她度假的地方。她会讲到一场歌剧,舞台上游来游去的栩栩如生的天鹅,著名歌手阿德琳娜·帕蒂的演出,还有一个波兰剧团根据儒勒·凡尔纳的《格兰特船长的儿女》改编并演出的舞台剧。里加郊外有一个地方名叫马约伦霍夫,那是人们去海水浴的地方。

原本属于汉萨同盟[1]的里加曾是德国富商的城市,城中遍布哥特式建筑。它是地区首府,把许多人吸引到那里,其中包括我的曾外祖母冯·莫尔。她嫁给了居住在那里的医生沃帕钦斯基。沃帕钦斯基医生显然是在多帕特(塔尔图)[2]读的大学,那是当地最古老的大学(仅次于维尔诺大学),因为维尔诺大学在十一月起义[3]之后便被关闭了。我父亲生于里加,

---

1 中世纪中欧的神圣罗马帝国与条顿骑士团诸城市之间形成的商业、政治联盟,以德意志北部城市为主,加盟城市曾多达上百个。
2 塔尔图是爱沙尼亚第二大城市,多帕特为其历史名称之一,源自德语。
3 指1830年11月爆发的波兰反抗俄国统治的起义,企图推翻沙俄在波兰、立陶宛、白俄、乌克兰部分地区的统治,后失败。

后来选择上了里加理工学院而不是多帕特的大学。

我不知道我的曾外祖父沃帕钦斯基是否有一些地产，或者他干医生这个职业是否很投入。从我祖母讲的那些故事里，我了解到他是一个和蔼可亲的人，免费给穷人看病，喜欢开玩笑，是个顶好玩的人。但有关那段生命的一切都被幽暗所笼罩，这使我沮丧，我想象不出他们是怎样的人：那位医生，他的妻子（我的曾外祖母）。我所能看到的只是我的祖母，没有办法更远。此外，我们家在因弗兰提和英布罗迪的所有产业都已淹没在黑暗之中。我心里总是回响着一个问题：当地农民说什么语言？大概是拉脱维亚语。

INACCURACY（不准确性）。过去是不准确的，无论怎样努力，我们也无法确定过去事实上究竟是怎样。我们必须依赖人们的记忆，而记忆并不可靠。它翻过来调过去地耍花招骗人，篡改经验的数据。即使人们说某事发生时他们在场，你也不能尽信，他们一般只是把从别人那儿听来的事当成事实复述一遍。我们自己在讲述一个事件时也无法避免篡改事实，因为我们的叙述会对事件加以简化，有所取舍，拿局部当整体。不过，能将我们对事实的掌握与他们在编年史、新闻报道、回忆录中所描述的情况相比较就足够了，我们能理解幻想的需要，语言本身就以某种方式铭刻着这种需要，它将我们引入虚构的森林。

在写《米沃什词典》时，我当然想要展现真人真问题，不想弄错任何事。不过，只有良好的意图是不够的，不断有消息传来，纠正我错误的记忆：当然，这也只是大概说来，并不准确。这种事甚至发生在我对我很了解的人的回忆上，比如说学生时代的朋友。举个例子，我写到过尤雷克·扎瓦兹基，说他曾经加入骑兵部队，死于1939年的九月战役。可是我的另一位朋友塔德乌什·卡斯普日茨基却告诉我，尤雷克从未参过军。他从华沙理工学院毕业，由于后来所从事的职业，他负责修筑军队的防御工事。1939年他被派往东部边界。苏联入侵后，他就地参加了一支丛林小队，打算发起抵抗。他是怎么死的没人知道。

"青年维尔诺"里别具一格的人物塔德乌什·布尔谢维奇[1]实际上是遭到了流放，后来他在意大利打过仗，但他没有死在卡西诺山。布尔谢维奇中士是个文化官，是他那支队伍里的活宝。"我曾无数次听他聊天。有一天，他给大家来了顿真正的幽默大餐，大伙儿被逗得乱喊乱叫，我笑得直流眼泪，"他的战友在回忆录中这样写道，"他一定是个才华横溢的人。他自编自导了一个绝妙的小品，曾在加查拉前线演出。"

回忆录的作者继续写道："他对我们师在卡西诺山的惨重损失痛心疾首，向上级要求加入一个前线步兵营。无论上级、朋友还是战友来劝阻都没用。他坚持请战。布尔谢维奇本以新闻为职业，战前做过维尔诺波兰广播电台的播音员，此外

---

[1] 另见本书 BULSIEWICZ 一节。

他年纪已经不小，不再像个壮小伙那样可以吃苦耐劳不在话下。他在前线得咬牙挺住。况且他已经很久没在前线待过了。"

他在基耶蒂河巡逻时和战友们走散。他决定独自一人在德军阵地的后方发起手榴弹攻击。他的嘴被德军一颗迫击炮的炮弹弹片严重炸伤。他活了下来，但毁了容。他几乎不能说话。"后来他被撤到英国，在那里做了某种特殊的手术。有消息说他死于这次不成功的手术。另有人坚持说是他无法忍受这严重的残疾，心理崩溃，选择了自杀。"

维尔诺人坚信，1939年秋天亨利克·丹比尼斯基将维尔诺的档案装了一卡车，运到了明斯克。他们对此肯定到发誓的地步："我们在场，我们看见了他。"这是为什么不能相信目击证人的一个例子。据瓦茨瓦夫·扎古尔斯基的描述："我今年第一次见到亨利克·丹比尼斯基。他完全绝望了。他原本信心十足地在维尔诺当上了国家档案馆馆长，以为自己能够使那些珍贵的馆藏免遭蹂躏。昨天早上他去上班，发现苏军卡车停在档案馆外，士兵们正将一个个法律文件夹从窗口扔到大街上。有些原本被小心捆扎起来的文件在人行道上一片狼藉。他站在一边，怀着无力回天的愤怒，目睹这野蛮的破坏行径。"

INVERNESS (California)（加利福尼亚的因弗尼斯）。有些地方我们本不想去，却偶然旅及，然后渐渐地，那地方在我们心里落户，再后来便有了意义。对我来说，因弗尼斯就是这样一个地方。我去过那里几次，都是与较亲近的人同行，每每忆及那个地方，我都会想起他们。然而一开始，因弗尼斯的塔玛莉海湾却令我不快。那里有一条道路笔直地伸展，道路一边是海湾，另一边是几乎垂直的岩壁，上面覆盖着绿色的灌木丛。海湾水浅；这也许是幻觉，但它看起来浅得不能游泳。无论风怎么吹，都只能在这浅水上吹起小小的波浪。几条小艇停在码头边，好像对大自然满不在乎，尽管它们可以从那里一直开进太平洋。我的不悦或不适或许与另一片海岸有关，那里完全荒裸——没有开垦出来的土地，没有一棵树，什么都没有。准确地说，因弗尼斯并不在海滨，它实际上是被埋在丛林深处，那里的树木枝叶扶疏，有月桂和北美杨梅，让人很难想象其中掩藏着弯曲的小径和度假木屋，在茂盛的植物间挤挤挨挨，简直就像伊甸园一般。我发现，住在那里，每天就要与鸟和动物为伴。因此，因弗尼斯这一带能引诱像我这样的从前的鸟类专家。从奥勒玛开始，有一条羊肠小道穿过红树林，长约一英里；我与家人、朋友常常沿着这条小道漫步到大海边，不过在那些日子里，沿路只有草地、橡树和啮草的马。如今那里为大自然爱好者们建起了巨大的停车场和旅游咨询处。不管怎么说，我记住了因弗尼斯（还有奥勒玛），但我的记忆主要与一起度假的人们有关。与此同时，我还是不太喜欢那个地方，或许是因为它本身，或许是其中某些东西，我也不明白这是为什么。

K

KEKŠTAS, Juozas（尤奥扎斯·凯克什塔斯）。实际上是尤奥扎斯·阿多马维丘斯，在我青年时代的维尔诺，与"灾祸派"过从甚密的一位立陶宛青年诗人。比起老一辈，我们和用其他语言写作的诗人关系更密切。在白俄罗斯诗人中，有一位名叫窨含尼·斯库尔科，来自那罗茨湖一带，用笔名马克希姆·谭克发表革命诗歌。在犹太团体"年轻维尔内"中有亚伯拉罕·苏茨科沃和海姆·格拉德，两人都活过了战争（苏茨科沃先是躲在犹太人区，后来加入了敌后游击队；格拉德则待在塔什干）。

凯克什塔斯无疑是一个左派，尽管我完全不知道他是否和党保持什么联系。战前他被关押过一段时间，关他的那间牢房也关过马克希姆·谭克。在维尔诺变为立陶宛苏维埃共和国首都时，他的所作所为颇为天真，于是被指控背离了党的政策，此后他便去了古拉格。由于对波兰公民的大赦，他得以解脱，加入了安德斯将军的部队[1]，并随之撤退到中东。后来他参加了意大利战役，我想他是在卡西诺山负了重伤，

---

[1] 1939年9月德军入侵波兰，瓦迪斯瓦夫·安德斯（Władysław Anders，1892—1970）指挥的骑兵旅被迫往东撤退，后被苏军掳走，关进监狱。轴心国入侵苏联后，这批波兰军人被释放，在安德斯领导下组成一支抵抗纳粹的部队，被称为安德斯波兰军团。

在医院里住了很长时间。但是在盟军占领罗马时他已康复，于是他激情满怀地陶醉于这不朽之城的壮美。这一情况我是听立陶宛驻梵蒂冈大使洛佐赖蒂斯说的，他在那儿碰到过凯克什塔斯。显然，对于一个欧洲乡下人来说，先是活着走出了苏联劳改营，然后穿着一身胜利者的军装在罗马晃来晃去，确是非同一般的经历。我不清楚他是出于什么样的考虑，没在英国安身，却移居到阿根廷。他在阿根廷住了很多年，看来主要是从事道路施工方面的工作以维持生计。

在阿根廷，他也写作并将外文作品翻译成立陶宛语。他从我的诗集《三个冬天》（1936）、《拯救》（1945）和《白昼之光》（1953）里选了大量的诗歌来翻译，应该把这看作他对维尔诺的忠诚和对诗歌的热爱。译文于1955年在布宜诺斯艾利斯以《时代的自我认识之歌》（*Epochos Samoningumo Poezija*）为书名出版，印数三百册。著名的立陶宛文学评论家和诗人阿尔方萨斯·尼卡-尼流纳斯为这本书撰写了后记，这表明立陶宛移民作家圈虽然人数不多，并且散居各个大陆，却依然能够促成这本书的出版。《文化》杂志一直与这个圈子保持着联系。

疾病（在前线负伤导致的瘫痪？）迫使凯克什塔斯离开阿根廷。显然是出于维尔诺同乡之谊，耶日·普特拉门特出面帮他在华沙一家荣军院里安排下一个房间。凯克什塔斯便在这里住下来，写些东西，偶尔在维尔诺发表，直到去世。

KISIELEWSKI, Stefan（斯特凡·基谢列夫斯基）。战前没有任何迹象表明他日后会以副刊作家"基谢尔"的名字出名。他年轻时是一位先锋派作曲家和乐评人，我那时就认识他，但只是在一些社交场合的泛泛之交。我们的友谊开始于德国占领期间。从那时起，我便把他当作我"可爱的红猴子"。他告诉我他也写作，我要他给我一份他小说的打字稿。兹比格涅夫·米茨纳当时正在用他家从黑市上挣来的钱买文稿；我是他的作者之一。后来我的朋友瓦迪斯瓦夫·瑞尼卡也开始买文稿，我便当了他的代理人。基谢尔就是在那时把他的小说《阴谋》交给我的。这部小说令我震惊，因为我从未想到他能够表达如此错综复杂的人物心理。人们可以猜出小说描写的人物背后的那个人（帕努夫尼克[1]）。头两部分写得有些吃力，但写到1939年九月战役的第三部分则精彩之极。我们签了合同。瑞尼卡在皮亚斯托夫买下一处房子专门存放所有的文稿，这部小说幸存了下来。战后，按照之前的计划，他创办了一家名为"万神殿"的出版社，发行了《阴谋》。但过了不久，所有私营企业全被关闭。我一点也不觉得这部小说的所谓"诽谤性"内容有何不妥，但基谢尔为此招来了一顿批评，当时他正在为《天下周刊》写稿。小说构思奇妙：受阳痿折磨的主人公被战争治好了病，战争结束了一切正常

---

[1] 安杰伊·帕努夫尼克（Andrzej Panufnik，1914—1991），波兰钢琴家、指挥家，"二战"后波兰最重要的作曲家，曾参与重建华沙爱乐乐团，1954年叛逃英国。

状态——他的波兰也走到了尽头。这里面包含了多少象征的含义！

基谢尔和我曾在弗克萨尔街的作家自助餐厅碰面，也曾一起在我位于独立大道的家中喝酒。在史诗般的华沙起义之后，他还设法到克拉科夫与我们会合，我想那是在1945年2月。

那时耶日·图罗维奇正在组建《天下周刊》，我把基谢尔这支好笔推荐给他。基谢尔由此开始了他嬉笑怒骂的漫长职业生涯，他几乎是在他的副刊专栏里翻跟头，以便把一些私货塞进这份唯一独立的（即使只是部分独立的）报纸。

我们的友谊持续了很多年，其间我们有过无数次会面，在哥本哈根，在伦敦、巴黎、旧金山、华沙，我们也在电话里交谈，我还为他的书写过一些评论。在我的鼓励下，他写了侦探小说《北区犯罪》。他的小说中我评价最高的是他以笔名特奥尔多·柯隆出版的《我有此一生》（*I Had One Life*）。小说写的是被占领时期的华沙，一个一直处于醉态的人所看到的华沙。我猜他也隐藏在斯塔林斯基这个笔名背后，但他以此署名的政治小说，对我来说没什么特别之处；在这些小说中党的官员们就像篮子里的小螃蟹，相互掐来掐去。

基谢尔和我经常争吵——比如说，在他怀有政治抱负，甚至在波兰议会[1]占据了一个席位那段时间。他所做的最重要的事情便是为《天下周刊》撰写副刊文章，因为在那里，他表

1　Sejm，也译为"色姆"，波兰的下议院，国家立法机构。

达了被荒谬的乱象扰乱了的普通常识。对于一个爱国的人来说——基谢尔是一位爱国者——1945年以后波兰发生的事看来就像一场大规模的破坏和挥霍。当然他只能指出事实,不能说得更多;这些事实背后隐藏着一个真相,即,这么一小块总督辖地是被控制在外人的手里。

我想如果基谢尔和我能够在自由的环境里一起待上一段时间(1991年我们倒是在一起干过一瓶酒,那是他去世前不久),那么过不了多久我们的观点就会南辕北辙。基谢尔总是以一身逗乐的小丑打扮出现,但说到底,他内心里隐藏着一个充满波兰中心论偏见的知识分子。他建议我去读十八世纪早期的民族主义者罗曼·杜莫乌斯基写的《一个现代波兰人的思想》。他一点也不理解我们的东方邻居家里的形势,在这一点上他和耶日·杰得罗依茨迥然不同。他们两人经常争吵。他认为我的立陶宛式的伤感是一种怪癖,他把这归因于我渴望被人认作一个波罗的海人。倘若他曾和一群波兰侨民一起待在战时的伦敦,他很有可能接受他们的帝国幻觉,不会乐于听到别人谈什么立陶宛人、白俄罗斯人和乌克兰人,他还会盘算着扩张波兰的势力范围,将立陶宛纳入其中。

尽管他曾广泛旅行和大量阅读,但我相信他在对西方的评价上与那些侨民不会有很大差别。在我看来这是一个重磅批评,这意味着他总是站在西方国家的生活之外,并不想去了解一下人家的特殊问题。

我批评他,但也钦佩他。悲伤的基谢尔穿着小丑的外衣

——由于有了他，《天下周刊》成了易北河到海参崴之间唯一独立的报纸，报纸上"自由的声音保证了自由的存在"。

KISIEL'S DIARIES, 1968-1980（《基谢尔日记，1968-1980》）。他骂了很多人，但我没有理由抱怨他。基谢尔是真相的殉道者，总是为谎言而盛怒。他是个长寿之人，记忆多多，因此一直处于一种被激怒的状态——他长期生活在共产党的波兰，这是一个伪造和涂改历史的大工厂。据他看来，谎言正是极权主义的本质。从这一点看，极权主义的新闻出版甚至比它的经济体制还要糟糕。

他是位爱国者，当波兰在雅尔塔会议上被划归莫斯科的势力范围，他对波兰的命运感到绝望，一如十八世纪诗人克尼亚伊宁在波兰三遭瓜分[1]后做出的反应。国家由一些由莫斯科安插的小暴君统治，他们对俄国人的一切旨意像走狗一样言听计从，阿谀奉承。基谢尔了无希望，他认为欧洲的分裂是永久性的。他嘲笑"拉斐特宫里的王子"（指耶日·杰得罗依茨，《文化》杂志编辑），后者坚持认为绝对统治将从内部瓦解。据基谢尔的观点，新波兰就像白山战役[2]之后捷克：由于移民、在卡廷对千百位官员的屠杀、华沙起义和秘密机关的处决，已经失去了由绅士阶层构成的知识界。基谢尔自视

---

1 1772年至1795年间，俄罗斯帝国、普鲁士王国和奥地利帝国曾三次瓜分波兰。
2 1620年11月8日，安哈尔特公爵克里斯蒂安率领的波西米亚军队在布拉格附近的白山被神圣罗马帝国皇帝斐迪南二世的联军击溃。

为幸存者中的一员，焦虑地观察着新的一代——他们没有记忆，对基谢尔来说荒谬绝伦的共产党波兰的现实，在新一代看来是天经地义。

他很聪明，很明白不该无时无刻只关心这一件事：共产主义。但是他管不住自己；他非得这么干不可。音乐有时还能为他纾难解困，但在他为副刊写专栏的时候，审查员总是没完没了地删改，让他不断意识到缺乏自由。倒是他以托马什·斯塔林斯基为笔名在国外出版的小说，满足了他的痴念，大概正因为此，这些小说写得乏味。

《日记》中包括了一系列对西方的波兰式看法，或者不如说是甩向西方的恶声漫骂，最常见的是"笨蛋""白痴"，经常用到"犬儒分子""胆小鬼"和"恶棍"（这个词专门用来说法国人）。由于世界大战在所难免，他从战争需要的角度来判断西方的一切现象，任何倾向于弱化这一点的都属邪恶：蓄长发的人、瘾君子、无政府主义者；任何有利于反莫斯科的强硬阵线都是好的。说到底，他相信失败的不仅是波兰；他倾向于认为整个西方都会因其天真和对自身问题的本位主义关注而失败。他对受人尊敬的天主教《天下周刊》编辑耶日·图罗维奇的攻击，主要事关放宽和弱化了天主教教义的"梵二会议"[1]。图罗维奇干吗要出头支持"梵二会议"？那是

---

1 Vatican Ⅱ，第二届梵蒂冈公会议，是罗马天主教会于1962年至1965年在梵蒂冈召开的第二次世界性最高教务会议，其目标为教会内部革新以及教会向世界开放。

西方的事，对波兰人来讲毫无意义，波兰教会另有麻烦。

尽管《日记》如此极端，它还是为波兰的希望与失望提供了一个准确的图像；它也解释了为什么在波兰最受欢迎的美国总统是对"罪恶帝国"持铁腕政策的里根。

在基谢列夫斯基和我之间存在着种种不同，但我们属于同一代人，我们对事物经常有相似的反应。不过，我的思想类型与他的思想类型完全不同。最重要的一点，是我没有让自己政治化。置身于西方，我有责任对人们讲述共产主义，说出他们所不知道和不想知道的东西。我用几本书履行了我的义务，随后我告诫自己："够了。"就不再继续往前走。如果我不这样控制自己，我就会走上基谢列夫斯基的朋友利奥波德·泰曼德[1]的道路。在美国，泰曼德将共产主义的真相和盘托出，但他的声音好像只回荡在一个抽象的空间，而不是在一个有其自己的旗号和不同观点的社会。倾听他的主要是一些极端保守派，他自己也变成了一份极端保守刊物的编辑，于是再也不能对广大公众的观点发挥影响。

我的自我约束当然有策略方面的考虑，因为上面说的并不是一个富于成效的范例；但我如此行事，还因为我意识到了另一重召唤。如果我成为一个政治作家，我就会使自己的可能性变窄，枯竭。

---

1 利奥波德·泰曼德（Leopold Tyrmand,1920—1985），波兰犹太裔小说家、编辑，六十年代移民美国。

基谢尔做出了悲观的预测，幸亏他错了，但做出错误预测的不止他一人。无论如何，他讲了真话，而这是高尚的。他所表达的对波兰和波兰人的看法是任何人都没有勇气付诸文字的。

KNOWLEDGE（知识）。我体验过峰巅，也体验过低谷。我曾在考试前颤抖，确信自己真的什么也不会；后来，我成了一个看着学生们恐惧地颤抖的人，成了一名意识到自己权力的教授。留存于这两种体验之中的是怀疑主义，即怀疑已经取得的知识储备。在学生们考试时，难道我们不是踮着脚尖，像那些在不可知的深渊上走钢丝的人那样走路？再如，虽然按理来说，我们对自己的那门课是非常熟悉的，但在主持考试时，难道我们不是小心翼翼，避免问那些自己都可能答不上来的问题，直到我们转而对自己的不足心安理得？这也是有益的，我们何必记着某些不再有用的东西，增加我们记忆的负累呢？总之我本人就是这样的。多年后，在加利福尼亚，我遇到我在维尔诺上学时的哲学教授，他还记得我在考试时论述过的那几个十八世纪的英国哲学家。我回答他说，这些人的名字，我一个都记不得了。

教我民法的教授毫无疑问是个智者。他说，我们不可能理解民法，还说，只有上帝或许能得 A，他自己只能得 C。因此，他对学生们还能有什么指望呢？说完这话，他给了我们一堆问题和答案，并说："记住这些，考试内容全都在里头。"

然而，不懂装懂是一种重要的社会礼仪。人们可能会认为，我们那位民法专家的解决方案是不可行的。在屏障的一边，学生装懂，如果他装得巧妙，他就能拿到高分。换句话说，是假装有知识的技巧，而非知识本身，得到了回报。在屏障的另一边，是那位教授。他披着教授服，周身上下是权威的荣光，忙着保持自己的形象，尽管他也常常万分怀疑整个教学本身的意义，以至于他都想对学生们坦白："鄙人对这门课一无所知。"

在人文课程的笔试中，起决定作用的是运用恰当的语言的能力。所谓恰当的语言，是某某"主义"所使用的那种，而"主义"则是主考者所擅长的。"主义"的种类一直在变换，变出一套属于它们自己的词汇和行话，而那些没来得及做好准备运用这些"主义"的学生就倒霉了。我们在写作时，肯定会顾及那个将要阅读你作品的人的观点，最起码不以某种与他格格不入的东西去刺激他。机灵和顺从被认为是这种仪式的重要组成部分。

亲爱的孩子们，要利用你们的个人特质。既然我给自己来了个釜底抽薪，我承认，我在打分时，并不总是能做到很客观，我愿意给那些迷人的女生打高分。

KOESTLER, Arthur（阿瑟·库斯勒）。"二战"甫一结束，第一部国际性的畅销书可能就是库斯勒的小长篇《正午的黑暗》，法译本以《零与无穷》（*Le Zéro et l'Infini*）为书名出版。这本书主题的轰动效应为它带来了影响力，一般说来声名就是这样建立的。我们应该记得,那时共产主义是一种时尚,那些历史事件被看成是进步力量与法西斯所进行的斗争。一方是希特勒、墨索里尼、佛朗哥将军,另一方是西班牙民主派、苏联和随后产生的西方各种民主派别。库斯勒的小说之所以令人恐慌,是因为它打破了一个禁忌:在当时,除了以肯定的基调讲述俄罗斯那种社会主义体制,其他一概不准说。蹲过苏联监狱、进过苏联劳改营的波兰人当然了解这一点,他们曾力图把其中一些真相告诉西方人,但全属徒劳。俄罗斯社会主义受到某种不成文的同志协定的保护;也就是说,谁要是发布任何针对它的警示,那他就是犯了大忌。数百万倒下的苏联士兵、斯大林的胜利,还有西欧各国共产党都在支持这种现实,无人胆敢诋毁它——西欧共产党曾为抵抗运动效力,此时几乎已是场上仅存的力量。反苏就意味着法西斯,因此,举个例子,法共党报《人道报》上说,法国政府令人费解地容忍了安德斯的法西斯军队,其指挥部就设在朗贝尔宾馆,指挥官是(纳粹)少校约瑟夫·恰普斯基。

而现在,出了一本讲述斯大林政府的恐怖行径的书,它揭露了(当然已经迟了)三十年代莫斯科的种种秘密审判。书中充满了亲历的恐怖、背叛的气味、地狱之火,就是这些因素使它畅销。

打那以后,库斯勒写了许多书,包括一部厚厚的自传,我可以拿来做参考。他属于那样一代人,他们走出日耳曼文化,进入了国际舞台。日耳曼文化以维也纳为中心,或者说,仍然处于哈布斯堡王朝的传统之中。像布拉格的卡夫卡,像我的两个朋友,生于捷克利贝雷茨的汉娜·本济文和生于波兰别尔斯克的阿图尔·曼德尔,还有来自布达佩斯的乔治·卢卡奇[1]——他们都用德语写作。库斯勒生于布达佩斯,但在维也纳念书,并从维也纳出发走遍了世界各地。可以说,由于贪婪的求知欲,他一一看遍了他那个世纪所有的知识风尚和思想潮流。首先是犹太复国主义,他作为一名犹太拓荒者(halutz)移居巴勒斯坦,去帮助建立一个犹太国家;然后是科学,他狂热地涉足科学领域,编辑一份柏林大报的科学版;随后,他又到德国的魏玛从事共产主义运动。从1933年到1939年间,他曾设法在明岑贝格宣传共产主义的巴黎总部办公室工作,曾在西班牙内战期间做过通讯员,也曾在佛朗哥政权的一所监狱里度过一段时间,最后与共产党分道扬镳。后来,他还热情参与了别的一些事情,包括知识分子群体反对共产主义的活动(文化自由大会)和英国的反对死刑运动。最后,他又回到自己年轻时的兴趣,即科学史研究;也顺道客串一些别的研究,如创作心理的神秘现象,如东欧犹太人的哈扎尔之根。

在我认识库斯勒之前几年,我就读了《正午的黑暗》(英文版)。它的主要内容是关于卢比扬卡监狱的调查。精明冷峻

---

[1] 乔治·卢卡奇(Georg Lukács, 1885—1971),匈牙利马克思主义哲学家、美学家、批评家、文艺史研究者。

的格雷金是一个真正的苏维埃人，他受命去审讯老布尔什维克鲁巴肖夫，目的是要让后者招认他没有犯过的罪行，因为在即将进行的审判中，他应该会被判处死刑。换句话说，小说所要回答的是三十年代许多人所问的一个问题：为什么那些老布尔什维克要招认自己有罪，还公开表示忏悔？这些忏悔没有别的解释，只意味着他们的确有罪，而斯大林杀害他们倒是正确的。在小说中，鲁巴肖夫屈服于格雷金的观点：作为共产党员，他必须把党的利益放在第一位，超过所有其他利益，譬如他自身的名誉或拯救朋友的意愿。党要求他公开承认自己有罪，而且还要他控告自己的同事，因为在那段时期，这样做被认为是必要的。他对党的事业的奉献会被记录存档，在他死后，一旦正常的时代来临，这些表明他无辜的事实将得见天光。

从意识形态的角度解释，这样很合乎他的知识分子形象，但似乎太牵强了。后来，许多人只是坚持说，那些人在审判过程中被折磨垮了。尽管如此，亚历山大·瓦特引用了他跟老布尔什维克斯戴克罗夫的一段谈话，就在那次谈话之后，这个高官在萨拉托夫监狱去世了。根据斯戴克罗夫的说法，他们供认不讳，他们厌恶他们的过去：他们每个人都犯下过许许多多罪行。

毫无疑问，库斯勒和批评他的人都抓住了一部分真理。我之所以要写他，是因为他的经历为西班牙内战提供了一些线索。人们去参加西班牙内战，是出于一些最纯粹的意识形态动机；他们殒命于前线，实则是死于斯大林的判决，这一判决由他的诸多代理人负责执行。西班牙处于"反法西斯"宣传的中心，负责这种宣传的机构总部设在巴黎，在全世界范围内展开工作，而库斯勒自己就曾是巴黎总部最亲密的合作者之一。他们在许多国家都利用所谓"有用的白痴"，即那些一心想要做好事的天真的人。我们至今不知道，总部头目明岑贝格对斯大林的两面三刀究竟了解多少。在西班牙，库斯勒、多斯·帕索斯[1]和乔治·奥威尔明白了过来。

我是在巴黎认识库斯勒的，可能是在 1951 年。他的外表就大有说头。他身材匀称，英俊，不过个子很小，几乎可以说是个侏儒。也许正因为此他才具有拿破仑似的雄心，而且像拿破仑一样好斗，这使他在任何一个群体里都难以开展工作。总之，是他想起来要在西欧的知识分子圈里做工作，目的是祛除他们的马克思主义信仰，他的具体工作机构是柏林文化自由保护者大会（Berlin Congress of the Defenders of Cultural Freedom），该机构后来演化为巴黎的美国文化自由大会。不过，库斯勒自己很快就设法离开了柏林。后来，他住在英国，将自己跟东方极权主义做斗争的事业限定于创立一个基金会，帮助那些移民作家。他把自己的一部分版税收入也投了进去。

我跟他的关系虽浅，却非常融洽。我们从未谈得面红耳

---

[1] 约翰·多斯·帕索斯（John Dos Passos，1896—1970），美国激进派小说家。

赤。在二十世纪六十年代，他曾带着那位比他年轻得多的女友或妻子来美国游历。他们来伯克利拜访了我们。跟在许多类似情况下一样，我感觉不太自在。对他来说，我只是《被禁锢的头脑》的作者，他读过那本书而且评价很高，但在我自己看来，我完全是另外一个角色。我是个诗人，可他对我的诗一无所知。在他来访期间，我表现得很糟糕。作为主人，我喝得酩酊大醉，然后倒头昏睡，但我并不想把我的糟糕表现归因于我们是隔阂之人。我感到羞愧和后悔，我似乎是无缘无故冒犯了他。如果不是因为他个子矮小，同时又出奇地骄傲，也许他会对此看得更清楚些。

总的来说，他似乎是一个十九世纪的实证主义者。实证主义有两大分支，民族主义和社会主义，有段时间它们都曾吸引过他。他具有强烈的人道主义思想，所以他曾致力于反对英国的绞刑，后来又为允许安乐死的法律做过斗争。他是安乐死的真正信徒，甚至不惜以自己的实践来证明。最终人们发现，他和他那年轻的妻子并肩坐在一把扶手椅上，死了。

KORZENIEWSKI, Bohdan（博赫丹·考泽涅夫斯基）。我们穿着工装，坐在书库里的一个金属架子上，给图书分类。在华沙的大学图书馆，在克拉辛斯基图书馆，我们都干过这事。我们时不时会停下来休息、聊天，普里考夫斯基喜欢穿着橡胶底鞋子到处溜达，尽管我们很警觉，有时还是会被他抓个正着。监督我们工作的就是他，而不是威特。威特是个矮小的斯拉夫人，来自布雷斯劳，成天只是坐在自己的办公室里。他想出了一个雄心勃勃的计划（也可能是普里考夫斯基让他去干的），把有关华沙的全部书籍进行分类，然后转移到相应的库房里：波兰语书籍放在一栋库房里，外语书放在另一栋里，有关戏剧的作品则放在别处。这计划在战争中没有一点意义，但它是必要的，因为它能保护计划的始作俑者——这样威特就不用上前线了。普里考夫斯基协助开展该计划，他是个音乐学者，来自德意志帝国，他的妻子也是德国人。

我和考泽涅夫斯基之间不只有工作关系——我们做那份工，是为了每天下午喝到免费的汤，也为了取得官方发放的工作证件——我们还曾一起跟埃德蒙·维尔钦斯基和雷昂·席勒聚会，讨论戏剧，斯特凡·雅拉奇[1]有时也会参加。考泽涅夫斯基主要参与地下戏剧协会的一些具体事务。受维尔钦斯基之邀，我也为剧协写过一些东西。普里考夫斯基到处蹑手蹑脚地走动，他是想监听密谋的私语吗？抑或只是为了确保员工没有偷懒？我们从来不知道，在严厉的外表之下，他到底是个什么样的人。或许他并非不知道图书馆里藏有非法传单甚至武器。他曾帮助营救考泽涅夫斯基。考泽涅夫斯基是1940年到达奥斯维辛集中营的。德国人里三层外三层包围他

---

1 斯特凡·雅拉奇（Stefan Jaracz, 1883—1945），波兰演员、戏剧制片人，在两次世界大战之间的时期曾任华沙雅典娜神殿剧院艺术指导。

在热里博日区的住处时，他服从他们的命令下了楼梯。在集中营里，他的胳膊上刻的是一个表示低等罪犯的号码。营救他的努力持续了几个月，我认为，最后的成功跟普里考夫斯基有很大关系。所以说，考泽涅夫斯基是那些在华沙被占领期间熟悉集中营的人士之一，席勒和雅拉奇也是如此——同志们历尽艰辛，才把两人营救了出来——但考泽涅夫斯基并未因此停止地下活动。至于普里考夫斯基，他死于"起义"期间，他死时的具体情形现在不得而知。

作为组织者兼导演，考泽涅夫斯基属于波兰的舞台戏剧史。但是今天，只有专业人士知道他的名字，这种情况将来可能也不会有什么变化。不过，我正在写有关他的文章，并且相信他将在未来以别的形象被认可为戏剧史上的一号人物。在他的人生快要终结的时候，他把自己的经历都写了出来。他是奥斯维辛集中营的一名囚犯，是苏军侵占华沙后维护大学图书馆的义士，最后成了一名侦探，到处寻找那些被德国人抢走的书籍。他的回忆录有个最为谦逊的书名，叫《书与人》，初版于1989年，曾于1992年再版。他钦慕十八世纪的作家，在这本书中，他十足的理性主义气质在精妙、洗练、简洁的散文中得以呈现。由于现实超出了可能性的范围，人们或许会把那些忠实记录的细节看成超现实主义的虚构——比如，一个穿着党卫军制服的男孩（奥斯维辛集中营司令官的儿子），正在训练他的小兄弟；或者人们徒劳地警告苏联士兵，但士兵们还是打破盛放甲醛溶液保存标本的缸子，喝了里面的液体，他们第二天就被草草埋葬了；还有运载战时物资的火车——里面装的全都是钟，而且都在以自己的节奏走动。没有一个人预想得到考泽涅夫斯基的文字保留了那么多有关宏大历史的独特细节，它们的真实性甚至超过了塔德乌什·博罗夫斯基的描写，因为其中没有丝毫施虐与受虐狂的痕迹。它将在教科书中占有一席之地，将变成波兰文学经久不衰的一部分。

1949年夏天，在奥博里的一个戏剧研讨会上，考泽涅夫斯基受到了攻击，因为在他执导的一部戏中出现了"不真实的服装"。那个戏是十九世纪俄罗斯作家苏科沃-克比林的作品，叫作《塔雷尔金的死亡》。一个名叫耶日·帕尼斯基的党员对考泽涅夫斯基攻击得最厉害。我想我应该为他辩护，但转念又想，对他来说，我的辩护可能会比攻击更危险。他曾告诉马乌戈热塔·舍日内特[1]：对他最厉害的攻击都是因我而起。我对此感到很难过。针对"风格怪诞"的指控，他为自己做了辩护，还引用了沙皇尼古拉一世时代的例子。沙皇时代的警察所穿戴的制服和帽子就是那种式样的。

---

1 马乌戈热塔·舍日内特（Małgorzata Szejnert, 1936— ），波兰记者、作家，曾编著博赫丹·考泽涅夫斯基访谈录《名望与耻辱》(1988)。

KOTARBIŃSKI, Mieczysław（米奇斯瓦夫·科塔尔宾斯基）。真的，我不想让我的书变成一个祝福的名单。人们往往出于自己的利益做事，但我在很多情况下都得到过无私的帮助，这使我感到惊讶。米奇斯瓦夫是美术学院工作室的画家兼主任，是哲学教授塔德乌什·科塔尔宾斯基的弟弟。他是个神采奕奕的人，我敢发誓，无论他做什么都是好事——如果对艺术忠诚奉献还能被划归为好事的话。我自己对他的感情不是感激，而是亲切。是他把我介绍给了斯坦尼斯瓦夫·米茨哈尔斯基[1]（波兰独立前地下工作圈里一位不寻常的人物），国家文化基金会的会长。我从这个基金会得到一笔奖学金，使我得以在1934年至1935年间待在巴黎。然而，没人知道：在我由巴黎回国后，我成了基金会的一名顾问，对其决策颇有影响力——尽管众所周知，米茨哈尔斯基具有相当强的右翼思想倾向。

他的手指因为抽烟熏黑了，他热情到几乎让自己不好意思的地步，他对艺术充满激情：米奇斯瓦夫想要帮助他的同胞，包括犹太人。因此，他被捕入狱，并于1943年被处决。

KOWNACKI, Stanisław (Staś)（斯坦尼斯瓦夫·考夫纳茨基[斯达希]）。我们很难虚构出一个像斯达希那样特别的人

---

[1] 斯坦尼斯瓦夫·米茨哈尔斯基（Stanisław Michalski，1865—1949），波兰教育活动家，毕生致力于波兰科研教育的组织发展，并为之争取财政支持。1928年至1939年任国家文化基金会会长。

物。由于我俩都曾在希吉斯蒙德文理中学学习，而且在同一个班上，我跟他很熟。他来自乌克兰，父亲是波兰人，母亲是俄国人。他能讲俄语，也能讲乌克兰语。在维尔诺，他曾受到他堂兄的关照，这位堂兄名叫彼得·考夫纳茨基，是《维尔诺日报》的编辑。请允许我在此岔开话题。该报是维尔诺市的三家波兰语报纸之一，是国家党的喉舌。至于另外两家，《维尔诺信使报》具有民主化倾向，其主编是卡齐米日·奥库里奇，据说他是共济会会员；《词语报》则被认为是保守的大地主们的喉舌，其主编是斯坦尼斯瓦夫·马茨凯维奇。《维尔诺日报》具有强烈的民族主义倾向，文字中充满了尖刻的嬉笑怒骂。报社的办公地点占据了一座楼房的第二层，楼下是个众所周知的公共场所，或者说妓院。维尔诺的国家党对毕苏斯基一派流露出厌恨情绪。他们不是没有道理。我只需举一个军官打人的事例即可。他们殴打的是一个名叫斯坦尼斯瓦夫·齐温斯基的助教（此人曾向我推介齐普里安·诺维特[1]的著作），他是国家党的积极分子。在他写的一篇文章中，他表现出了对毕苏斯基的大不敬。1939年波兰毁灭性的失败没能结束这种敌意，相反，它给了双方一争高低的机会。彼得·考夫纳茨基那时写了一本小册子，发泄了他对失败的愤怒，把责任全部归于统治者。奇妙之极的是，这本小册子的

---

[1] 齐普里安·诺维特（Cyprian Norwid, 1821—1883），波兰备受尊崇的诗人、剧作家、画家、雕塑家。

另一个作者叫约瑟夫·马茨凯维奇，此人是《词语报》的人，在战前跟彼得·考夫纳茨基这个民族主义者没有任何共同之处。使他们联合起来的，是面临国家不幸时所感到的愤怒和绝望。但是，他们对战败的波兰的攻击在维尔诺并未受到人们的好评。约瑟夫·马茨凯维奇随后就被一系列说他叛国的谴责所纠缠，在我看来，这些谴责的由头就在于那本小册子。

在苏军占领波兰期间，考夫纳茨基逃过了被流放的命运。（斯坦尼斯瓦夫·齐温斯基则被流放到古拉格，并死在了那儿。）在德军占领波兰期间，他从事地下工作，也曾被捕并在奥斯维辛集中营受尽折磨。当我把这些事告诉美国人时，他们不能理解德国人会谋害按照纲领行动的反犹主义者。但这是真的；他们真的那么干过。

在学校里，斯达希对政治没有表现出一丁点兴趣。他全部的激情只用于做一件事——制造短波收音机的接收器和转换器，沉迷于同世界各地大量跟他一样的业余爱好者进行对话和通讯。他的住处看起来就像个实验室。他只把最少量的时间用于学校的功课。他成绩良好，不过没什么突出的地方。他也加入了我们这些田径爱好者的行列。由于维尔诺被陡峭的山岭包围，冬天积雪覆盖，我们会进行激烈的滑雪比赛。有一回，在比赛过程中，斯达希的雪橇撞在一棵树上，他被送往医院。医生诊断他的脾脏破裂，得割掉。尽管医生们预料他此生不会长寿，但他还是一直活到八十岁。

中学毕业后，斯达希在华沙理工学院学习电学。大学毕业后,他在英国待了一年。说起来,那段经历也是我用计促成的结果。我在巴黎访学一年后回到波兰,成为国家文化基金会的一名文学顾问。为了支持斯达希的申请,我略施小计,质问主事者:为什么学科之间如此不平衡?为什么把奖学金给人文学者,而青年工程师们却得不到?我的争论生了效,斯达希去了剑桥。不过这段留学经历对他以后的冒险生涯来说并没有什么好处。

1939 年大溃败之后,斯达希到了布加勒斯特。由于英语好,他被英国大使馆雇用,负责招募波兰飞行员并把他们送往英国。后来,他自己也加入了这个行列,成为英国皇家空军的飞行员。他参加过在意大利的军事行动,在双人侦察机上担当电报员。后来,他随部队驻扎在阿尔及利亚,并且爱上了阿拉伯人。

他在战前结了婚,妻子名叫万妲,一直留在华沙,是布拉加的一家冶金工厂的文员。布拉加位于流经华沙市区的维斯图拉河[1]岸边,是华沙的工业区,那儿住着许多产业工人。我的工作证上写着我是那个厂的工人,就是她的杰作;我的维尔诺护照被毁之后一直没有任何证件,于是她给我弄了一张。也许那张证件起不了多少保护作用,但总是聊胜于无吧。战争一结束,她就想办法去了德国,又从德国转到英国,她和斯达希在英国干过各种各样的活儿——只要是能让他们活

---

[1] 中欧第一大河流,流域主要在波兰境内。

下去的就干。比如，有段时间，他们在波兰难民营之间流徙，像开流动商店似的，出售波兰熏肠。过了那个阶段，他们移民到美国，斯达希开始了惊人的学术生涯。而且不只在一所大学。他是个优秀的讲师，但从没在任何教职上干满一年。他到处走动，走遍了整个美洲大陆。斯达希具有特殊的幽默感。在他表达时，这种幽默感会自然而然地流露出来，这会分散读者的注意力；人们从来搞不懂他的话是认真的，还是在开玩笑。比如，他会告诉他的犹太同事，犹太人是如何收集基督徒孩子的鲜血来做他们在逾越节吃的无酵饼的。如果这个故事证明他嗜好残忍的玩笑，那么他的另一些反犹言论可能会透露他的真实情感。他总是站在阿拉伯人一边，反对以色列。他的反犹主义变得越来越强烈。他不断地激怒别人，而且完全漠视后果，以至于他的那些教授同事往往在跟他共事几个月之后，就开始厌恶他。

斯达希还通过诉讼来表达不满，比如他在洛克希德公司担任工程师期间，曾起诉美国联邦政府。这家公司属于国防工业，有权接触国家机密，所以在某些部门需要接受较高级别的可信度调查。斯达希本来被授予了最高级别的安全可信度，但由于他在个人档案里说自己订阅过《文化》杂志，他的可信度被降了一级。这份杂志与政策没什么冲突，可谁又愿意费力去调查所有这些事呢？——关键在于杂志所用的是一种"铁幕"语言，这足以判定它的趣味不健康。不久以后，斯达希去参加一个政府会议，与会者一律是拥有最高安全可信度的人。正是在那时，他起诉政府竟然允许一个安全可信度不够的人参加那样的会议。

即便跟朋友们在一起时，他也像个宫廷弄臣似的嬉笑怒骂，因此我从未真正了解他的真实想法。不过，我相信我能通过他写给编辑的大量信件来掂量他的思想倾向。他在信中明确宣称，他坚决反对以色列。

由于斯达希把自己奉献给了吐舌头、努鼻子那样纯粹的弄臣游戏，他经常失去工作，每回全家都会跌入赤贫境地。但是，一旦他无所事事，他就会利用自己通晓五种语言的科技术语的优势（英语、波兰语、法语、俄语和乌克兰语），做一些科技翻译方面的工作。到最后，他混得不错。他在罗斯加托斯买了一栋房子，并且供两个女儿读完了大学。

1962年，我曾跟斯达希一起去内华达山区鹰湖边上度假。我们带了一顶帐篷、一套厨具、一条可以折叠的皮船。每天早上，我们沿着一条草地上的小径，去湖里洗澡、游泳——尽管水很凉。如果伊格纳奇和博赫丹·科佩奇在场的话，那情形就会像那回我们参加完文理中学的毕业考试之后，去鲁德尼茨卡荒原[1]游玩。可那时，科佩奇还在波兰，而伊格纳奇则在美国的另一端。

---

1 另见本书 RUDNICKA WILDERNESS 一节。

KRASNOGRUDA, or Krasnohruda（**克拉斯诺格鲁达，也称克拉斯诺赫鲁达**）。这个庄园不是库纳特家族祖传的产业，而是在十九世纪从亲戚那儿买来的。我不知道我曾外祖父的名字。他有两个儿子：布罗尼斯瓦夫和齐格蒙特。前者成了庄园的主人，后者曾在华沙的中心学校学习农艺，后来移居到了北方的立陶宛，娶了约瑟法·塞如齐奥夫娜，并成了我的外祖父。我有一张他在小男孩时候的照片，这照片至今令我着迷。他看上去是多么陶醉于生之快乐啊，与此同时洋溢着好逗趣的幽默感和聪慧。那是一个非常可爱的小男孩，肯定是人见人爱。他长大以后也是如此。

布罗尼斯瓦夫的坟墓就在离庄园不远的塞日尼村；不过，齐格蒙特的坟墓不在那儿，而是在基日达尼县。当年他去考纳斯（独立的立陶宛的首都），在政府各部门处理各种事务时，他的姓氏帮了大忙，因为它听起来就像是立陶宛本地人——在立陶宛语中，"库纳"（kuna）的意思是"身体""身强体壮"。实际上，这只能证明雅兹温部族讲的是一种波罗的海地区方言，介于普鲁士语和立陶宛语之间。根据家族传说，库纳特家族来自雅特维热部落，而大多数的出土文物证明，其根源就是雅兹温部族，而且就在苏瓦乌基地区。不过，在中世纪时他们是如何被驱逐出来的，我不得而知。他们并不比任何印第安部落更强，也没有联合成一个国家。也许真的发生过一场以大屠杀告终的大战，使他们归于毁灭。也许头领的年轻儿子被俘虏了，成了斧头家族的一员，并被当作波兰人抚养长大。这听起来有点像是浪漫主义时期历史学家的胡思乱想。

在几个世纪的漫长岁月里,在条顿骑士聚居地和立陶宛之间,伸展开一片荒野,荒无人烟。后来,来自南方的波兰人和来自北方的立陶宛人开始在此定居。在被封为贵族之后,库纳特家族的领地在哪里呢?家族后裔之一斯坦尼斯瓦夫·库纳特是一位经济学家,十一月起义后移居法国,成了巴蒂尼奥勒学校的一名教师,但他的藏书还留在克拉斯诺格鲁达庄园。如果我能查明他的出生地,也许就能查出家族的领地所在。

庄园的继承人——布罗尼斯瓦夫的女儿们,即我的表姐妹爱拉和尼娜,还有爱拉的丈夫瓦迪斯瓦夫·里普斯基、他们的儿子齐格蒙特(死于德国某集中营)——都安眠于索波特的天主教墓地。安葬在那儿的还有齐格蒙特的女儿薇罗妮卡,即我的母亲。不过,我母亲的妹妹葬于奥尔什丁。这些关于我们家族的久远记忆朦朦胧胧,尽管文明的发展跟这些记忆的关系似乎越来越不相适宜,但无论我们走到哪儿,我们都会在心里装着这许多除却了修饰的史实。

KRIDL, Manfred(曼弗雷德·克里德尔)。在维尔诺,我曾短时间就读于波兰语系,这个系号称"母系",因为师生员工几乎无一例外都是年轻女性。那会是个有趣的话题:波兰文学课程的教师几乎是清一色的女性,这种学校环境对年轻人的影响。我后来转学法律,但还在文学创作社,正因为此,我认识了文学社的顾问克里德尔教授。

波兰研究作为一门学科颇为特别：它是在十九世纪作为促进爱国主义教育的学科而兴起的，这主要应归功于浪漫主义诗歌运动。这门学科的基础是咀嚼和消化古代吟游诗人的作品，在一个屡遭瓜分后一直被外族统治的国家，这不难理解。自己的民族国家有别于受外族统治的国家政权，在这一区分之中已经潜伏着一个观念，即欧洲是由多个部族组成的，这些部族说着各种各样的语言，直到十八世纪末，才在相当高的程度上统一起来。通用的书面文化的发展促成了这样的变化，因为直到那时，口头文化或者说民间文化还一直占据着主导地位。这正是厄内斯特·盖尔纳在写到民族主义起源时所讨论过的，他很可能是正确的。领导这一变革的是第一代知识分子——文学学生，维尔诺的爱学社社员们完全能够印证我的这一说法。

爱国主义教育和民族主义灌输是一回事吗？不一定。但对于伊格纳奇那样的教授来说，两者是一样的。如果说在那些更为和谐发展的、从未经历过分裂的国家里，人们觉得波兰文学难以理解，那是因为波兰文学的核心意义在于一个近乎"女神"的绝对概念：国家（the Nation）。这是由那些弥赛亚主义者及其后继者（依然保有救世热情的教授们）造成的。从这种热情到政治计划只有一步之遥，罗曼·德莫夫斯基[1]领导的

---

[1] 罗曼·德莫夫斯基（Roman Dmowski, 1864—1939），波兰政治家，右翼民族民主政治运动（Endecja）的主要理论家和联合创始人，该运动在两次大战之间成为波兰最强大的政治集团之一。

国家党以最自然而合乎逻辑的方式进入了波兰的思想界。德莫夫斯基是一个很有才智的人，人们似乎很难拒绝他的计划。不幸的是，他研究的是生物学，为了让弥赛亚主义者们那些关于国家的崇高理想变得现实，他转而求诸达尔文主义，虽然他提倡的不是个人为自己的生存而斗争，而是国家为了生存而战斗。他的思想不够包容。可能正是由于这一缺陷，他注定只是一个写作狂人而已（他写过一些糟糕的小说）。

我这番离题插叙，跟克里德尔教授并非没有关系，因为正是在两次世界大战之间这段时间，波兰研究这门学科发生了变化，并导致了文学研究方法的更新。尽管在克里德尔之前，已经有人做过这方面的工作，但他对这一变革是有贡献的。他于1882年生于利沃夫，在故乡时就开始学习波兰文学，同时着迷于那些知识严谨的哲学家，他们包括：特瓦尔多夫斯基、武卡谢维奇、科塔尔比尼斯基、胡塞尔。后来他求学于弗莱堡和巴黎。"一战"之后，他曾分别在华沙的自由大学和布鲁塞尔的某大学任教。1932年，他继任斯坦尼斯瓦夫·皮贡尼，成了我们学校的教授。他在著作中经常引用俄罗斯形式主义理论家们的文字。他深知自己和学生们一起造就了一场学术革命，后来，他在著作《维尔诺和华沙为文学新科学所做的斗争》[1]中对其做了描述。

---

1 书名中"新科学"（New Science）的说法来自意大利十八世纪哲学家维科的《新科学》。

西方的结构主义直接起源于俄罗斯的形式主义,但那是后来的事。克里德尔领导的学术团体可以被称为前结构主义。其中有个成员名叫耶日·普特拉门特,是新兴的一批男性波兰研究专家之一。不过,作为文学创作社的顾问,克里德尔对《文学社诗选》做出了积极的回应,这本书是由我和兹比格涅夫·弗莱耶夫斯基(维尔诺市长的儿子,后来在瑞典、美国和加拿大当教授)编辑的。克里德尔教授为此书写了一篇序,对我们的左翼极端主义表示同情,但也显露出一个怀疑论者的微笑。在任何情况下,他都以开放的心态对待新生事物,而且在政治上把自己定位为崇尚自由思想的民主派人士——在这一点上,他跟康拉德·戈尔斯基教授完全不同,后者是一个具有弥赛亚主义思想的民族主义者;他们两人之间一直有冲突。

我曾跟伊莱娜·斯瓦维尼斯卡和克里德尔一家去特罗基游玩,由此可见我跟这位教授的亲密程度。我们大家挤在一条游船里,船身漆着明亮的涂料。我坐在船桨旁,使劲划桨,让船离开岛屿,驶向湖中的开阔水域。

战争一开始,克里德尔和他的家人便成功地离开了立陶宛。他们经瑞典到达布鲁塞尔,那儿有他的一些老朋友,然后,他又从瑞典来到美国。战后我也辗转到了美国,正是在那时我又遇到了克里德尔。那段时间,他任教于马萨诸塞州的史密斯学院,那是一所相当好的学校。不过,即使斯拉夫文化研究者都知道他的学术论文和论著,而且罗曼·雅各布森[1]"本人"还支持过他,但总的来说,他的情况变得很糟糕。

在这个节骨眼上,曝出了一个大丑闻,那不是我煽动的,但我也有份参与。我当时是波兰大使馆的工作人员。纽约哥伦比亚大学斯拉夫语系的系主任西蒙斯教授一直跟我说,他有一个建议,如果我们每年给他们提供一万美元的赞助,他们将创建一个波兰文学教席,而且将以亚当·密茨凯维奇的名字来命名。那时候,一万美元是笔大数目。我问西蒙斯:谁来主讲这门课?他有点怯生生地说,他们物色到了一个候选人,即克里德尔教授。我对他说,我认识而且敬重克里德尔,我会为此而尽力。

一所财大气粗的美国大学,居然恬不知耻地向一个贫穷的共产党国家伸手要赞助!在美国确实从来没有一所大学开设波兰文学课,所以我,一个叛徒、通敌者,有机会创设这门课,而到那时为止,尽管爱国波侨们慷慨陈词,却还没有人做出那样的功绩。很显然,身为通敌者让我感到内疚,也让我更有干劲。我只是到后来才明白西蒙斯这么做的真正动机。他也许真的同情共产党,但总的来说,他是想摆脱科尔曼。科尔曼是个爱尔兰裔美国人,喜欢波兰,当时正在斯拉夫语系开课讲一些有关波兰的内容;但他要变成全职教授还不够资格。西蒙斯的思路完全合乎逻辑,即他可以物色一个

---

[1] 罗曼·雅各布森(Roman Jakobson, 1896—1982),二十世纪俄裔美国语言学家、文学理论家,结构主义文学理论的莫斯科学派和布拉格学派的创立者。

还没有终身教职的真正的波兰学者来取代科尔曼。

那时的波兰外交部长是齐格蒙特·莫泽莱夫斯基,他是一名老共产党员,曾在法国工作多年,后来从那里被直接传唤去了莫斯科——就是说,直接传唤到古拉格。他是一个才思敏捷的人,立即就看到了西蒙斯的建议的好处,包括政治上的好处,因为那样做,红色波兰就会以波兰文化保护者的形象出现在世人面前。于是他批准了那笔赞助,由克里德尔主讲的密茨凯维奇教席于1948年创立了,用于纪念那位波兰诗人诞辰一百五十周年。

这事在美国波侨新闻界犹如地狱打开了门(克里德尔被说成了一个布尔什维克,一个安插在哥伦比亚大学的间谍),而科尔曼的煽风点火也一直没有消停过。这个可怜的家伙以递交辞呈来表示他对创设此教席的抗议;但让他大惊失色的是那个提议最终被各方接受了。时任哥伦比亚大学校长的是德怀特·艾森豪威尔,在他家门前出现了波兰人的示威,他们抗议共产主义思想在哥大的渗透。

有人将剪报档案寄到了华沙,这使我在波兰当局眼中出了名。我在美国参与创建了第一个波兰学教席,为此我还挺自豪的;但这种自豪感并不妥当,因为在这一吵吵嚷嚷的事件中,有些东西的确不大对劲。和蔼可亲的科尔曼和他的妻子玛丽安都想做点好事,他们试图翻译密茨凯维奇的作品,但他们不具备真正的"水平"。他们所结交的波兰朋友都是些普通人,这些人身上没有一点克里德尔所表现出来的气质。

波兰人大多数是勤劳的工人,刚从农村出来时他们往往都是文盲,对大学没有任何概念;他们完全不知道大学对人的影响。那么,这设立教席的事件就是受过良好教育的人士针对普通人的一个阴谋了。如果密茨凯维奇在世,他会如何处理此事?他曾用救世思想武装那些受过教育的波兰人,制造了不少麻烦,但那种救世思想几乎没有流传到普通波兰人中。他们解除了1863年起义者的武装,还把那些人交给了俄国人。他们自己后来则移居到了美国,进了矿场和工厂。从这些背景看,波兰文学教席便有了一种阶级色彩:"我们知识分子比你们自己更加清楚什么样的东西对你们来说是有益的。"

克里德尔、约瑟夫·维特林和我合编过一部关于密茨凯维奇的书——这是一本英文的专题论文集,所收文章出自多个作者的手笔。此书由克里德尔主编,并受到波兰大使馆的赞助。它并未出版于诗人诞辰一百五十周年的1948年,而是1951年——比原计划晚了三年。

后来,由于我离开了美国,我对这一教席在接下来几年中的情况不太了解。在克里德尔教授去世之后,这一教席就中断了。哥大认为,在这方面投资对学校本身没什么裨益。

克里德尔不仅仅是一位严肃的学者,认识他的每个人都记得他的正直和善良;在一个不把人道主义当回事的时代里,他也许显得太轻信、太高贵。

L

LENA（莱娜）。这事发生于1917年，地点是伏尔加河畔的叶尔摩洛夫卡庄园。那时我才六岁，是个小难民。每天早上，一个身穿制服的车夫会驾着一辆马车来到叶尔摩洛夫卡气势恢宏的大宅，十二岁的莱娜会乘坐这辆马车去勒热夫上学，学校离庄园大约一公里。在我晚年的记忆中，那一幕情景变得非常清晰，而且增添了我对历史真相的了解，而在当时无论是我还是莱娜都不可能有此了解。就在几天之后，马车、车夫和庄园都消失了，莱娜将要在一个完全不同的俄罗斯长大，无论是她的父母亲还是她的老祖母（babushki）都无法想象那样的环境。我经常想到她后来的人生中遭遇了什么，同时竭力想勾勒出她在各种各样的革命和内战中的情形。

不过，那个渴望莱娜粉颈的小男孩，包括他后来一直对莱娜命运的沉思，其实有着非常情色的意味。那是我平生第一次迷恋。后来，装着那位公主的丝带和缎鞋的棺材被打破了。她的坟墓位于去往考纳斯的路上，靠近波及尼。还有二十世纪二十年代那些事，美丽的芭芭拉在希维托布罗什切死后阴魂不散，还出来吓唬人。那时，我在巴黎看过一出皮兰德娄[1]的戏。

---

[1] 路易吉·皮兰德娄（Luigi Pirandello，1867—1936），意大利戏剧家、小说家、诗人，1934年获诺贝尔文学奖。

当时的一位非常有名的女演员柳德米拉·皮托艾夫,在短短几分钟的过程中,扮演的角色由一个小女孩变成了老妇人——而命运女神则把灰尘撒入她的头发,把皱纹弄到她脸上。主题永远相同:女人和毁灭一切的时间。也许正是因为脆弱易逝,她才成为欲望的对象。叶芝来到我的心头:

> 我们的想象最经常萦绕的,
> 是赢得的还是失去的女人?
> ——《塔》

似乎是失去的。

LEVERTOV, Denise(丹妮丝·莱维托夫)。我还记得那次宴会的情景。在曼哈顿下城格林尼治村的一家意大利餐馆,一群来自世界各地的诗人同桌吃饭。时间大概是在六十年代后期。丹妮丝相貌俊俏,也颇有诗名。她曾将欧仁·吉尔维克的一些诗译成英文;吉尔维克总是坐在她身边,他是个留着大胡子的布列塔尼人,五短身材,肌肉发达,体格健壮,看起来很像希腊神话中的萨梯或普里阿普斯[1]。他是法国共产党党员,但他的诗中除了一些类似于社会设想的东西之外,

---

1 在希腊神话中,萨梯为半人半羊、充满色欲的山林神;普里阿普斯为男性生殖神,为酒神和爱神之子。

没有任何政治因素，因为可以把这些设想看成他唯物主义哲学的产物。我跟他保持着距离，直到后来我们在鹿特丹一起参加一个国际诗歌节，才变成了朋友。吉尔维克极具幽默感，这跟来自贝尔格莱德的瓦斯科·波帕很相像。后者的诗风也很像他的，而且也参加了鹿特丹诗歌节。不过，当吉尔维克不能控制他的脏嘴，拿自己的党开玩笑时，同样身为党员的波帕会顿时变得强硬起来。

还是让我回到那顿饭吧。吉尔维克的相伴对于丹妮丝来说绝对是件好事。她的声名和她的才华是相互独立的，声名有助于加强她的左翼信仰[1]，也有助于她去参与和平主义运动。我发现她模样动人，但见解一般，但我们大家都喝了很多红酒，那些印有红色方格图案的桌布、那些食物的香味，还有香烟和笑声，都留下了快乐的记忆。我没有料到自己会在数年之后，在完全不同的情境中，成为丹妮丝的朋友。

丹妮丝不同寻常，她跟在她家出入的那些跻身高雅文化圈的美国诗人们截然不同，加利福尼亚的诗歌推动者肯尼斯·雷克斯洛斯[2]最早发现了这点。她生于英国一个颇为奇怪的家庭。据她自己说，她父亲是一位著名的哈西德派信徒的后裔，来自"白俄罗斯北方"，起初是个拉比。"一战"前，他决定去德国的大学求学，于是选择了最近的位于科尼斯堡

---

1 原文如此。
2 肯尼斯·雷克斯洛斯（Kenneth Rexroth，1905—1982），美国诗人，热爱中国文化，自取汉名"王红公"。另见 REXROTH 一节。

的一所学校。他改信了基督教,从那以后,他整个人生都致力于使基督教和犹太教达成妥协。他用希伯来语写作,并把希伯来语作品翻译成英语,还把英语作品翻译成希伯来语。后来,他成了英国圣公会的一名牧师。她母亲是威尔士人,是一位具有神秘主义倾向的小镇裁缝"莫德的安吉·琼斯"的直系后裔。他们在英国的家里摆满了书籍,家人经常在一起讨论宗教、哲学和文学。父母没有送丹妮丝上学;她是在家里自学的。

丹妮丝生于1923年,她在英国作为一名诗人崭露头角,但战后不久她嫁了个美国军人,于是移居美国。在美国,她改变了写作方式,转而写自由诗,跟威廉·卡洛斯·威廉斯[1]一样,只按照呼吸来安排节奏。实际上,她的风格变化很快,上一卷和下一卷就不一样。

尽管她是个不可知论者,但她一直是个忠于父母的女儿——跟他们一样,她也是神秘主义者。她碰到了一个难题:坚持个人风格和忠于革命二者之间的矛盾很难调和,因为她的书写风格是个人化的,而且大量使用隐喻。她炽热的心胸往往无法忍受发生在美国和美国疆界之外的种种事情。种族歧视、核武器、拉美军政府的监狱和恐怖政策,还有越南战争。她把自己列入了富于反抗精神的年轻一代,并成为六十

---

1 威廉·卡洛斯·威廉斯(William Carlos Williams,1883—1963),美国著名诗人,著有史诗性长诗《帕特森》六卷。

年代反抗运动的旗手,参加各种游行示威,去过越南北部。实际上,她去过世界各地,哪里需要抗议的声音,她就去哪里。当然,唯一不需要抗议的地方,是苏联的那些加盟共和国。

她的诗风变化多端,不过,但凡关注她的读者是不会为此感到惊讶的。总而言之,她一直保持同一种个人的调子;年纪大了以后,她越来越关注对自然的沉思默想,以写作来为自然辩护。我在我所编的诗选《明亮事物之书》中,录用了她写于这一阶段的几首诗,并把它们翻译成了波兰语。

不过,没有人能够预见到,革命者丹妮丝会变成一个,而且是唯一一个,在她那个时代写作正统宗教诗歌的优秀女诗人——她写的是有关基督、附体、受难和复活的诗。这不是突如其来的宗教信仰的改变;相反,她是转向了她父母的信仰,而且这种转向是逐渐完成的,中间经过了二十多年,其最终结果是她接受了天主教。她把她的宗教诗辑成单独一册,名为《溪流与蓝宝石》(*The Stream and the Sapphire*, 1997)。这些诗的独特之处在于,她应用了一些现代诗歌手法,这跟鲁奥[1]在他的宗教绘画里所做的很类似。

在她人生的最后几年,长期的病痛使她根本不可能离开她所居住的西雅图市,到外面去旅行。我们常常通电话。我翻译了她的好几首宗教诗,想把它们寄给在克拉科夫的具有

---

[1] 乔治·鲁奥(Georges Rouault,1871—1958),法国野兽派和表现主义画家,著名的宗教画家。

天主教倾向的《天下周刊》。我给她写了封信，希望得到她的许可。她是在病床上回的信，那是她平生所写的最后一封信。信到达我手上时，我正好听到她去世的消息。

LOS ANGELES（洛杉矶）。这一大片麇集的城镇、居民区、郊区，其实不应该被称为城市。洛杉矶甚至就不应该存在，因为城市不应该建在像尘土一样干燥的地方，那儿的一切都依赖于从远方运来的水。我们没有理由认为它会成为美国的首都或整个世界的首都。

洛杉矶使我害怕。在我们的想象中，金钱仍然是钢铁和工厂生产的产品；我们很难使自己去适应那场伟大的变革、彻底的逆转：它赋予那个本来居于边缘位置的人类活动，即娱乐，以中心位置，使之成为金钱或权力的源泉。

谁曾预料到这种变革呢？在维尔诺时，我常常去看电影。那时的电影还都是默片，先是玛丽·碧克馥和卓别林的片子，后来是葛丽泰·嘉宝和西尔维娅·西德尼的影片；我当时没有意识到，自己正在参与建设未来。看电影意味着娱乐，仅此而已。在生产那些电影的洛杉矶市，我感到迷惑不解的是：一种技术上的好奇心、一种闹着玩的消磨业余时间的方式，居然发展成了一种世界性的力量。

LOURIE, Richard and Jody（理查德·卢瑞和乔迪·卢瑞）。1960年，我开始在加州大学伯克利分校教书，我所教的第一个班有三十个学生，理查德就是其中一个。他不修边幅，披头散发，欢呼社会习俗的变革，是最早的嬉皮士中的一个。他曾在考卷上写满废话。我不是简单地给他打个低分了事，而是请他来谈心，向他解释他的问题所在。那是我们友谊的开始。他跟我说了一些有关他早先的职业的情况。他在波士顿念预科学校时，曾给当地一个臭名昭著的匪徒开车，这使他一方面冒着被另一帮匪徒的子弹打成马蜂窝的危险，另一方面也过着小国王一样的生活。

在伯克利分校，理查德很快就熟悉了酗酒和服用致幻剂（LSD）。他在多姿多彩的校园生活里如鱼得水——关于这种校园生活，一名保加利亚教授目睹之后，目瞪口呆、惊恐万分地说："那是无穷无尽的狂欢！"（Eto postoianny Karnaval!）他和一个名叫乔迪的雕塑家结了婚，妻子也以同样的方式适应了伯克利的做派。理查德的祖父母从立陶宛的一个犹太人小镇移居到美国。而乔迪的天主教家庭则仍然留在意大利，她跟家里一直保持着联系。

理查德的发展跟人们所预料的不一样。他很勤奋，思维有条理，所以在考试中发挥得很好，先后获得了俄罗斯文学的硕士和博士学位。他也研究过波兰文学。他的事例表明，环境对人的影响虽然是毁灭性的，但对于一个内心自有罗盘、知道航向的人来说，这种影响是有限的。况且，理查德并没有选择教书作为谋生的手段，而是决定通过写作来谋生。不过，他最重要的谋生手段是翻译。许多年来，我发现他在翻译上乐此不疲,他成了美国最重要的波兰语翻译家(他译过我的几本书和亚历山大·瓦特的《我的世纪》以及其他一些波兰语作品)。他也常常译一些俄罗斯作品。由于翻译稿酬太低,不足以维生,他需要铁定的工作纪律和工作效率。乔迪的陶塑受到很高的评价,她跟他一样,也拥有强大的意志力。理查德利用他的俄语知识以及他在那个国度的游历,写了几本散文著作,文体都介于实录和虚构之间。

现在,他俩都已到了退休的年龄,我们也以几十年如一日完好的友谊保持着联系。在我们的交往过程中,出现过一些喜剧性的情节。例如,当我从布兰迪斯大学获得荣誉博士学位时,我邀请他俩参加学位授予仪式。由于理查德仍然保持着波希米亚的生活习惯,他对诸如此类的活动并没有什么好感,所以他赴会时穿的是一件紧身的晚礼服和一双黄色的鞋子。

我把他培养成了一名优秀的翻译家。我还有几名学生:路易斯·伊里瓦内,他翻译出版过显克维支[1]的《欲壑难填》;凯瑟琳·里奇,她翻译过帕塞克[2]的《波兰巴洛克回忆录》。我还可以宣称波格丹娜·卡彭特也是我的学生。玛德琳·莱文则曾在哈佛大学追随维克托·温特劳布教授。美国的波兰语翻

---

[1] 亨利克·显克维支(Henryk Sienkiewicz, 1846—1916),波兰小说家,1905年诺贝尔文学奖得主,主要作品有历史小说《十字军骑士》《你往何处去》和三部曲:《火与剑》《洪流》《伏沃迪约夫斯基先生》等。
[2] 扬·赫里佐斯托姆·帕塞克(Jan Chryzostom Pasek, 1636—1701),波兰贵族、作家,他的回忆录提供了研究波兰立陶宛联邦时期巴洛克文化的宝贵材料。

译人才可以分成两派,即温特劳布派和米沃什派。

LOVE, First(初恋)。在我出生的故乡,涅维亚扎河流经高地两边的峡谷,在那些深壑的边上,可以看见葱绿的庄园,它们彼此相隔只有一两公里。苏里什基庄园就在河的对岸,离谢泰伊涅不远,紧挨着卡乌诺伯扎庄园。苏里什基这个名称类似于塞如提什基,很久以前或许是塞如切家族的地产,尽管它更靠近基日达尼。那个地区面积非常小,只有四分之一个县的规模,你会觉得那儿的人们彼此之间都认识,而驱车不用十分钟就能去任何一个地方。不过这只是错觉,这一错觉源于我们今天的习惯。那时道路泥泞,没有马匹来往(都被弄去耕田了),也没有电话联络安排,邻里之间的关系并不密切。

我的外祖父外祖母有一次曾带我到苏里什基庄园去玩。那个庄园属于库德莱威切家族。这个家族古老而高贵,可能起源于立陶宛——因为在立陶宛语里,"库德拉"(kudra)的意思是"池塘"。我想我那时是八岁。老人们只顾自己聊天,把我交给了一个小姑娘,她带着我参观庄园。我们沿途见到一些小桥,桥的栏杆都是用桦树做的——我记得很清楚。我看着她单薄的、裸露的肩膀,细小的胳膊,一股从未体验过的情绪涌上我的喉咙,那是一股温情脉脉的、欢天喜地的、无以名状的情绪。我当时不知道这叫爱。我想她肯定说了什么,给我讲解一些情况,但我一个字都没说,我被这突如其来的感情弄得目瞪口呆。

　　她当然有名字，但我不知道。毫无疑问，她和她整个家族在1940年被流放到了西伯利亚。她后来怎样了呢？扬·库德莱威切极有可能是她哥哥，此人曾得到释放，离开古拉格，并加入波兰军队，死后埋在了卡西诺山。1992年，在基日达尼，有人告诉我，库德莱威切家的一个后人现在居住在英国，想要收回地产，他开出的条件是要有足够的土地，这样就能回去经营农场。

M

MANORS（庄园）。庄园是贵族文化的重要组成部分，考虑到此，关于它的研究实在是太少了。我们需要对不同的庄园作一些区别。我觉得立陶宛的庄园有点不一样——一是立陶宛农民的表现比波兰的要好一些，二是那儿的庄园主也不像波兰的那样作威作福。只要想想雅库布·盖伊什托尔在他的回忆录里怎样怒斥某些富有的绅士（如恰普斯基·奥吉尼斯基亲王）就够了，这正好意味着，真正为富不仁的是极少的例外。大家都知道，跟波兰的情况相反，立陶宛的农民都支持1863年的起义；当然，他们称之为"波兰起义"。他们曾给扎营在山林中的叛军提供食物和救助。而在立陶宛的中心地带，即我的家乡基日达尼地区，他们都武装起来，参加了叛军。马茨凯维奇是一名出色的牧师，既懂波兰语又懂立陶宛语。诚然，我认为被他吸引而加入他的部队的主要是一些小乡绅，不过也有农民参加。且不说立陶宛乡绅和农民之间的关系具有田园诗般质朴的性质，我们还必须指出，当立陶宛的庄园制度在二十世纪瓦解时，没有出现任何暴行。

不过，庄园来自一个已经消失的时代，由它派生出来的一切都已经过时。当它遭遇到来自西方的现代都市文明，只有贵族阶级的没落子孙——贡布罗维奇、耶伦斯基、米沃什等人——才能从中挤压出一些东西。这使他们显得与别人有所不同，比如梅尔希奥·瓦尼科维奇，一个老派的、牢骚满腹的编故事的人。庄园文学不仅应该包括伊莱扎·奥泽什科娃[1]和索菲娅·罗齐耶维佐夫娜的小说，也包括玛丽亚·东布罗夫斯卡、亚罗斯瓦夫·伊瓦什凯维奇和许多其他作家的小说。

对于像我这样的人，困难源于缺乏坚实的基础。维尔诺说波兰语的这一部分城市虽然拥有数十座犹太教堂和四十座天主教堂，但事实上它只是庄园的延伸部分。那儿的人们说一种"简单"的波兰方言——另一个词是"蹩脚"。他们对维尔诺的反抗不可能像乔伊斯反抗都柏林一样，具有大城市的眼光。相对而言，维尔诺属于犹太人的这一部分跟外界的联系当时正变得越来越紧密，它将人才源源不断地输送到大都市：彼得堡、巴黎、纽约。

老式的、体面的庄园小说在善与恶之间画了一道非常清楚的分界线。善就在我们这儿，在我们的故乡；恶是外来的，属于那些大城市。美德的楷模是庄园主，他是一个善良的地主，尽管面临种种困难，他总能使收支平衡，并且坚守他的领地。罪恶则体现在那些在国外花钱如流水的家族成员身上，还体现在追求外国时尚的浪荡子和洋奴身上（譬如奥泽什科娃小说《涅门河边》中吸食吗啡的人）。

在这一类小说后来的变种中，最吸引人的可能是艾玛·多

---

[1] 伊莱扎·奥泽什科娃（Eliza Orzeszkowa，1841—1910），波兰小说家，波兰被瓜分时期主要的实证主义作家。

莫夫斯卡的小说《哈里尼什基庄园》(1903)。在这部小说中，异乡是罗马，教堂和神父的天下，哈里尼什基庄园的女主人和女儿就在那里旅居。女儿产生了宗教幻觉，相信她受命要去建立新的神圣秩序。母亲（并非完全出于高贵的理由）帮助她试图赢得教会上下的拥护。她们需要钱。哈里尼什基的庄园主绝望地试图让母女俩相信，她们可以在自己的国家为上帝工作，但他的努力完全是徒劳。换句话说，作者在这部小说中嘲讽的不是人们在巴黎或蓝色海岸闲荡，或在蒙特卡罗挥金如土，而是一个年轻小姐的虔诚，她完全不明白：通过祈祷和表面上履行圣母旨意，她已经站到了罪恶一边。

把哈里尼什基庄园放在几十年后的将来，放到两次世界大战之间直到"二战"时期，从一个完全不同的视角来表现——这就是特蕾莎·鲁布凯维奇-乌尔班诺维奇的小说《上帝的衬里》。故事发生在艾日希什基庄园附近某个地方。这是一部心理小说；庄园只是提供了小说背景而已。尽管作者有各种各样的意图，这一背景或许才是最有趣的，因为作者第一次以现代眼光打量并描写了庄园。在哈里尼什基庄园，男女之间最多握一下手表示亲热，而在《上帝的衬里》中，作者写到了小社会里的性生活、农家女受到的性压抑，甚至描写了女人的自慰，这些在波兰文学中是闻所未闻的。战争在这个满布森林的落后省份虽未明写，却被表现得异常残酷。这部小说写得很好，一点都不幼稚。读着它，我在想，关于大大小小的庄园的小说不胜枚举，而它会不会是最后的一部？

MARGOLIN, Juliusz（尤利乌什·马格林）。我跟马格林结识，是在1951年秋天的阿尔萨斯，当时他从以色列来参加一个在那儿举行的小型研讨会。

马格林生于平斯克。作为平斯克知识界的一员，他讲的是俄语，而不是意第绪语。他年轻时就是一个犹太复国主义者，参与了拓荒者运动（halutz）并移居到巴勒斯坦。1939年夏天，他回平斯克看望家人，因为战争而滞留下来。尽管做了种种努力，而且也有证件证实他是巴勒斯坦居民，但他就是没法回去。他被抓了起来，并被遣送到沃尔库塔的集中营。他在那儿熬过了两年。最后，他获得自由，回到了巴勒斯坦，用俄语写了一本使人惊怖的书，此书已经译成法语。1951年，他送给我一本签名本，我当时就读了。书中关于他刚进苏联集中营那些日子的情景，我至今想起来还历历在目。

那次见面时间很短，但很友好。多年以后，在旧金山，我曾见过他儿子。年轻人已经是一位知名律师，曾在以色列学习，后来到了美国并定居下来。那时，马格林已不在人世。

MARITAN, Jacques（雅克·马里坦）。雅克和蕾莎·马里坦夫妇的著作有十五卷之多；对我来说，马里坦是一个伟大的名字，但这世上有多少人也会这么认为呢？

"一战"以前，雅克·马里坦在索邦大学学习哲学，意外地聆听了柏格森的讲座，这对他来说具有决定意义。他本来是一个新教教徒，后来皈依了天主教，那完全是因为他喜欢中世纪哲学。他想使圣托马斯的思想在二十世纪重新回到中心地位。

马里坦的妻子蕾莎是来自俄国的犹太人，也皈依了天主教。这两位思想家一生都在为教会服务。也许有朝一日，他俩会被教会封为圣徒。

尽管马里坦复活圣托马斯思想的努力看起来是成功了，但我并不想故意刷新我对他的著作的认识。他和蕾莎都写过大量有关诗歌的文字，在两次世界大战之间，这些文字曾在艺术圈子里广为流传。政治因素也掺了进来。圣托马斯·阿奎那是天主教极权主义者们喜爱的哲学家，那些极权主义者以公司国家[1]（墨索里尼、萨拉扎尔[2]）对抗其憎恶的自由民主和布尔什维克主义。在波兰，那些颂扬政治强权的文章经常以圣托马斯的名义自壮声色。但马里坦对政治辩论不感兴趣（就像另一位新托马斯主义者、中世纪历史学家艾蒂安·吉尔松），其论文致力于让阿奎那哲学适应二十世纪的需求，这绝不是对当时流行的暴力手段的支持。在《穿越灾难》一书中，他也曾大声疾呼，反对与希特勒媾和。

围绕在《词语报》和位于拉斯基的盲童福利院周围的

---

1 Corporate state，法西斯国家的一种组织形式，如墨索里尼的法西斯党统治下的意大利组合国。在该体制下，立法权交给了由各产业和职业团体派遣的代表，未经选举的组织实体掌控着决策过程。
2 安托尼奥·德·奥利维拉·萨拉扎尔（António de Oliveira Salazar, 1889—1970），葡萄牙独裁者，1932—1968年任葡萄牙总理。

波兰天主教小团体的人们提到马里坦，是为了用他来反对大多数教会人员的国家主义倾向。教会在反犹宣传中花了很大的精力。应《词语报》的邀请，马里坦访问了华沙。我不知道他是单独来的，还是跟蕾莎一起来的。在波兰，马里坦对一个来自《词语报》圈子的人产生了深远的影响，那人叫耶日·图罗维奇，他后来会在马里坦著作精神的指引下编辑《天下周刊》。

波兰的另一些小圈子也在阅读马里坦。他们是一些年轻的作家，其中最有才华的是批评家卢德维克·弗里德，他后来死于战争。我个人对"纯诗"（pure poetry）一向不信任，这一点在很大程度上要归功于马里坦（还有奥斯卡·米沃什）。所谓的现代性，要求把所有属于"散文"的因素都清除掉，最后只剩下一口抒情的蒸馏水。在美术上，跟前卫艺术相一致的是维特卡奇的"纯形式论"。对此，马里坦曾引用薄伽丘在评论但丁时所说的："诗歌即神学。"根据马里坦的看法，诗歌也许更像本体论，或者说关于存在的知识。在任何情况下，诗歌都不能取代宗教，成为盲目崇拜的对象。那段时间，宗教读物并没有帮助我形成多少自我意识。我一再认识到，诗人跟那些所谓的"艺术牧师"（前卫艺术家也是如此，只不过换了个叫法而已）相反，其地位是很谦卑的，这样定位有好处。

马里坦复活圣托马斯思想的努力真的大获成功了吗？要回答这个问题还为时过早。今天，连宗教讨论都已被纳入尼采和海德格尔的轨道。尽管经过了才智过人的马里坦的解释，现代读者还是很难理解那位中世纪圣人的精微之处[1]。我不知道我已故的朋友托马斯·默顿从托马斯主义那儿汲取了多少东西（马里坦曾去位于肯塔基的客西马尼修道院拜访他）。默顿曾提起他对另一位中世纪哲学家邓斯·司各脱的仰慕。

MARTINIQUE AND GUADELOUPE（马丁尼克与瓜德卢普群岛）。在这些加勒比岛屿上，我们可以了解到许多与肤色深浅有关的事。一小群贵族叫作克龙（colons），他们是殖民者的后代，都是白人。低一级的是中产阶级，包括律师、官僚、商人等，肤色是咖啡色——他们都是黑白混血。这片群岛是法国的一部分，经常获得政府的各种补贴，所以反倒不存在城市贫民。这里的中产阶级的生活非常类似于法国外省人；村民们的居住环境可能比美国黑人的还要好。他们都受过正规的学校教育，说法语没有口音。这一点也跟美国黑人不一样，我们常常可以从美国黑人的口音听出他们是何许人。岛民们很友好，对白人也没有那种我们在美国黑人身上看到的厌恨情绪。他们自己人相互之间说的是克里奥尔语，这是整个运动的问题所在。克里奥尔语是否应该定为教学用语？或者定为独立的马丁尼克的官方语言？在各个岛屿上，说克里奥尔语的人大概有八百万，那些世界文学名著是

---

[1] 原文为拉丁语：distinguo，指在逻辑学和哲学中，对概念或命题进行细致区分。

否应该为他们译成克里奥尔语？对这一本土化的计划，那些送孩子上法语学校的父母并没有做出多少积极的回应，他们的问题是：在岛外的世界，他们能用克里奥尔语做什么？

在邻近的瓜德卢普岛，我想起了诗人圣琼·佩斯，又名亚历克西斯·莱热，他是诺贝尔文学奖得主，我是在华盛顿认识他的。他生于这个岛上一个白种克龙家庭，并在此度过了童年时光。在他的第一本诗集《颂歌》（*Éloges*，1911）中，他歌唱了热带风光和他的保姆们。在他所有的作品中，我个人认为这一卷的价值是最高的。他父亲是政府高级官员，所以家境殷实，属于资产阶级，有很多仆人。亚历克西斯·莱热在巴黎结束学业后，一心想当外交官，最后竟然成了法国外交部长的秘书。这是一个高级职位，在法国被德国人占领之后，这个职位使他得以到华盛顿寻求政治避难。尽管战后他常常从美洲大陆飞往法国，常常飞过他出生的岛屿，但他从未回去看过。这一点令文学批评家们甚为惊诧。在《颂歌》中，他把他的老家写得很神秘，说那是热带丛林里的一片房子。实际上，他们家位于这个岛屿的首府的一条大街上。我猜想，他之所以不回去，是为了避免与过去的自己或新闻记者们见面。

MILLER, Henry（亨利·米勒）。二十世纪美国文学自有其奥妙，但它在很大程度上是一种反抗的文学，反抗赚钱和出版的激烈竞争。米勒是纽约一个德国移民的儿子，他靠勤奋工作挣钱，读尼采，梦想着解放。那种解放只有在一种条件下才可能实现，那就是努力使自己远离那条广为一般人所接受的准则，即不工作就没饭吃（这工作可以在办公室、商店或工厂的任何地方）。后来，他去了巴黎，这标志着他的生活准则发生了变化，因为巴黎是艺术家的聚居地，是一个不断自我更新的波希米亚。在创作中他不想跟埃兹拉·庞德、格特鲁德·斯泰因、厄内斯特·海明威、司各特·费兹杰拉德有什么相像之处，尽管如此，他跟他们一样成了自我放逐的人。他没有写长篇或短篇小说，而是像沃尔特·惠特曼似的，决定吟唱"自我之歌"；但他是用散文写的，并且摒弃了所有社会规范，那些规范跟涉及性的词汇和描写有关。他用第一人称叙述的是他个人的冒险，不管那些经历是确有其事还是想象出来的，结果都证明那是个先兆，预示了后来发生的一些事情。我相信，布莱斯·桑德拉斯[1]自传性的短篇小说对米勒产生了影响。但总的说来，米勒在说"我"的时候，提升了惠特曼式的勇气。在这方面，他得益于他明显的自恋心理。"我"不再认同美国；这是对他作为一个反抗者的自由的赞美，而在米勒的作品中，已经有了五十年代"垮掉一代"诗歌的所有特质。如果没有米勒，也许就不会有艾伦·金斯伯格。

尽管米勒在战争迫近之前就回到了美国，但在很长一段

---

1 布莱斯·桑德拉斯（Blaise Cendrars，1887—1961），瑞士小说家、诗人，在欧洲现代主义运动中有相当大的影响。

时间内,他的作品因被指控为淫书而被美国政府禁止发行。它们只好在巴黎印行,我就是在那里买到了他的书,并就语言之间的不对等思考良久,因为米勒的书在当时不可能翻译成波兰语:波兰语中缺乏相应的词汇。米勒在书中也率先写出了充斥在纽约街头的城市野蛮景象,在其他任何人的作品中,这种景象还不曾得到如此强有力的表现。年轻一代模仿米勒的出走行为,但有所不同,他们挑战的是整个社会机制,包括他们不幸的、困在激烈竞争之中无法挣脱的父母。

回到美国后,米勒写了《空调噩梦》,他用这个词组来形容自己在美国各地的旅行。他在加州大苏尔海岸一座远眺太平洋的乡间住所定居下来,因为住在那儿很便宜。他想逃避那种上午和下午都得待在办公室或出版社的工作,这是美国艺术家的独立战争真正的组成部分。不过,如果实在没有别的招数,他们至少还可以送妻子去上班(加利福尼亚诗人肯尼斯·雷克斯洛斯就是这么做的)。艺术家们在大苏尔聚居,还表现出其他一些类似的退避行为。这一切并非没有任何效果,因为美国人终于承认了作家和艺术家的价值,把他们请进大学校园。金斯伯格当了教授,直到去世。

文化规范[1]方面的大革命是六十年代年轻人反叛的结果,但像米勒和"垮掉一代"那样的作家们早已为革命铺好了路。与这场革命相关联的,是一段相当长的打破法律禁令的

---

1 Cultural norms,某个社会或文化中被广泛接受和遵循的行为准则和价值观。

历史，那些禁令试图让公众远离淫秽作品。在1934年至1935年间，乔伊斯小说《尤利西斯》的出版曾引发一场对禁令的考验；它很关键，因为它指出道德堕落和趣味问题是两回事。从那以后，人们可以辩护说，作为一件艺术品，任何特定的创作都只需要对有关艺术品位的评断负责。不过，直到战后，人们才慢慢地不再用法律手段来对付出版商。1957年，一名法官解除了印行金斯伯格《嚎叫》的禁令。在六十年代，亨利·米勒作品的简装本到处都可以买到了。

那些拥护完全的言论自由的人们把自己看作进步人士，与愚昧无知的伪善进行战斗。而今，一切都允许你做了，完全不受限制的自由言论反而成了问题，出现了一些意想不到的负面效应。也许，在大众化的自由市场条件下，这种自由是无法避免的，但作家和艺术家在不经意间扮演了大众文化代理人的角色。大众曾为社会开放而斗争，如今大众文化利用这种开放性，却是为了达到自己的目的。大众文化以情感做卖点，在电影里尤其如此，并且通过全面进入一些直到最近才开禁的领域，从中获利。有些人拥护禁令，谴责公共空间的污染。在我看来，他们说得有道理，但供他们支配的手段很有限。既然不可能引入新闻审查制度，唯一能做的是诉诸公众舆论，希望舆论的压力会让电影和电视这样的强势媒体产生一些自我约束机制。

MINDFULNESS（用深心）。早在米科瓦伊·雷伊[1]的著作中就已出现 uważność 这个波兰语词汇。用它来翻译英语词 mindfulness，可谓准确。据佛教说法，这个词包含了佛陀的所有教义。"用深心"意味着一种专心致志的状态——善意地对待自然和人，这样，我们就可以注意到自己身边正在发生的事情的所有细节，不会因为分心而与之擦肩。在阅读加利福尼亚出版的几种佛教诗选时，我发现在过去几十年的诗歌中"用深心"的因素大量存在，而且不局限于那些把自己看作佛教徒的人。佛教的思维方式与技术文明的思维习惯正好相反，后者讲究速度，电视镜头一闪而过。佛教思维促成了人们对保护大自然的兴趣，因为它致力于此时此刻。

出乎意料的是，沉思的诗歌是作为一种平衡力量出现的，它要制衡的是诗歌和艺术正在发生的分裂瓦解；这就是说，它跟那种丧失意义内涵的诗歌是背道而行的。我们可以说，这是人的性灵对单向度世界的精神反抗。我们常常把基督教作为灵感的源泉，但现在我们更多地乞灵于佛教——尽管也有诗人同时依赖于两者。

"用深心"的诗歌在形式上变化很大，从一行诗和俳句到长诗和散文诗，不一而足，但这类诗歌具有一些共同的特点，因为写作这类诗歌的目的并不是纯粹的审美。这与人类

---

[1] 米科瓦伊·雷伊（Mikołaj Rej, 1505—1569），波兰文艺复兴时期诗人、作家。第一个只以波兰语写作的波兰作家，波兰文学语言和文学的奠基人之一。

那些伟大的宗教书籍相同，它们最终都在回答这样一个问题："人是什么？人应该如何生活？""用深心"的诗歌跟《圣经》中的有些篇章很相像。我说的是那些表现人生智慧的篇章，如《箴言》《启示录》，以及《雅歌》中的一些诗篇。同时，"用深心"的诗歌已成为所谓当代诗歌的一部分，这与基督教灵修文学形成了对比，后者往往远离高雅文化的各种风格变化。

为了举例说明留心观察世界的方式，我选取了一首散文诗，它是一篇短小的论述，作者是来自越南的佛教徒一行禅师（在美国有一个很大的越南移民群体）。他给他这篇文字取名为"互存"（Interbeing），试图使读者相信"互存"（inter-be）这个动词应该存在于英语词库。不过，波兰语中有一个很像"互存"的动词——współstnieć。诗作本身非常简单，以基础的基础、初步的初步为起点，因为，有什么比盯着一页白纸来得更简单呢？但我们还是可以想想这么做的结果，因为我们感到，有些重要的东西已被说出来了。

互　存

如果你是诗人，你将清楚地看到：在这页纸上，飘浮着一片云。没有云就不会有雨，没有雨树木就不会生长，没有树木我们就不能生产纸张。对于纸的存在来说，云是个关键。如果这儿没有云，也就不会有纸。所以，我们说，云和纸的关系是"相互依存"（inter-are）。在现在的词典里，还找不到"互存"这个词；但如果我们把前缀"互"(inter-)和动词"存在"(to be)结合起来,我们就有了一个新的动词"互存"(inter-be)。没有云,我们就不会有纸；所以我们可以说云和纸的关系是"相互依存"。

如果我们更加深入地观察这张纸,就会看到纸里的阳光。如果没有阳光,森林就不会生长。实际上,万物都不能生长。如果没有阳光,我们人类甚至都不能生长；因此,我们知道,这张纸里还有阳光。纸和阳光的关系是"相互依存"。如果我们继续观看,我们会看到伐木工人,是他们砍伐树木,并把树木运到造纸厂,转化为纸张。我们还看到麦子。我们知道,如果伐木工人不是每天有面包吃,他就不可能生存。因此,那作为面包的原料的麦子存在于这张纸之中。伐木工人的父母也在其中。当我们用这种方式看待事物时,我们发现,如果没有所有这些事物中的任何一种,这张纸都不会存在。

如果我们看得更深些,我们会发现,我们自己也在这页纸里。这么看并不难,因为当我们观看一页纸时,它是我们观念的一部分。你的头脑在这里,我的也在。所以我们说一切都在这页纸里。你不可能指出一种不在纸里的东西——时、空、地、雨、土壤中的矿藏、阳光、云、河流、热气。一切都共存于这页纸之中,这就是我认为词典里应该有"互存"这个词的原因所在。"存在"就是"互存"。你不可能独自存在。你得跟其他一切事物互存。这张纸之所以存在,是因为其他一切都存在。[1]

要找到一首作为范例的"用深心"的诗,也许我们不一定非得去找加利福尼亚的越南人。我手边就有一首,这是雅努什·舒伯尔的诗,译自波兰语,是我从他的诗集《雪中瓢虫》里摘出来的,这本集子在萨诺克出版,印数很少。这首诗描写的是一种水果——李子——的里里外外,同时也描写了吃李子的体悟:

鸡　鸣
天气突变时,鸡鸣不已:
暗蓝的云空下,是暗色的李子,
灰白的外皮、黏稠的裂口——
肮脏的琥珀结着甜蜜的疤痕。
我的舌头试图舔去果核表面的粗粝,
岁月流逝。但它依然伤着我的上颚,
我就要抵达那个症结——时光中那一日的深底,
天气突变时,鸡鸣不已。

---

[1] Thich Nhat Hanh, excerpted from *The Heart of Understanding* in *What Book!?: Buddha Poems from Beat to Hiphop*, ed. Gary Gach (Berkeley: Parallax Press, 1998), pp. 208-209. ——原注

MIRACULOUSNESS（奇迹）。做一个人，并生活在众人之中是个奇迹，尤其是我们知道人能做出何等邪恶行径乃至犯罪。我们每天在共同建造一个巨大的蜂窝，上面有千百万蜂巢，我们在里头存储思想、发现、发明、作品，存储我们生命的蜂蜜。但如此类比也很难说准确；它的描述是静态的，而我们的"集体作品"——且不管它叫什么——我们的社会、文明、希腊人所谓的城邦，一直在时间或历史中变化着，呈现纷繁的面目。但这仍然是一种不完全的描述，因为它忽略了其中最重要的东西，即这一集体作品的生命力，是来自一种最私人、最隐秘的燃料：个人的热望和决断。人类所能感受到的超乎寻常的使命感是古怪的，这主要由于人是一种喜剧性的存在，永远不会成熟。因此，一群孩子怀着轻松的心情，一会儿大笑，一会儿又大哭，这就是人类缺乏尊严的最佳写照。但几年之后，他们突然成人，学会了自我控制，可能还准备就公共事务发言，甚至——谁曾预料到这一点呢！——他们自己开始担负起为人父母的职责。假如他们之前有自己的整个人生用来为此做准备，那就好了。

他们表面上做得很好，但心有不安，常常疑神疑鬼，觉得他们的邻居都知道某些事，而他自己只是假装知道——正是这些左右摇摆、张口结舌的人，被赋予了性格和才华，使人类得以代代相传。

如果我们只是动物中的一种，活着，死去，不留一点痕迹地消失，那么我们可以简单地重复《传道书》中所做的断言:"虚空的虚空,凡事都是虚空。"不过,正如有人曾经说过的那样:"人的智慧中有某种超自然的东西。"或者,换句话说,人性内含有神性。人类的原型、卡巴拉信徒的亚当·卡蒙[1],难道不是住在那无穷碧落的正中央吗?《约翰福音》谈到了道成肉身[2]("太初有道,道与神同在……万物是借着他造的"),这话最完整地回答了这样一个问题:人类这一物种为何被创造出来?

一群令人厌恶的猴子做着愚蠢可怕的鬼脸,他们互相交配、尖叫、杀戮。在二十世纪,人给人造成了数量如此庞大的死亡,在此之后我们怎能再来赞美人类?人的所作所为既配不上学童的纯洁形象,也配不上获取灵魂最高知识的能力。不过,毫无疑问,矛盾是人类处境中不可分割的一部分,那正是奇迹的源泉。

MISFORTUNE(不幸)。我们不能简单地漠视不幸,以为只要否认它的存在就可以安心,因为它的确是存在的。既然无法摆脱它,我们所能做的只是选择一种跟它相处的策略。当外敌侵犯蜂窝时,蜜蜂肯定要在蜂窝周围涂一层蜡。唉,这种围绕入侵者而进行的劳作必须重复进行,但这是必需的,

---

[1] 亚当·卡蒙(Adam Kadmon),也称作"原人阿当",出自犹太秘教卡巴拉,意为"最初的人",指人类还未堕落之前的境界,即神人同体。
[2] 基督教基本教义之一,认为三位一体中的圣子降世之前与圣父同体,称为"道",后来以肉身形式降世成人,便是耶稣。所以耶稣是道成肉身,既是完全的神又是完全的人。

否则不幸就会来控制我们的所思所感。

无数的人,包括那些早于我们的人和那些与我们同时代的人,都已经认识到或即将认识到不幸,但这一事实并不能给人以安慰。由于不幸的普遍存在,《约伯记》具有永恒的意义。其第一幕把不幸看成一种惩罚,约伯的朋友们要让他相信的就是这一点。如果他跟他们的争论没有涉及目的论,我会说,他们是对的:不幸的降临是一种报应,一种惩罚,既然我们在遭遇不幸时想到我们的罪,那么不幸的降临在某种意义上就被证明是正当的。约伯反驳说,他没有罪,这使我们感到惊讶:是什么使他如此确信自己的美德?不过,那可以被称作《约伯记》第二幕的,是为上帝的辩护,此处的上帝并非奖惩的施予者。如果约伯是无辜的,那么上帝之所以要惩罚他,是因为祂喜欢那样做,这意味着我们对正义和非正义的理解并不适用于那个一直指向上帝的指控,它往往被压缩成一声惊呼:"为什么?"波舒哀[1]在布道中说,上帝作为天意照应着个人和历史,主管着奖励和惩罚,这样的上帝是合乎逻辑的。如果把这一观念扩大到整个宇宙的维度,那么我们对善良的追求就只能靠仁慈的上帝来满足,祂不会让千百万生灵经受痛苦和死亡。去创造一个跟我们现在这个世界相像的宇宙并不令人愉快。"为什么我非得要做好事?"上

---

[1] 雅克-贝尼涅·波舒哀(Jacques-Bénigne Bossuet,1627—1704),法国神学家、讲道者、天主教主教,著有《论普世历史》等。

帝问道,"你从哪里得到这样的想法?"

不幸就是不幸。当你用蜡把它封起来,你还是不能心安理得,因为或许你应该将所有努力和专注都投入其中。为了自我辩解,你只能说:"我想活下去。"

MONEY(钱)。我祖上是有钱的,因为有农民为他们干活,但我祖母不得不先卖掉瑟比尼,再变卖她其余的地产,乌茹米什基庄园。不过,我父亲接受了良好的教育,毕业于理工学院。我母亲家的地产在谢泰伊涅,虽然规模中等,但位于立陶宛最富庶的区域。土改之后,家产被分掉了,我母亲最后分到的是泼德科默奇内克,就是我们所说的"农场"。她经管那片土地,得在农场和维尔诺之间来回折腾,但那地方在新划定的州界的另一边,这给我们获取作物增添了麻烦。不过,我们用自己种的亚麻织成亚麻布,然后用亚麻布做成衬衣;自己家的绵羊则提供做衣服的羊毛,羊皮做成外套;鞣制羊皮并把皮革缝制起来这些工序都是在基日达尼完成的。

我父亲不善理财,当我在维尔诺上学时,我的境况不仅谈不上宽裕,简直近于贫穷,这与当时处在经济崩溃中的城市倒是情形一致。我上大学期间一直靠家里接济,但每次从父母手上拿钱,心里都有一种负疚感。我只有拼命写作和获取奖学金,以得到一些菲薄的收入,节俭度日。获得法学学位后,我试图跟一位律师当学徒,但没去成。我所学的那些课程让我有另一个选择——去当官。从1935年到1939年,我一直在波兰电台,这份工作可没有让我待在麦克风旁边;我一直坐在办公桌后面。我很快得到了升迁,跟当时普通人的薪水相比,我挣得很多。

我对自己的好运感到惊奇,无论发生什么,我最后总能像只猫一样稳稳地四脚着地。包括在德军占领华沙期间,那时没有任何挣钱的机会。耶日·安德热耶夫斯基的"最后一个兹罗提[1]"理论帮了我的忙。他说,当一个人口袋里一无所有的时候,肯定就会有什么事发生。果然发生了。我可以指出那几年的一些事作为自己漠视物质财富的证明。我对物质上的好处真的无所谓,尽管命运一再把我变成一个享受优越特权的人。

我们家世世代代一直依靠普通百姓的劳动过活(并且一直在试图将这些人波兰化),这让我感到羞愧。受这种羞愧感驱使,我成了左派。1945年,由于我的政治色彩——如果不是大红的话,肯定是粉红——我发现自己属于那时刚刚形成的精英群体。真的,不管我如何看待作家这份职业,是它使我不必从事体力劳动来谋生,甚至不必每天去坐办公室。不过,我还是回到了政府部门,直到大战爆发。战后也是如此,从1946年到1950年,我开始是在纽约的波兰领事馆,后来是在华盛顿的波兰大使馆工作。虽然我跟现实中的美国——普通人每天不得不为挣钱而奔波的美国——保持着距离,这并不意味着我对美国抱有任何会弱化其实际矛盾的幻想。我

1　Złoty,波兰货币单位。

不喜欢美国的体制，对共产主义也有自己的判断。为什么我们就该喜欢那些基于恐惧的社会——惧怕贫穷，或者惧怕政治警察？我对亚当既同情又怜悯，他被逐出了乐园，不管怎样都要经受磨难。

我离开了美国；我再一次结束了官员的身份，最重要的是，我的薪水停掉了。从1950年到1960年，在某些方面，我过得比德军占领时期还要艰难，因为那时我至少生活在自己的人民中间。但那些年真是应了"最后一个兹罗提"的理论，或者，在当时的情况下，是最后一个"法郎"。我既然挺了过来，而且支撑住了整个家庭，这理论就是被我验证了。在生活不易的法国，在没有工作的情况下，我是如何养家糊口的呢？现在想起来还心有余悸；不过，那一切都过去了。当然，我曾为《文化》杂志干活，但这家杂志本身就很穷，只能提供最基本的酬劳。另外，我可能是唯一一个拒绝为自由欧洲广播电台写稿的外国侨民——我不喜欢他们把爱国大鼓敲得震天响，也不喜欢他们喷洒的圣水。

然后，我第二次到了美国。我倒还不像那些被称为"波兰耗子"的移民那样惨，他们初到美国时，除了自己的一双手什么都没有。许多年来，我一直待在一个岛上，那是一座校园，我在那里发现了自己做教师的天分。随后是接踵而至的荣誉和奖励。我敢肯定地说，要是留在欧洲，我不会赢得它们。

N

NADIA CHODASIEWICZ-GRABOWSKA（娜迪娅·霍达谢维奇-格拉博夫斯卡）。1934年，当我搬入瓦尔莫琳夫人在巴黎先贤祠附近的瓦雷德路所办的膳宿公寓时，碰巧遇上了娜迪娅·霍达谢维奇。她跟波兰画家格拉博夫斯基有过一段短暂的婚姻，之后得到了一个带有连字符号的姓。娜迪娅是一个蓝眼睛、宽颊骨的俄罗斯女人，出身一个移民家庭，他们家在1917年革命之后就定居在波兰了。她曾就读于华沙美术学院。

在法国文学作品中，我们经常读到关于巴黎膳宿公寓的文字，因此这地方值得说一说。它是为那些在生活费上没有能力进行高投入的人们设置的，比如学生和小职员，所以住在那里的人身上都透着一种贫穷而悭吝的气息。公寓提供食宿，大家在餐厅里一起就餐，缓慢地通过三道菜的用餐仪式，食物都被仔细地分成了很小的一份份。我们常常喝的是扁豆汤。女房东瓦尔莫琳夫人是一个黑白混血儿，来自法属马丁尼克岛。跟我毗邻而居的是几个学生、几个邮局雇员、娜迪娅和潘·安托尼·波托茨基。

波托茨基（不是贵族波托茨基家族的成员）曾是著名的批评家；他写过一部关于"青年波兰派"的文学史，那是一部相当怪异的著作，在二三十年代就已经被人们遗忘了。他把自己埋没在了巴黎，做一名记者，渐渐老去，没有家庭，靠为波兰大使馆做一些临时工维持生计。他是个忧郁的人，长着灰白的海象胡子。娜迪娅曾无私地帮助他，为这位孤独的老人做过许多好事。尽管她的波兰语说得很好，但在跟格拉博夫斯基离婚之后，她跟波兰不再有任何关联。不过，她常常说起她那些留在俄国的兄弟们，给我们看他们的来信，她还热忱地宣称自己喜欢社会主义。

作为一名画家，她竭力追随她认为伟大而出色的现代美术的榜样——不是毕加索或布拉克，而是费尔南德·莱热。莱热画作中的钢管、锅炉以及机械化的无产阶级形象可能迎合了她对共产主义图景的想象。她有一位年轻朋友是个法国画家，常常跟她一起工作，有时还留在她那儿吃晚饭，画风完全受到她的影响，跟她一模一样。

我认为娜迪娅具有坚强的个性，但我没有料到她后来人生的发展方向。她遇见了心目中的偶像费尔南德·莱热，赢得了他的心，和他结了婚。再后来她成了位于普罗旺斯的莱热美术馆的馆长兼莱热遗产的继承人。

NAŁKOWSKA, Zofia（索非娅·纳乌科夫斯卡）。我从未喜欢过她的小说。她经常跟文学院的其他成员一起出入，是华沙最高层人士的红颜知己，这使我不太想结识她。跟我的同代人（布雷扎、鲁德尼茨基、贡布罗维奇、扎维斯基）不同，我不属于她的圈子。我遇见她是在战后的克拉科夫，当时在场的还有几名共产党官员，不过那时她已彻底失聪了（我想是这样），她的长篇小说《生活之结》只让我觉得寡然无味。

我读了她的《日记》的第四卷，战争年代的日记，感到非常惊愕。她以一种绝对的正直对自己进行了无情的剖析，站在读者面前的是一位值得最高崇敬的人。就像她所展示的那样：一个老妇人，女性身份中一些让人发噱的东西，总是环顾四周以博取男人的目光和赞美；一长串前夫和前任情人；对母亲那惊心动魄的恒久的爱，这份爱超越了坟墓；对其他人掏心掏肺的怜悯和同情，以及她对这种情感的依靠；华沙的犹太人区，犹太人受到的清算和迫害。她是一位了不起的作家，她在写作中面对自己的方式使她自己都感到惊讶，因为她为日记所做的注解是真正的创作的替代品。她失去了很多，也保留了很多。那些噩梦般的经历最终幸运地成了她日记的内容，因为要不是为了记录那些东西的话，她可能会坐下来，写另一部小说。值得注意的是，不管怎么样，这是一部表现痛苦、不幸、绝望和意志的著作，而且是一部无神论著作。它跟塔德乌什·罗热维奇[1]的诗歌一样，是波兰文学史上某一阶段的一部典型之作。她确信：一切都会随着死亡而消亡。这使她的日记具有一种令人心碎的调子。

---

1 塔德乌什·罗热维奇（Tadeusz Różewicz，1921—2014），波兰诗人、戏剧家、作家，属于波兰1918年结束世纪分裂、重获独立后出生的第一代作家。

NATURE（自然）。觉醒，爱。在孩提时代，我们不知道我们对树木、河流和飞禽的爱也叫爱。在我七岁的时候，菩提树、橡树、枫树就那么存在着。现在我知道它们也有可能不存在，它们的命运跟人有关。这些树是我的外曾祖父塞如切在1830年左右种下的，有些树依然存活，然而，跟他的朋友雅库布·盖伊什托尔（著有回忆录）一样，他收藏的图书已经荡然无存。外曾祖父的藏书规模略小，但盖伊什托尔在书上花了许多钱，那些书都是维尔诺的犹太二手书商们给他提供的。幼时对某一事物的着迷如同圣餐，它所带来的回忆会影响我们一生。我曾经受过伤，本该成为一个彻底的悲观主义者；我对"存在"的狂热赞美，可以归因于很早以前，我的五重感官就收到了上天的馈赠。

我还记得初次见到一些鸟的情形。金莺在我看来完全像个奇迹，它浑身没有一点杂色，鸣叫起来像吹笛子。我一学会阅读，就开始在那些讲述自然的书中寻找鸟类书籍——这些书很快就成了我崇拜的对象。

十九世纪初的鸟类彩色画像都是手绘的；我见过一些，不过那时我还不知道美国鸟类学家奥杜邦和威尔逊所绘制的精美画册。我喜欢梅恩·里德的小说，它们写的是美国的年轻猎手和自然主义者的冒险经历，书中在每一种飞禽走兽的名字旁边都注上了它们的拉丁文名字。在这一点上，林奈的分类系统对自然主义者影响很大。我读了戴亚科夫斯基的《森林及其住民》之后不久，就读了沃齐米日·科尔萨克为年轻读者写的小说《自然的踪迹》，还读了他的行猎日记《猎人年鉴》。我曾把科尔萨克视作偶像。后来，我又转而阅读了一些科学的鸟类书籍，我决定学会所有波兰鸟类的拉丁文名字，而且真的学了。

阅读索非娅·罗齐耶维佐夫娜的《森林人之夏》是一个难以避免的阶段，我一边读一边做着白日梦，梦见一片杳无人迹的自然保留地。在课堂上，不管老师唠叨什么，我都不会听，我总是在笔记本上描画自己的理想国。在那儿，没有道路，也没有行驶小船的运河，只有一片片森林。这是贵族的白日梦，因为只有少数几个狂热分子被允许进入那个国度；今天，我们叫他们生态学家。不管怎么称呼，我们应该承认，他们保护自然的行为是高贵的。他们曾是君主、王子、来自某些极权党派的显要。

到了准备大学入学考试的时候，我只好把自然主义放在一边。我没有进数学系或其他自然科学院系，而是关注起了罗马法，背诵罗马法的拉丁文条款。这是怎样的堕落啊！

尽管如此，我还是决定从事写作——在童年，我曾努力去了解一只鸟的名称和有关它的外表与习性，写作这种行当跟那种努力差不多。我曾着迷于一些咒语似的词汇，比如Podiceps cristatus 和 Emberiza citrinnella[1]，仿佛一念咒便能使鸟出现。它们也使我时时想起当我初次看见鸟、当它初次如

---

1 分别为"凤头䴙䴘"和"黄鹀"的拉丁语学名。

神迹般显现的情形。成年以后依然如此，我想，正是因为这样，我内心里始终意识到，跟事物本身比较起来语言是软弱的。当然，我认出了对大自然伤感而浪漫的想象对我的影响。除此之外，这一切什么都不曾留下。那种想象使我承受了极大的苦痛。不过，自然是美的；对此你无能为力。

NEMO, Captain（内莫船长）。他是一个自由的斗士，清醒、忧郁，而且，哦，相当浪漫——他是儒勒·凡尔纳的小说《海底两万里》和《神秘岛》的主人公，一个为国家解放而斗争的革命者。凡尔纳把他写成了一个具有高贵出身的印度教教徒。他还是一位杰出的科学家，战争失利后，他开始从事发明创造，用他的水下舰艇"鹦鹉螺"号测量大海的深度，这在当时是非人力所及的事。他的名字内莫在拉丁文里的意思是"无人"。在《神秘岛》中，他变成了一个痛苦的厌世者，虽然对人类已经不抱任何幻想，但内心仍然充满了对人的怜悯和同情，所以他会帮助那些失事的水手。

我这一代人在小时候都读过儒勒·凡尔纳的小说，内莫船长就像波兰浪漫主义文学中的主人公，是我们最喜欢的文学人物。这可以解释为什么在战时的波兰，人们喜欢给小孩起这个名字。

大概在1960年左右，我收到一封发自克拉科夫的信，写信人是诗人斯坦尼斯瓦夫·切奇，当时我还不认识他。下面是他在信中写的：那是发生在德军占领期间的事，当时他十五岁，感兴趣的是科技而非文学。他常常到克热首维采去看一个志趣相投的朋友。在那个朋友住的阁楼里，他俩组装了一台摩托车，打算战争结束后开着玩。阁楼里放着一个行李箱，让他们很好奇。后来他们弄明白了：那是朋友的父亲，一个铁路工人，在克拉科夫一列空荡荡的车厢里发现的；一火车所有的乘客都在此前的围捕行动中被抓了起来，送到奥斯维辛集中营。他俩打开箱子，里面放着一件黑外套、一顶高帽，还有一套魔术师的用具，以及一张海报，写着"内莫船长将要演出"。他们在箱子里还发现了一卷纸，上面写的是总题为《穷人的声音》的几首诗。"我不知道诗为何物"（这是我对切奇信中内容的概述），"可是，那些诗给了我强大的震撼，所以我自己开始了写诗生涯"。之后不久战争就结束了，作家联合会重新开展活动，切奇递交了他的一些诗作的手稿，希望得到作家联合会的评价。他把自己的诗跟《穷人的声音》混在一起，据他后来的解释，那是为了加强效果。他被叫去了，又被骂出来。他们质问他是从哪儿弄到那些诗的，因为那是米沃什的作品。但是，他那时从未听说过"米沃什"这个名字。因此，切奇之所以成为一名诗人，我负有一定的责任——谁能说，那对于他来说是祸还是福？

那么"内莫船长"呢？他是谁，来自哪个圈子？他很可能来自华沙，因为《穷人的声音》这组诗写于1943年的下半年，那时只在华沙流传。不知何故，潜水艇竟然与巡回演出的行头、高帽和黑髭奇妙地联起手来。从凡尔纳的内莫船长到魔术师本人的命运的演变是可怕的：起初是一个为了民族自由而斗争的浪漫英雄，其后是幻灭，最后死于集中营。由于我没能发现关于那个叫作内莫船长的魔术师的一丁点痕迹或消息，我不得不认为，他可能籍籍无名地死在了集中营。

NUMBER（数目）。当我们想到人类的总数，当我们想到这颗星球上每天有多少人出生，我们很容易陷入启示录所描写的那种惊恐境地。这样想的坏处在于：我们把过去的时代理想化了，认为过去的人们生活得比现在好。这种看法显然不对。

不过，过大的数字会给我们的想象造成困难。因为只有神灵才能以这样的方式观察人性，人类自己没有资格。在一张俯拍下来的都市的胶片上，分布着千万个亮点，那都是汽车。那些坐在车里的人们小得像一些微生物。人类因为总数众多而变得如此渺小，这"一定让某些领袖和暴君感到很有兴味"，我在1939年这样写道。换句话说，他们可以将芸芸众生看作恒河沙数的人群。多一百万，少一百万——那又有什么区别呢？

从某个距离或高度来看，人体原子之间的差异是可以忽略不计的。但是，对于一个普通观察者来说，即使他把自己放在某个高处，也免不了在内心深处把自己投放到他们中间。他肯定会意识到，他是他们中的每一个。这是对他的"自我"的打击，也是对个性的基础，所谓个体原则（principium individuationis）的打击。真的，只有当我们确信自己独特的存在，确信我们的命运是由自己来承担的唯一的命运，我们才会相信灵魂的不朽。太多的人，不仅使我们在身体上感到拥挤——在山里、在林中、在海上，到处都是人——还使我们彻底湮灭。所以我们不得不相信，我们所有的人都只是四处乱爬的蚂蚁，我们的一切都不会留存。

当然，这只是一个视觉上的骗局，因为我们只需把镜头转过来，把自己放大而不是缩小，我们就会发现，没有任何两个人是完全相同的。于是，共性消失，个性凸显。每个人的指纹都不一样，而且，每个人的风格特征也不同——尽管这证明起来比较困难。我们之所以往往忘却这一点，只是因为我们生活在人群之中。

O

_____

OBLIGATIONS（义务）。我为他们感到悲哀，但他们大概会认为我的不合群是一种蔑视的表现。自从被扔进异族人之中，他们每天都被自卑感折磨着。有人认为，借助"波兰文化"的力量应该会使这种情况有所改观；不过，这里所说的波兰文化是一种贵族文化，其中包括浪漫主义和历次起义，这对于他们来说几乎是不可理解的，就像讲另一种语言的外国人不能理解一样。

在切斯瓦夫·斯特拉舍维奇[1]的移民小说《来自鹳巢的游子》中，他选了一个叫作考斯台克的水手作为他的主人公；他带着他的"宪章"——一本波兰菜谱，到处旅行。后来，他到了南美，感觉自己比当地人更优秀，因为当地人居然不知道波兰菜："真是一个愚昧的民族。"同一部小说还讲到了显克维支对贵族文化的坚守。每天晚上，格丁尼亚[2]的一名秘密警察头目都要在床上盘问他的妻子，考查她对显克维支"三部曲"的了解情况。

菜谱、剪纸、克拉科夫勇士舞[3]——那都不算什么。他

---

1 切斯瓦夫·斯特拉舍维奇（Czesław Straszewicz，1904—1963），波兰作家，二三十年代与《直言评论》交往密切，"二战"期间开始流亡，1945年后定居乌拉圭。五十年代曾为自由欧洲电台工作。
2 波兰北部港市。
3 Krakowiak，一种快速的波兰舞，起源于克拉科夫，有标志性的空中踢脚舞步。

们真正引以为豪的是波兰的颂歌。请设想一下我的难处：我认识到波兰文化具有精英主义性质，从社会上层到底层，中间隔着一道巨大的鸿沟，而我则属于一个被拣选出来的小社会，这个小社会有一套自己的特殊礼仪。更糟糕的是，我是一座庄园的最后一代传人，对于我来说，贡布罗维奇是一个闹将——他热衷于族徽和家谱，试图以此熏染他的犹太同事们——他在咖啡馆里的怪诞表演，象征着文学咖啡馆正在吞噬留存不多的庄园传统。我还要补充一点：我是在波兰人的聚居地以外长大的。

那么我应该怎么办？我该如何让自己"合法化"？我觉得波兰民间音乐是可怜的，克拉科夫勇士舞和奥贝雷克舞[1]让人感到好笑，肖邦使我厌烦，因为他每每把调子拖长，当然这也因为我自己的音乐品位倾向于古典。这些理由已足以说明我为何不参与各种各样的庆典仪式。不过，我一直是波兰语的忠实仆人，我也忠实于波兰语中那些将会保留到未来的因素。所以，一个角色强加到我身上（我不是第一个这样的人），我感到：如果我不能跟他们共事，至少我可以为他们做点事。这是一种不幸，但就连毕苏斯基最终也这么认为。我尊敬那些选择在海外波兰人中进行活动的人士，但那不是我的选择。我甘愿做的，是去发现一个人是否可能在不讨取西方欢心的情况下，依然保持自己的特色，还能以自己的方式

---

[1] Oberek，一种快速的波兰舞，在波兰裔美国人中尤其流行，仅次于波尔卡。

取得成功。有人谴责我，说我通过把自己的作品译成英文以赢得西方读者，但我感到我对"波兰文化"是负有义务的。不过，我所说的"波兰文化"不是指那种只分成优雅精致和粗鲁乡土的跛脚文化。

P

PIASECKI, Stanisław（斯坦尼斯瓦夫·皮阿塞茨基）。他是一个胸怀计划而且能够系统地实施计划的人。在某种意义上，我们可以把他看成十八世纪末以来所有波兰改革家的继承人，这些改革家相信改革必须从最高层开始，通过对精英分子的影响达到目的。在他看来，波兰的精英没有正确的观念，对此负有主要责任的是他们所阅读的报刊。皮阿塞茨基是民族主义者，反对"民主自由派"——这个模糊的标签包括了那些投票选出波兰第一位总统雅布里艾尔·纳鲁托维奇的人（这位总统于1922年被一名民族主义者暗杀）。皮阿塞茨基认为，《文学新闻》是对方阵营的报纸，所以他把创办一份可以与之抗衡的报纸当成了自己的目标。至少在华沙，这份报纸会创建一批骨干力量，这批人会拥护"精神政府"。那就是他创办《直言评论》（Prosto z mostu）的原因所在。

当时的欧洲，未来似乎掌握在右翼独裁分子手中，如葡萄牙的萨拉扎尔、意大利的墨索里尼以及紧随其后的希特勒。在各个不同的国家，青年们穿着制服衬衫，走上街头参加游行运动，他们的领袖走在前头，毫不掩饰企图通过政变而非选举夺取政权的欲望。在罗马尼亚，科德雷亚努的铁卫团就是这样一个团体，他们的领导人于1938年被暗杀，但他们的同党后来还是在德国的支持下执政过一阵子。类似的运动也曾在匈牙利和克罗地亚出现过。在波兰，国民激进阵营（ONR）成员别在翻领上的徽章是一把缩微的宝剑，宝剑原属于十一世纪的国王博莱斯瓦夫一世；他们的喉舌是《法兰加报》(*Falanga*)。1937年，他们企图发动政变夺权，但没有成功，因为没有取得军方的支持。

1937年，国家统一阵营（OZON）在波兰宣告成立，这标志着执政党与极右组织的妥协，至少是想部分地采纳极右组织的标语口号。匈牙利的霍尔蒂[1]玩过这类把戏，罗马尼亚的卡罗尔二世也一样。在那样的政治气候中，《直言评论》赢得了越来越多的读者。它在印数上很快就达到了《文学新闻》的两倍，而且继续增加。这份报纸提出了"天主教国家"的设想，倡议建立一个所有国民都是波兰天主教徒的国家。语言上和宗教上的少数派必须改说波兰语、改信天主教，犹太人则被迫移民国外。报纸的天主教思想倾向往往是通过引用圣托马斯·阿奎那的语录来表达的。由于这份报纸本身的目标读者并非普罗大众，同样的口号往往被一些在大众中广为流传的报刊所采用，这些报刊中主要有《小日报》和《贞女之骑士》月刊。

德国计划让其东部邻国具有跟它类似的意识形态，到三十年代末，这一计划似乎已经接近于实现。德国人虽然也遇到了一些障碍，但他们还是能指望罗马尼亚、匈牙利、克

---

[1] 霍尔蒂·米克洛什（Horthy Miklós, 1868—1957），匈牙利王国摄政（1920—1944）。"二战"中与纳粹德国勾结，于1940年加入轴心国阵营。

罗地亚，以及捷克斯洛伐克被分割之后的斯洛伐克，而被占领的捷克领土则变成了一个巨大的兵工厂。斯坦尼斯瓦夫·皮阿塞茨基和他的同志们，还包括国民激进阵营（在政治方向上跟他很接近），都或多或少推动过这个计划；它在克罗地亚也很快被采纳。换句话说，他们跟希特勒组成联盟，然后一起向苏俄开战，也就是顺理成章的事了。不过，波兰历史并没有顺着这种逻辑发展。

我之所以认识皮阿塞茨基，是因为我的朋友耶日·安德热耶夫斯基和博莱斯瓦夫·米钦斯基曾在他的报纸上发表过文章，后来他们跟他分道扬镳了。皮阿塞茨基比《文学新闻》的主编格日泽夫斯基更灵活变通，他的政治立场跟年轻一代是一致的。他成功地招募了加乌琴斯基，此人发表过赞扬国民激进阵营的诗歌，并曾预言一个"长刀之夜"将要降临华沙民主自由派的咖啡馆社交圈。我必须指出，皮阿塞茨基已经成功地培养了一批干部，他们完全能够取代民主自由派；也就是说，在文学批评、戏剧批评、音乐、美术、政治学等诸多领域，他都拥有专家。

皮阿塞茨基是一个瘦小的人，戴着眼镜，看起来像个典型的知识分子，与跟他同姓的博莱斯瓦夫没有一点相同之处，后者是一个领导型的人、一头金发碧眼的野兽。皮阿塞茨基长着两片狂热的薄嘴唇，显然已经被自己为祖国服务的热忱弄得精疲力竭。人们说他有一半犹太人血统，在波兰的反犹分子中，这种情况并不少见。他厌恨所有他所认定的波兰的敌人——不管是国内的还是国外的。他把纳粹德国视为波兰的致命威胁,但没有人能够让他看清:他公然反对民主,这种所作所为跟纳粹德国一模一样。在德国人占领华沙之后,他立即开了一家咖啡馆作为地下党密谋的中心,同时创办了一份地下报纸。不久他就被捕了,在帕尔米里被处决。

POLISH LANGUAGE(波兰语)。我们没有办法解释对一种语言的爱,就像我们无法解释对母亲的爱。两者可能就是一回事;我们说"母语",并不是没有任何道理。我一生的大部分时间都生活在波兰之外。让我来算一下——我在俄罗斯度过了童年,然后是法国,再后来是美国。有些人在国外生活了十年、十五年,他们的波兰语就变得支离破碎。我跟他们不同,我在使用波兰语时从未感到迟疑,我对我的母语充满信心。我想正因为此,出于这种自豪,我只用它写作,不论诗歌还是散文,因为只有它的韵律在我的耳朵里回响。如果没有波兰语的韵律,我就不能指望我写下的东西是好的。

我一开始学认字的情形已经模糊了。最初的老师很可能是我母亲,因为那是在1918年春天的谢泰伊涅。不过我还记得花园里有一张桌子(圆的?),隐蔽在一片浓荫里,我想那是丁香花和绣线菊。我就在那儿,在母亲的注视下学着写字。她花了不少力气,在花园里抓住我,因为我讨厌那些写字课。我扭动着、啜泣着,有时还大喊大叫,说我永远不要学。如果那时有人告诉我,我日后会成为一名专业作家,又会怎样呢？我从未听说过这样的事情。

语言是我的母亲，不管是从字面上说还是打比方。它也是我的家园，我带着它在世界各地流徙。这不是件容易的事，因为除了在一些很短的时期内，我一直没有身处讲波兰语的环境。在我的家乡谢泰伊涅，波兰语是地方绅士所用的语言，不过它也夹杂着一些立陶宛语的词汇，因为村子周围住的都是立陶宛人。后来我学了俄语，成了双语人士。再后来，在维尔诺（毫无疑问），我终于学到了纯粹的波兰语，在家里，在学校，在知识分子中间——尽管它的基础是一种被称为"简单用语"的方言，外加犹太人说的意第绪语以及犹太知识分子所说的俄语。

在战争爆发之前以及德军占领的几年里，我一直住在华沙，当然说的是波兰语。不过，战争一结束，我就被英语和法语包围。我拒绝用另一种语言写作，拒绝接受那样做将会带来的巨大变化。我想我是害怕失去自己的身份，因为当我们变换语言，我们就会变成另一个人。

我是一个理想国的居民，这个国度与其说存在于空间，不如说存在于时间里。构建它的是从前的《圣经》译本、圣歌、柯哈诺夫斯基[1]、密茨凯维奇以及当代诗歌。理想国跟现实中的国家的关系并不明晰。这里芸芸众生，个性令人沮丧，

---

[1] 扬·柯哈诺夫斯基（Jan Kochanowski, 1530—1584），被尊为文艺复兴时期波兰最伟大的诗人。

嘴脸受到扭曲，变得像漫画一样——身为波兰人，我们生着这样的面孔，这是我们痛苦的情结。与这种情结相对，我确立了波兰语史上的几个英雄人物。在我年轻的时候，我看得不很清楚，因为《塔杜施先生》是作为一本基础读物、一本标准读物而存在。现在，让我来历数一下这些英雄人物：十五世纪翻译了《普瓦夫斯基诗篇》（*Pulawski Psalter*）的佚名僧侣，1561年版《圣经》的译者列奥波里塔神父，雅库布·伏耶克神父，1632年新教格但斯克版《圣经》译者丹尼尔·米克瓦耶夫斯基，米克瓦耶·塞普·沙日尼斯基，托尔夸托·塔索[1]的译者彼得·柯哈诺夫斯基。接下来，便是十八世纪古典派的一些诗人和翻译家，他们使波兰语变得更加规范，让密茨凯维奇和斯沃瓦茨基用起来更加便利。我们越是靠近自己的时代，我们视野中的翻译家的数量就越大。我意识到，在一种语言的发展和变革过程中，翻译起到了非常重要的作用。博伊-耶伦斯基和爱德华·波仁鲍维奇就是这样的翻译家——尽管后者翻译的《神曲》在语言上不无瑕疵，因为里面夹杂着太多的"青年波兰派"的习惯用语。不过，他翻译的普罗旺斯语、凯尔特语及英语歌谣是非常重要的。在我的同龄人中，有许多人使我肃然起敬，这使我对"人民波兰"的评价变得柔和起来，因为优秀的翻译家做出了引人瞩目的

---

[1] 托尔夸托·塔索（Torquato Tasso，1544—1595），意大利诗人，文艺复兴晚期代表，代表作为叙事长诗《被解放的耶路撒冷》。

业绩。正是由于他们，有人甚至在列宁格勒和莫斯科学习波兰语，目的是通过波兰语译本阅读西方文学作品。

不管你生活在什么地方，只要你是在用波兰语写作，你就跟一项世代相传的集体工作发生了关联。你不可避免地会去思考波兰令人惊骇的历史。亚历山大·瓦特过去常常说，波兰还没有一部跟它的悲剧历史相匹配的文学作品；波兰现在所拥有的是小圈子文学，而不是严肃文学。在国外生活的这些年里，当我有意识地把自己跟那些用英语或法语写作的同辈作家在历史知识上进行比较时，我不得不承认我的知识令人沮丧地宽泛，这引起了一个问题：我该拿这种情况怎么办？比如，对于西方公众来说，我的《故土》一书难道不具备一部教科书的特征？它就像是一个袋子，我想把整个"东方"都扔进去。

欧洲各国的历史充满了不幸，我无意参与东方恐怖和西方恐怖之间的竞争。然而，在一个复杂的层面上，任何事物都很难理解，属于以前的共和国（Res Publica）的那些地区就是这种情形，还有从属于共和国的那些国家。为了明白这一点，我们必须做的，是去听听存在于波兰人和犹太人对话中的相互指责，以及波兰人和乌克兰人之间的相互指责。

"在春天，就让我看见春天，而不是波兰。"这是诗人扬·雷宏尼在1918年发出的呼喊，它概括了每一位波兰作家所体会到的那种被撕裂的感觉，甚至在今天，我们依然有此感受。只写个人生活，只写诸如时间流逝、爱与死等"普遍人性"的问题,似乎是很容易做出的选择;但是在这一切背后,不管我们是否意识到,另有一种东西始终潜伏着,甚至到今天它都没有得到命名,或者说它只得到了间接的命名,就好像它始终处于边缘地带。当我把自己的诗以及其他波兰诗人的作品翻译成英语时,或者当我在收集我选编的《明亮事物之书》的评论时(此书先以波兰语版问世),我尤其清楚地看到这一点。久而久之,我们看不到历史,在对世事的沉思中总想着目力可及的东西;距离是治疗这个意志世界或苦痛世界的良药,这跟叔本华所开的方子完全一致。唯有问题依旧:如果没有那种潜伏着的东西,我是否还会编那本诗集?

PONARY(泊那里)。这是一个最富于浪漫气息的地名,在十九世纪二十年代,那是爱学社社员们野炊的地方。后来,我在文理中学读书时,以及后来加入"流浪汉俱乐部"时,也跟同伴们去过那儿。在维尔诺郊外的山上有一片片橡树林,河边也或多或少生长着一些橡树,这个地名就来自那条河。维利亚河在立陶宛语中被叫作那里斯河——Po 是"沿着"的意思,nerai 就是 Nerys(那里斯河),连起来就成了 Ponary(泊那里)。

但是人类残暴的历史已经完全玷污了这个名字,而且使它古老的魅力变得模糊不清。德国人选择泊那里这个地方进行大屠杀,大约有十二万人死在那儿,其中绝大多数是犹太人(但不只是犹太人)。立陶宛特遣队在这件事上所扮演的角色，是立陶宛国民意识的暗橱中一具不见光的骷髅。在约瑟夫·马茨凯维奇那部带有新闻报道性质的长篇小说《别声张》中，我们可以找到关于此地大屠杀的准确描写。后来，苏联当局又在那里处决过波兰的地下抵抗者。那么，我们怎能描画或拍摄出那些橡树下青春聚会的田园诗般的场面呢？对我来说，泊那里还有着我们青年时代的老样子，但我很难把这个印象保留下去，因为后来的几代人对这个地方一定另有一番联想。

PREJUDICES（偏见）。为了较为精确地考量这个世界，我们应该避免偏见，或者避免关于某些人、某些事的先入之见。比如，红发女子都不值得信赖，洗澡对健康有害，就着饭菜喝牛奶会导致肠痉挛。先入之见可能跟迷信有关，迷信本身则源于某些传统观念。从我在立陶宛的童年时代起，我就知道什么事情是禁止的：不能在火上吐唾沫，不能把一条面包倒过来放，不能把面包扔进垃圾箱，不能倒着走路，因为那样做意味着你在测量你母亲的坟墓。

不过，偏见有时是必需的、积极的，它们有助于你保存精力。我们总不能老是跑来跑去，累得吐舌头，逐条检验周围数不清的信息。偏见允许我们绕开它们。我不想隐瞒一个事实，即我有一种几乎是狂热的对偏见的偏爱，到了这样的地步：我对波兰王国时期的波兰人抱有偏见，认为他们不够严肃；我对国家民主党抱有偏见，认为他们都是些鬼迷心窍

P

的人；我对《文学新闻》抱有偏见，因为它具有贵族习气，而我自己缺乏高贵的血统；我对诗人扬·雷宏尼抱有偏见，因为他摆绅士架子；我也不喜欢诗人尤利安·普日鲍希，因为他的观点总是那么激进。还有许多。斯特凡·基谢列夫斯基曾经徒劳地想让我去读罗曼·德莫夫斯基的作品，而我对此人抱有极大的偏见。我把某些类型的文学作品撇开了，从来不读。比如，1954年，法国有一本有名的畅销书，叫作《你好，忧愁》，作者是非常年轻的弗朗索瓦丝·萨冈。我当时住在法国，但我并没有读（许多年后，我才怀着非常复杂的心情读了这本书）。同样，当我周围所有的人都在阅读耶日·科辛斯基[1]的《被涂污的鸟》时，我也没有去读。我跟科希尼斯基在帕洛阿尔托见过面，他问我关于《被涂污的鸟》的看法。当我回答说"我没有读过那本书"，他几乎噎住了。

如果我不是一个人们所说的执迷不悟又带有偏见的人，也许更好些。但是毫无疑问，我就是这样一个人。

PRIMAVERA（白桃花心木）。这是一个基督教公社的名称，是在"二战"快结束的时候，由胡特尔派[2]信徒在巴拉圭的丛林里建立的。有一段时间，我也曾想加入其中。我当时在

---

[1] 耶日·科辛斯基（Jerzy Kosiński，1933—1991），波兰裔美国小说家，代表作有《被涂污的鸟》《暗室手册》等。
[2] Hutterite，基督教新教再洗礼派的一个分支。目前绝大多数胡尔特社区位于加拿大和美国北部大平原地区，主要经营农场，实行财产共有。

波兰驻华盛顿使馆工作，资本主义和共产主义对我都没有吸引力，去一个基督教公社似乎是唯一的出路。

胡特尔，一个异教徒，十六世纪被烧死在提洛尔的火刑柱上。是他创立了这个教派，宣称要回到基督徒的原始公社，去过福音书所描写的那种生活。摩拉维亚[1]的胡特尔派公社非常成功，有关它们的消息甚至传到了波兰的阿里乌派信徒的耳朵里，那个教派派了一个代表团前去观摩。"这些人不是公社分子，只是一些节俭之人。"代表团写于1569年的报告下了这样一个结论。报告中描写了几个家庭同居一室的情形，相互之间只用床单隔开。也有给首领们用的私人套间和厨房，但也一直处于众目睽睽的监视之下：墙壁上的小窗户会突然打开，可以看见里面人的耳朵。胡特尔派信徒也留下了关于那次参观的记录。他们不喜欢那些穿着皮大衣的绅士，他们骑着高头大马，急着投入神学辩论，用拉丁语、希腊语和希伯来语引用《圣经》的话。

经历过多次的迫害和迁徙之后，胡特尔派信徒们在加拿大和美国的北达科他州定居下来。虽然生活在自给自足的封闭社群中，他们还是因为财产共有制而引起了附近农场主们的愤怒。他们跟二十世纪二十年代在布雷斯劳创建的那个教派毫无共同之处，跟德国魏玛共和国时期几个城市里的公社也没有相似之处。由于受到希特勒的迫害，他们曾去列支敦

---

[1] 捷克东部一地区，中世纪曾有摩拉维亚公国，在今捷克、斯洛伐克等地。

士登寻求庇护,后来又到了英国。在那儿,在战争期间,他们曾被当作德国公民拘押起来。他们中有些人移民到了巴拉圭并创建了基督教公社,其余则留在了英国。

我曾在华盛顿跟公社的几名代表见面,我几乎让自己接受了那种想法,觉得或许能在巴拉圭的森林里用斧头和铁铲劳作;我当时有多绝望,由此可见一斑。好在扬卡非常冷静,劝我打消了那个念头。

后来,来自巴塞尔的记者恩斯特·冯·申克告诉了我德国魏玛时期公社里的生活情况,他曾一度属于那个公社。所有男人都从事体力劳动,但厨房里的活儿和照看孩子的事都落到了女人肩上,她们不断怀孕,超负荷劳作,根本不幸福。

PROZOR, Count Maurycy(莫里希·普罗佐尔伯爵)。普罗佐尔家族的领地位于涅维亚扎河谷。他们的家系宗谱总是让我迷惑。约瑟夫·普罗佐尔(1723—1788)娶了塞如切家族的一个女儿,并在我的祖先塞如切的帮助下开始了他的廷臣生涯。塞如切是莱什琴斯基国王[1]的一名侍臣,"把他的妹夫普罗佐尔带在自己身边"。他们似乎是在1863年起义之后失去领地的。莫里希1848年出生在维尔诺,成长于法国,也在法国上学。他用法语写作,曾把易卜生的戏剧译成法语。他

---

[1] 即波兰国王斯坦尼斯瓦夫·莱什琴斯基(Stanisław Leszczyński, 1677—1766),称斯坦尼斯瓦夫一世。

对过去没有兴趣，那是强大的俄罗斯帝国的一部分。在晚年，他看见了沙皇统治的灭亡，突然听到了祖国的呼唤。对他父母那一代人来说，祖国的名字叫作立陶宛。当独立的立陶宛建国的消息传来时，他写文章热情地表示了支持。

然而，这种看起来非常自然的爱国主义表现却激怒了许多人。熟悉他的波兰人试图向他解释说，他不是立陶宛人，而是波兰人，立陶宛不可能从波兰分出去，因为立陶宛只是波兰的一个"叛乱省份"。

立陶宛人很倒霉，因为这个国家的上层人士——来自贵族阶层的地主和知识分子已经彻底波兰化了，以至于他们中少数几个还没有被彻底波兰化的人居然被称作"立陶宛疯子"。1918年，立陶宛的活跃分子只是一小撮出身农民的知识分子和牧师。这个新兴的小国在任用政府官员方面遇到了极大的困难，它极为缺乏那些能够在国际舞台保护本国利益的人才。

莫里希·普罗佐尔曾住在法国南部的西米埃，他在巴黎发现了另一个跟他一样承认自己来自立陶宛的人——奥斯卡·米沃什。他们的友谊沿着两条平行的轨道发展着：政治和文学。作为读者，普罗佐尔不仅理解他的朋友的外交事务，也理解他那些难懂的、隐语般的作品。

要使协约国承认独立的立陶宛，主要障碍在于"令人难以置信的波兰政策"，即波兰代表团在巴黎和会上的立场。奥斯卡·米沃什作为立陶宛驻巴黎使馆的临时代办，使法国于1920年先在事实上承认了立陶宛，而后于1923年在法理上承认了立陶宛。他在梅梅尔（或克莱佩达）[1]的归属问题上也取得了胜利；但波兰人控制了维尔诺，他把这看作他个人的失败，因为他一直在寻求一种折中的解决方案，希望能够使波兰和立陶宛相互合作。"我们的敌人的阴谋诡计是孩子气的、毁灭性的，他们似乎不明白，将来如果处于敌对的德国和敌对的俄罗斯之间，他们就必须跟独立的立陶宛联起手来。"他在1920年5月25日致普罗佐尔的信中写道。

普罗佐尔被他的朋友拉入了立陶宛的外交界，同他一起分担忧虑，这忧虑源于对民族国家的新认识。他们把自己叫作立陶宛人，这种身份认同无关乎语言，因为他们不说立陶宛语。我不知道他们相互交谈时用的是什么语言（奥斯卡的波兰语十分完美）；他们彼此的通信用法语。在为立陶宛工作期间，普罗佐尔和奥斯卡遭遇到了"真正的"立陶宛人对他们的不信任。"他们不想听我们的话，"奥斯卡有一回给普罗佐尔写信说。尽管由于工作出色，他被当局授予格季米纳斯勋章，但他在大使馆中自愿要了一个二等职位。

普罗佐尔在二十世纪二十年代曾访问过考纳斯和涅维亚扎河谷，当过几年立陶宛驻罗马的大使。他死于1928年。他的女儿，格蕾塔·卡拉特-普罗佐尔定居在瑞士。

在贵族和地主中，极少有人支持立陶宛人说立陶宛语。

---

[1] 梅梅尔为克莱佩达的旧称。曾为德意志帝国波罗的海重要军港，"一战"后《凡尔赛条约》规定暂由国际共管，其实成为法国占领的自治区。1923年，国际联盟决定将其归属立陶宛。

仅有的几个人是奥斯卡、普罗佐尔、斯坦尼斯瓦夫·纳鲁托维奇（波兰总统雅布里艾尔·纳鲁托维奇的兄弟）、来自波瓦加的阿尔弗雷德·泰什凯维奇以及米哈乌·罗默，他是位于考纳斯的维托尔德大帝大学的教授，也曾当过一阵子那所大学的校长——我相信，这就是名单的全部了。罗默的日记满满当当，有十多卷，等出版之后，这些日记将是一个不可思议的矿藏；历史学家凭借它就能理解在忠于国家这个问题上的各种冲突挣扎，这些挣扎是悲剧性和古怪的，但也令人动容。

Q
___

QUINN, Arthur（阿瑟·奎恩）。他是加利福尼亚人，曾就读于旧金山湾圣拉菲尔一所耶稣会预科学校。跟我合作译诗的美国桂冠诗人（1996年）罗伯特·哈斯，还有我在伯克利的学生路易斯·伊里瓦内——他是波兰语专家，翻译过斯坦尼斯瓦夫·伊格纳齐·维特凯维奇的小说《欲壑难填》，后来成了多伦多大学的教授——他们都是阿瑟的同班同学。在学校里，阿瑟以田径天才著称，有人曾预言他会成为一个拥有非凡职业生涯的棒球运动员。但他为哲学而放弃了体育。

阿瑟在普林斯顿大学学习科学史，指导他的是知名教授、创立科学革命理论的托马斯·库恩；不过阿瑟的兴趣要广阔得多，他求知欲旺盛，非常博学。一回到加利福尼亚，他就在伯克利分校的修辞系谋了个教职。修辞系是为安置那些不安分于学科限制的员工设立的，但即使在那儿，他也招致了一些非议。有人说，他把不同领域的知识组合起来，显得大而无当，他的学术研究不科学。但后来的事实证明，他做事情还是有他的方法。

在伯克利讲授有关陀思妥耶夫斯基的课程时，我已人过中年，阿瑟那时还是一名年轻助教，来听我的课。作为一名真正的天主教徒，他在那位俄罗斯作家所提出的宗教问题中找到了某些有用的东西。我们还可以换个角度看，当时在伯克利有一批崇拜毛泽东的革命狂热分子，阿瑟想要跟他们划清界限，而我的课正好满足这一需要。我们之间的友谊就是这样开始的。

阿瑟的第一本书，主题是对逻辑实证主义哲学的批判，书名叫作《英国哲学家的自信》（1977）——尽管他其实可以把"自信"一词换成"自负"。这是一部客观、可靠的分析性专著；人们几乎察觉不到作者的讽刺。总的来说，奎恩在写作时总是能不慌不忙地揭示自己的意图。他与南希·布拉德伯里从不同时代、不同语言的文本中收集了一些文章，编成了一部学生文选，想以此表明作者的意图是如何左右他对读者的言说方式。他花了几年时间，关注文学表达中的语言问题，他的《修辞手法》（1982）可以称作一部充满幽默的文体学教科书。人们会认为这部著作根本无意与《圣经》专家展开辩论，但他在1985年与伊萨克·基卡瓦达合作出版了《亚伯拉罕出生之前》（1985），这是一部专门研究《创世记》的著作，他在书中表达了跟许多作者相反的观点，为文本的统一性进行了辩护。据他的看法，《创世记》的表达方式证明它本身是非常精致的，且有意与美索不达米亚神话对着干。

阿瑟的各种著作也许只能看成是一些准备工作，因为他越来越着迷于自己的老本行——历史。他对故乡加利福尼亚以及整个美洲大陆的过去都充满了研究的激情。我尤其折服于他的《断裂的海岸》（1981）一书，这是一部关于他的成长之地马林县的专著。他以这一小小的区域为例，展示了在短短几十年的时间里，加利福尼亚发生了怎样的变化：一个年老的印第安人还记得小时候见过的一些部落仪式，但如今（如果他还活着的话）只能生活在一个满是白人的资本主义世界。在此过程中，他兴许还见证了各种传教团的成立与瓦解，这些传教团最北边的基地——索诺马传教团——就在他那一带。他先是西班牙国王的臣民，后来成为墨西哥国民，再后来变成了美国人。也许，当墨西哥从西班牙王国获得独立时，他就在西班牙白人建立的大庄园里做苦工，正是这些白人当初攫取并瓜分了传教团的财物。

《对手》（1994）是一部关于十九世纪五十年代加利福尼亚政治的书，可以说是《断裂的海岸》的续篇。而与此同时，就在这一年，他的长达五百页的《新世界：从詹姆斯镇建立到魁北克衰败的美国殖民史》问世。他的同事们都认为他的思维和写作有点古怪；他的一夜成名出乎同事们也出乎他自己的意料。评论家们盛赞此书，它成功的一个标志是卖出了电影版权。直到那时，阿瑟的名声还只局限在范围很小的读者群中，因此他觉得出名是件美事。他可能把这看作自己那些非正统观念的胜利。他从未试图去迎合公众舆论。在他周围，尤其是在伯克利，人们需要的是激进主义或至少是"政治正确"，他对此一点都不在乎。在他所写的美国历史中，他并不将高贵的印第安人（高贵，因为他们遭到压抑和压迫）与白人强盗对立起来。悲观主义迫使他对各种机制进行研究，这些机制比那些身陷事件中的人更加强大。印第安各部族相互之间纷争不断,他们为此跟法国人或英国人联合,这是在为自己的灭绝做准备。他们,譬如休伦湖族人,有一些习俗残酷得令人恐怖,这让他们在反对耶稣会教士时在道德上显得有点站不住脚;那些不择手段的耶稣会教士是征服加拿大的主角。奎恩力图不带任何幻想地复现美洲大陆的过去。

阿瑟把历史看成一出悲剧;我允许自己相信,我关于陀思妥耶夫斯基和俄罗斯历史的课程,我们之间大量涉及西蒙娜·薇依的谈话,对阿瑟的历史观产生了一定的影响。反过来,阿瑟对我也有很大帮助,我译成英文的奥斯卡·米沃什的两篇形而上学论文就是由他编辑的。另外,他还跟他来自修辞学系的同事、诗人伦纳德·南森合著了一本讨论我的创作的书,《诗人的工作:切斯瓦夫·米沃什导论》。此书出版于1991年,由斯坦尼斯瓦夫·巴兰恰克写了前言。他们的研究分工如下:南森研究我的诗歌,阿瑟研究我的散文。我的摩尼教倾向[1]得到了格外的强调。

《喷火的地狱:莫多克战争史》(1997)是阿瑟的最后一本书。他利用生命的最后时间为此书写了前言,在其中提到了自己的疾病,但书还是在他死后几个月才出来。他一生的历程就像是一部道德剧。他婚姻幸福,有四个已经成年的孩子;但他缺乏社会的认可。在他病倒并被诊断患了脑癌之时,他也没有被列入美国最重要的历史学家行列。疾病迅速恶化,

---

1 即善恶二元论。

他才活了五十五岁。

他的绝笔之作融合了他的学识和激情。他写到加利福尼亚的过去，还写到他对人类不幸的悲悯和同情——这可以说是这位学者的哲学遗嘱。书的主题是那场发生于1869年至1873年之间的战争，战争的一方是一个印第安小部落莫多克族，另一方是美国军队。印第安战士们完全明白，这实际上是一场关乎他们语言和习俗的存灭问题的斗争。尽管战争双方都做出了种种妥协的努力，但糟糕的结果还是必然而然地接踵而至。莫多克部族的首领被称作杰克酋长，至少他做过这样的努力；但他失败了，他在被捕后被绞死。莫多克印第安部落从此不复存在，除了一个历史学家的记忆，它没有留下任何遗迹。这名历史学家在它消亡之后一百多年，思考了印第安人的命运，并得出了一些具有普遍意义的思想，与此同时，又以恰如其分的严肃性，确认了人类个体的意图在其中的作用。

欧洲人倾向于谴责美国人天真的历史意识。但对印第安人的灭绝战争以及南北内战（伤亡人数比拿破仑发动的历次战争都要多）一直存在于美国人的集体记忆中，尽管很少有人敢于走进这个记忆的深渊。而阿瑟·奎恩却敢于步入其中。毫无疑问，那是因为对他来说博学只是一张面具，在那之下是他炽热心灵的真正诉求，那是一颗热爱上帝、拒斥邪恶的心。

R

RAJNFELD, Józio（约奇奥·拉因菲尔德）。我想我见过他的一些画作，可能是在《斯卡曼德》杂志上，不过那时我并不认识他。现在我知道，他于1906年生于华沙的一个犹太人家庭。他父亲有一个服装店。约瑟夫[1]曾在华沙理工学院建筑系学习，但他把精力都花在了绘画上。伊瓦什凯维奇常常说起"画家约奇奥"，他俩是密友。离开华沙之后他曾在巴黎住过，很穷，后来去了意大利。

我第一次去意大利和圣吉米尼亚诺[2]的旅行和拉因菲尔德有关。1937年春天，我被维尔诺的波兰电台解雇之后，在开始为华沙的波兰电台工作之前，有过一趟自我教育之旅。在维尔诺的时候，我很少了解绘画。我应该强调，我的这一无知是区别二十世纪上半叶和下半叶的一个标志。直到二十世纪下半叶，由于娱乐和艺术的发展，世界美术史上一些最重要的作品才得以或多或少地为大家所知。

国家文化基金会提供的生活津贴使我得以于1934年至1935年在巴黎度过一段游学生涯，那时我曾定期独自去参观卢浮宫，也跟随画家约瑟夫·潘凯维奇带领的一群人去参观

---

1 约奇奥（Józio）为约瑟夫（Józef）的昵称。
2 意大利中北部托斯卡纳大区锡耶纳省的小城，以其中世纪建筑闻名。

过，他会在画作前停下来，讲述某画家所使用的技巧。约瑟夫·恰普斯基也是那群人中的一个（注意：他写过一本关于潘凯维奇的书），还有卡齐米日和费拉·克兰茨，有时也会有作曲家罗曼·玛切耶夫斯基，我想，还有一位德国小提琴家，大概还有别的什么人。总之，因为这个机缘，我才得以涉足一个对于诗人来说非常重要的领域（至少我觉得是这样）。不过，那时我没有钱去意大利旅行，所以我只在1937年休过一个月假，去了趟圣吉米尼亚诺。

我当然是坐火车旅行，但坐火车并不是去任何地方都很容易。伊瓦什凯维奇说服了我，让我去圣吉米尼亚诺，去找住在那儿的拉因菲尔德，可是圣吉米尼亚诺城区离火车站还有几公里远，乘客们不得不换乘小型出租马车。圣吉米尼亚诺以林立的塔楼和铺满石子的弯曲街巷而闻名，它是一座似乎被本地居民所遗弃的城市，在街上很少看到人。没有游客。尽管我连拉因菲尔德的地址都没有，我还是不费吹灰之力就找到了他，因为这座城市在城墙之内的范围很小。他就住在城墙边上的一家膳宿公寓里，跟他同住的是一个白发苍苍的英国人，如果我没有记错的话，那人也是画家。

我记得跟拉因菲尔德和他的朋友在他们膳宿公寓的花园里一起度过的那个晚上。我们喝了酒，看着黑暗被掠过沟壑和葡萄园的萤火虫点燃。拉因菲尔德长着一头黑发和一张圆脸，给我的印象是魅力四射。我所记得的就是他的光彩，他似乎有着超常的生命力。后来，在战争期间，我试图想象可能会发生在他身上的事情。我模糊地记得，我当时甚至想过，如果他留在了意大利，我会为他感到高兴的。

就在去圣吉米尼亚诺的那次旅行途中，我参观了奥尔维耶托大教堂，它就位于城外一片丰美的草地上，青草一直蔓延到它的大理石台阶。我在教堂里看到了西诺雷利的画作《反基督者的行为》，这幅画给了我持久的影响。

如果拉因菲尔德留在意大利，他可能会活下来。出于某些我到现在都不了解的原因，他于1940年到了法国。法国大溃败后，他设法越过边境进入西班牙，并在比利牛斯山中的某个地方自杀身亡。我听说，拉因菲尔德的有些画作现在珍藏在华沙国家博物馆的库房里。

REXROTH, Kenneth（肯尼斯·雷克斯洛斯）。在很长一段时间内，加利福尼亚诗坛的领军人物是罗宾逊·杰弗斯。后来，到了1929年，雷克斯洛斯由芝加哥移居到旧金山。他成了青年诗人们的顾问兼导师，欢迎任何创新，这一点与独来独往的杰弗斯恰好相反。注意，他也曾在文章中无情地抨击过杰弗斯。

一个欧洲诗人不可能像雷克斯洛斯那样，兼容诸多相互矛盾的因素。他是革命活动家、共产主义者、无政府主义者、和平主义者、神秘主义者、英国圣公会的虔诚信徒，临死时又成了罗马天主教徒，而实际上，他是个佛教徒。

他之所以能成为以诗歌为职业的英雄（在美国，也许在任何地方，这都是不可能的），原因很简单：他连高中都没毕业，所以他打动不了教授们的心，没有任何一所大学愿意招收他。只是到了晚年，在他成名之后，才在加州大学圣巴巴拉分校当上了教授，有了一点钱，享受到了安宁。

我认识他，接受过他的许多好意，但这肯定不是出于我的姓氏的缘故——尽管很久以前，在1955年，雷克斯洛斯就出版过一卷他自己翻译的奥斯卡·米沃什的诗。善待其他诗人似乎是他的天性。我会给他的传记作者们留点余地，好让他们写出一个准确的他，而非为他唱过多高调。他们可以列举他的矛盾之处：他夸口，撒谎，欺骗，祈祷，犯过重婚罪，背叛过四位夫人中的每一位，而他又相信婚姻的圣洁；他像一个偏执狂，对朋友们疑神疑鬼。然而，对我来说，他首先是一位杰出的诗人，和一位杰出的中国与日本诗歌翻译家。

我给他看过我第一本诗集的英文译稿，主要是我自己翻译的。他赞赏有加。由于当时我的英语水平不太高，我问他为什么喜欢我的翻译，他回答说："一个对某种语言听觉敏锐的人，对所有的语言都是如此。"我不知道他说的是否正确。我的英文版《诗选》出版于1973年，序言是他写的。在我获得诺贝尔文学奖几天之后，他就从圣巴巴拉分校打来电话，表示祝贺。我向他保证，我对他早年给予我的支持永志不忘。

RIMBAUD, Arthur（1854—1891）(阿蒂尔·兰波)。他给他母亲和整个家庭造成了极大的痛苦。他离家出走，到处游荡，酗酒，嫖娼，几乎饿死，他写诗体宣言，反抗社会、宗教、道德以及文学。他十九岁就决定了结一切。从那以后，那曾经试图帮助他的巴黎文学界失去了他的音讯。他在欧洲各国流浪，干过各种各样的活计，后来去了非洲。在阿比西尼亚[1]，他贩卖过军火、黄金和象牙，带着他的大篷车队深入到黑色大陆那些无法到达的角落。他挣了很多钱，在哈拉雷[2]建起一座宫殿，并参与了当地的政治阴谋。所以说，他在非洲过的是一个白人冒险家的生活，约瑟夫·康拉德在小说《黑暗的心》中将那样的冒险家描绘成比利时贸易公司的买办库尔茨。

他刚刚三十出头，就死于腿部坏疽，死时他还不知道，自己已经由于《地狱一季》和其他留在巴黎的诗稿而名声大噪。他被认定为一个天才。他变成了二十世纪最著名的文学神话。

在二十世纪最初的几十年里，有三个人物受到欧洲文艺界的特别关注。他们是：惠特曼，一个"高大的老头"，尽管在一些译本里已能读到他的诗，但他还不太有名；奥斯卡·王尔德，"戴天鹅绒贝雷帽的安提诺乌斯[3]"，唯美主义和同性恋

---

1 又称埃塞俄比亚，非洲东部国家。
2 津巴布韦首都。
3 安提诺乌斯（Antinous），古罗马美男子，哈德良皇帝的情人。

的典范;最后一位就是兰波,他是狂野、邋遢、反叛乃至兽性的象征性代表。"青年波兰派"已经知道兰波;米利亚姆-普热斯米茨基在他自己办的杂志《幻想》(*Chimera*)上刊出了《醉舟》一诗,那是由他自己翻译的。上流社会在咖啡馆里闲聊这位法国诗人的古怪言行;据说是他发现了元音的颜色,每一个元音都有一种颜色。约瑟夫·维森霍夫是个极为精致的作家(《泼德菲利普斯基》的作者),我记得他在1911年的一首诗中戏仿现代派,描写了一个岛屿,岛上的一只大猩猩发现自己能够"看到声音中的颜色,闻到词语中的气味"。我根据记忆转述其中两句:

> 听着兰波的话,他感到
> 自己的两腿在发抖。

不过,真正开始喜欢兰波的,是与斯卡曼德诗社有关的那一代诗人。1916年,在基辅,亚罗斯瓦夫·伊瓦什凯维奇和米奇斯瓦夫·瑞塔尔德翻译了兰波的《灵光集》。在《卡西达斯》一书中,伊瓦什凯维奇接受了散文诗这种新的文体形式。他的《向兰波祈祷》一诗完全是一次精神的通灵,召唤兰波的灵魂。很快,尤利安·图维姆和安托尼·斯沃尼姆斯基也加入到了翻译兰波的行列之中。我们可以说,年轻的图维姆一开始在惠特曼的星象之下,后来转到了兰波的星象之下。

充沛的词汇、奢侈的语言、丰富的色彩,这些都是波兰语在经历了现代派语言式微之后的革命性标志。而波兰语诗歌，正如许多其他语言的诗歌，在很大程度上要归功于兰波。在这一方面，惠特曼的影响比不上兰波的长久，王尔德的更在其次。

不过，支撑兰波神话的并不是他的艺术创新，而首先是他对既定行为规范、对他自己的资产阶级家庭的反叛，不仅如此，他还反叛整个社会。就好像通过他一生的经历，他预见并确立了某种范式，这种范式会在他离世几十年后重现。六十年代美国青年的反叛不就让我们想到：个人反叛已经扩散到了由波德莱尔们和兰波们组成的群体——包括这一代人进一步的种种冒险行为？兰波自己认为，他的那些青春期的焦虑和绝望，对于一个青少年来说是有好处的。后来，他转向了所谓严肃的事情——挣钱、介入政治。"雅皮士"那一代也做出了类似的选择。

兰波首先得到了一小群法国作家的赏识。他们开始谈他，写他。起初，各国的波希米亚[1]艺术家社区知道了他的名字，后来，他的声名扩大到了更加广泛的公众领域。跟兰波几乎是同时代人的塞尚和梵高，他们的名声也是以类似的方式，如同波浪的运动，传播到更大的圈子里。他们在绘画上的重要性正如兰波之于诗歌，但如今他们之所以家喻户晓，是因

---

[1] 波希米亚人原指捷克波希米亚省的吉卜赛人。波希米亚主义最早出现在十九世纪的法国，意指艺术家或作家过着自由漂泊的生活，自外于传统社会，不受一般社会习俗和价值观的约束。

为他们的作品在国际市场上卖出了天价。

一个神话要围绕着某个特定的名字逐渐形成，必须符合几个条件。无论什么事，只要发生在法国，都会引起全世界的关注；起码欧洲人会阅读法语书刊。在拉丁语一统天下的时代结束之后，在很长一段时间内，法语是人们必须懂得的语言。当然，在其他国家，也有放浪不羁、富于反抗的诗人出现，但他们制造的只是一些区域性的事件。同样必要的一个条件是：恰逢其时。在兰波那个时代，资本主义的不公正和革命美梦搅和在了一起。没有人知道兰波是否真的在巴黎公社的街垒中战斗过；但神话自有它的意义。

也许人类社会需要作为缩写的名字、构成某种速记符号的名字、作为替代品的名字。在波兰，这些都由浪漫主义诗人提供；比如，密茨凯维奇的名字、爱学社社员的审判、先人祭——所有这些都融合于一整个神话。在剥削人类所有成就的寄生文化（波普艺术、后现代主义）中，任何形象都转瞬即逝。我们无法回避这样一个问题：在一种寄生文化中，这些速记符号会怎么样？作为符号，它们的适应能力很可能会得到加强，而现实将从它们之中渗漏。诗人兰波想通过"放纵他的所有感官"，就达到那无法言喻的境界，后来他陷入沉默，把自己变成了一个商业冒险家。他的生平在长时间内将成为电视剧制作者们喜爱的题材。

RODITI, Eduardo（艾杜瓦多·罗第提）。那是1934年一个秋日的早晨，我从拿奖学金的波兰学生住的青年旅社出发——旅社位于巴蒂尼奥勒大道（克利希地铁站所在地）附近的拉芒戴路——乘地铁前往马勒泽布。在马勒泽布广场，我看到了一块小金属牌子，上面写着"立陶宛公使馆"。奥斯卡·米沃什在牌子底下迎接我，说一个来自君士坦丁堡的希腊青年诗人要陪我们一起吃午饭，他能用法语和英语写作。奥斯卡说，那位青年诗人是一个"语言现象"。不管怎么样，那个年轻人出现了。我记得我们三个人是一起步行去的餐馆，但记不清是哪家餐馆了；很有可能是歌剧院附近那家叫波卡尔第的意大利馆子，因为那是奥斯卡经常请客的地方。

在我所认识的文人中，罗第提出现得很晚，但当时我并没有意识到这一点。那是我与他的第一次见面，意义重大，使我得以反思我的（不仅是我的）无处不在的乡土习气。今天没有人能理解这一点。也许，来自华沙的人们还能成功地装出不是乡下人的样子，但我们这些来自维尔诺的人则连装都装不像。在罗第提身上，我第一次见识了真正意义上的世界主义者的形象，但我一点都想象不出他的故乡黎凡特的情形。那时，我甚至没有听说过卡瓦菲斯[1]这个名字，我也压根就不知道那儿的人们跟希腊语和其他语言之间到底存在着什

---

[1] 卡瓦菲斯（Constantine P. Cavafy，1863—1933），希腊著名诗人。

么样的问题。事实上，罗第提来自萨洛尼卡[1]，属于西班牙犹太人一脉，这意味着他的母语是拉地诺语（Ladino）。在我看来，他的英语，跟英国和美国的所有东西一样，属于一个完全陌生的领域。我也无法理解，怎么有人能自然而然地同时用几种语言写作。

罗第提首先作为一位法语诗人活跃于巴黎文坛，随后移居美国，加入了前卫诗人和画家的行列。他是极少几个懂得奥斯卡·米沃什诗歌的人，对这位老朋友一向很忠诚，并把他的诗译成了英文。我们在伯克利分校见过几面。我们谈论过娜塔莉·克里福德·巴尼。罗第提是个同性恋者，像所有他那类的人一样，他支持这个女同性恋者的神话。从1914年战争爆发前夕开始，在几十年的时间里，巴尼小姐一直在巴黎主持一个精彩的文学沙龙。巴尼小姐不仅属于巴黎文坛，也属于美国文学史。不过，我是在后来，在读到奥斯卡·米沃什分批出版的书信时，才知道这一点的。奥斯卡是巴尼小姐沙龙的客人之一。他俩的关系还不止于此，因为她是他真诚的、柏拉图式的朋友和知己。

两次大战期间的巴黎和美国犹如迷宫，那时我刚开始跟它们建立联系，罗第提已经以这两个地方的大使形象出现，就像奥斯卡的另一个朋友，普林斯顿大学的名教授克里斯蒂安·高斯，或者既来自欧洲又属于美洲的作家让·德·波歇尔。

---

[1] 又称塞萨洛尼基，希腊古城，北部港市。

罗第提通晓数种语言，有一阵子我有点嫉妒他。不过，既然我是小地方的人，我坚持只使用一种语言。从策略上讲这不是明智之举，但结果证明，这样的选择对我有益。

RUDNICKA WILDERNESS（鲁德尼茨卡荒原）。让我惊奇的是：北方，以及鲁德尼茨卡荒原，对于我和许多维尔诺人的想象有着多么强大的影响力。鲁德尼茨卡荒原其实是一大片茂密的森林，林子里边有几乎难以通行的沼泽，栖息着松鸡和驼鹿。荒原起始于波皮什湖畔，在圣彼得和圣保罗节，我曾跟着父亲去湖中猎捕野鸭。来自波皮什基村的犹太青年在山壁陡峭的峡谷里闲逛，看着猎人们撑着三两只独木舟驶过他们身边。有时候，我也跟着父亲去热加里诺村，那个村子就坐落在森林里。我们常常从罗冬卡出发，那地方有一所小木屋，还有两三公顷土地。因为紧靠荒原，就在维尔诺-雅舒尼公路的十六公里处，父亲就把它买了下来。道路一边是立陶宛人住的马日安波尔村，另一边是白俄人住的切尔尼卡村；再往远处走一点，我想就是白俄人与波兰人混居的哈日纳村。我们常常驾着马车驶向雅舒尼，道路两边全是树林，左边是基日杰兹庄园的黑森林，有人说林中依然有熊出没，但女主人不允许任何人在她的领地上打猎。雅舒尼车站前的广场上往往高高地堆放着松木，是准备运往锯木场的。所以，如果一个人看地图（它牢牢刻在我的脑子里），他就会看到：罗冬卡的南边是雅舒尼；西边是一片有人看管的森林，一排排树木整整齐齐，还有两三个村子，一条铁路，铁路外边就是鲁德尼茨卡荒原；东边，是一道最为不凡的风景，小山和小树林一路延伸到图基艾勒小镇。就在那儿，离开小镇步行大约一公里处，住着马鲁舍夫斯基一家的兄弟们，再远一点，是他们的哥哥约瑟夫的农场。我曾在《伊萨谷》中描写打猎的情形，我所依据的根本不是基日达尼地区，而是我们待在罗冬卡度假的情景。"罗冬卡"（Raudonka）这个名字可能来自那条溪流中铁红色的水，因为在立陶宛语中raudonas的意思是"红色"。溪流外的沼泽地里生活着蝰蛇。实际上它们到处都是，而且很多。

文理中学毕业考试一结束，斯达希·考夫纳茨基、伊格纳奇·希维齐茨基、博赫丹·科佩奇和我就去鲁德尼茨卡荒原游玩。荒原附近有一个小庄园，女主人极为和蔼地招待我们。她让我们在干草棚里过夜，还邀请我们第二天跟她一起共进早餐，可是我们天刚蒙蒙亮就溜之大吉了，或许这是很不礼貌的行为。我们在梅瑞赞卡河里游泳，被蚊子狠叮了一通。后来总算到了雅舒尼村，庄园的主人（索乌丹一家）不在，仆人们用土豆加酸奶招待我们。关于这次游玩，除了那个跟希尼亚德茨基一家和诗人尤利乌什·斯沃瓦茨基有关的浪漫地名，我什么都不记得了。最近，我去维尔诺旅行过几次，有一回我去那个庄园故地重游，发现它被保护了起来。

战争期间，鲁德尼茨卡荒原及其南面的一些地方给家乡军的几个独立小分队和苏维埃游击队提供过掩护，当时游击队正在那片区域开展行动,队员主要是犹太人,都是从维尔诺的犹太人聚居区逃出来的。在以色列诗人阿巴·科夫纳[1]来伯克利访问时,我曾跟他谈过这些情况。战争爆发时,阿巴还是我们学校美术系的学生。在很长一段时间里,他一直穿得像个修女;波兰的修女们用这种方法把他和其他几个犹太人藏匿在修道院。后来,他决定回到犹太人区,他在那里成了一个武装组织的领导人。直到形势变得无可救药,他才逃出来,投奔了森林游击队。他跟我说:"家乡军毕竟是一支常规部队,训练、打仗都像正规军似的。我们的战术跟正规军完全不一样——游击战。我们要给敌人造成一种假象,让他们以为我们人数庞大,所以当我们夜里穿过一个村子,我们会尽量弄出很多响声,就好像一整个军团在行进。无论开展什么行动,我们都尽量达到这样的效果。"

在当地居民的心目中,鲁德尼茨卡荒原意味着庇护所。在约瑟夫·马茨凯维奇的小说《通往乌有乡之路》中,当主人公在苏军占领期间再也看不到任何自我拯救的希望时,他把妻子拉进一辆马车,躲到荒原南部靠近基尔诺沃湖的地方。但小说中描写的"波皮什基村奇迹",指的是另外一个村庄,不是波皮什湖岸边的那个。

在战争行将结束时,鲁德尼茨卡荒原上的战斗打得异常激烈。一方是克格勃的小分队,另一方是家乡军的残余力量。

---

[1] 阿巴·科夫纳(Abba Kovner, 1918—1987),希伯来诗人、作家,现代以色列最重要的诗人之一。

随后，苏联军队选定鲁德尼茨卡荒原作为永久性的军事基地。他们在那儿驻扎了几十年，对环境的毁坏相当严重，我不知道还有多少森林得以幸存。

RUSSIAN LANGUAGE（俄语）。我生于俄罗斯帝国，除了俄语，学生们被禁止说任何别的语言。连文理中学开设的罗马天主教课程都不得不使用俄语。不过，正如父亲告诉我的，维尔诺的教义问答老师曾绕过那道禁令，告诉学生们只要用俄语记住一个《圣经》故事，即可应付检查。因此，不管哪个学生，如果被老师叫到，就会站起来背诵同一节经文："亚伯拉罕坐在自己的帐篷里……"

想要摆脱俄国公民身份，不是件容易的事。苏联法律把所有出生于沙皇时代俄国边界内的人都视为苏联公民。也许这项正式规定没有必要，因为，不管怎样，那些在1944年随红军一起到来进行统治的都是苏联公民。

在"一战"期间，我们曾在俄国各地流徙，所以在我的童年时代，俄语就渗透到了我的脑子里。后来，在维尔诺的泼德果纳大街5号，在一处公寓房的大院，在我们一群孩子们中间，就有两个说俄语的，雅什卡和宋卡。我想，维尔诺及其周边地区的俄罗斯化当时已经取得了很大的进展，尤其是在1863年之后。

我从未正式学过俄语，但它在我内心深处占据了一席之地。我愿意斗胆作出一些概括，比如说，那些加利西亚人的耳朵有点与众不同,也就是说,他们对波兰语的感觉跟别的地方的波兰人不一样,这在他们的诗歌中可能也有所体现。莱什米安生于华沙,就读于基辅;在他的作品中,我想我能辨认出抑扬格俄语诗歌的回声。事实上,他一开始写的就是俄语诗。俄语诗歌的魔咒对我自己来说具有极大吸引力。比如,普希金的诗歌力量强大,形式夺人,他那些诗行仿佛永远镌刻在我们的记忆里。然而,我似乎很早就意识到:俄语诗歌与波兰语诗歌的音域不一样,模仿俄语诗歌会很危险。事实上,我从未翻译过任何俄语的东西。纵然我跟约瑟夫·布罗茨基是朋友,而且他还把我的许多诗翻译成俄语,我也无法改变我不译俄语的习惯。我只译过他的一首诗,不过,关于他的诗歌,我用波兰语和英语写过很多文章。

在两次大战之间的几十年里,曾发生过关于这两种语言的不同规则的争论,这场争论跟尤利安·图维姆翻译的《尤金·奥涅金》有关。亚当·瓦热克也翻译了《尤金·奥涅金》,还攻击图维姆的译本。波兰语词汇重读往往是倒数第二个音节,而俄语的重读音节是变化不定的,偏重于抑扬格音步。为了在波兰语中模仿普希金的抑扬格,你不得不用单音节词来押韵;这一点图维姆处理得相当成功,但效果也相当单调。瓦热克基本上没用这种押韵法,他的译文读起来自如多了,字里行间更多地体现了波兰语的神韵。波兰语和俄语这两种语言是不对等的,这一点可以从俄罗斯人对波兰语诗歌的评价中看出来。他们往往喜欢那些合辙押韵的波兰语诗歌,因为那样的诗歌能使他们想起俄语诗歌。

到目前为止，波兰诗人在没有给波兰语带来任何大的伤害的情况下，已经摆脱了格律和韵脚的束缚。我不知道，俄语诗人会如何做到这一点。布罗茨基一直是个格律诗人。

在1914年之前，俄国比波兰更加积极地参与了整个欧洲文明的进程；数次被瓜分阻碍了波兰的发展。俄国知识分子真正是世界性的。因此，在波兰文化中有不少外来因素，来自那几个使它四分五裂的强国的首都：普日比谢夫斯基来自柏林，亚罗斯瓦夫·伊瓦什凯维奇来自基辅——但实际上来自彼得堡，这都拜俄罗斯诗歌的创新所赐。在两次大战之间，伊瓦什凯维奇的斯卡曼德诗社同仁们跟他比较起来，看上去更像是小地方的人。

在我父母那辈人看来，俄国似乎只意味着广袤而开阔的空间。我父亲的第一个工程师职位是在西伯利亚取得的，这并非没有意义。俄国革命之后，许多人不得不离开那些广阔的地方，回到维斯图拉河流域。他们感到自己好像被拘禁了起来。有些具有说服力的例子说明，他们很难适应狭隘、琐碎、充满流言蜚语的环境以及你来我往的纷争。莱昂·彼得拉日茨基是彼得堡大学的闻人，那儿成群的学生们挤进演讲厅去听他上课。后来他在波兰自杀。同样的命运也等候着亚历山大·雷德尼茨基。

我应该再补充一点，正是由于我懂俄语，1945年，我差点被枪毙："你怎么会懂俄语？肯定是间谍！"

S

SCHOPENHAUER, Arthur（阿图尔·叔本华）。我大大受益于这位哲学家，如果跳过他不说，那是不对的。他的书摆放在我的书架上，供我不时沉浸其中。的确，他一直是许多诗人和艺术家的伴侣，尽管人们在他那里发现的东西随着时间而改变。他被认为是最极端的悲观主义者。那么，当我们如今总结二十世纪的生存经验，他对我们有何用处？但愿我们留意他的警告……他一丝不苟地完成了作为一个哲学家的职责。他不信任抽象的知识。根据他的说法，理念之于实际观察到的情形，正如银行单据之于黄金，单据只是替代性地表现了黄金的价值。如果我们不对那些具有欺骗性的概念作出客观的估价，人性就可能会发展为最怪异的失常和犯罪。"错误和偏见的悲剧性存在于实践中，而喜剧性是留给理论的。比如，如果我们只让三个人坚定地相信太阳不是日光的来源，那么我们或许有可能看到其他人很快也会接受这一点，就像接受一个普遍的信条。黑格尔是一个令人厌恶的、枯燥乏味的骗子，一个尽说废话的无与伦比的小文人，但在德国，人们会宣称他是一切时代里最伟大的哲学家。二十年来，成千上万的人顽固地坚信这一点……"[1]唉，比二十年要长得多！

---

[1] Arthur Schopenhauer, *The World as Will and Representation*, trans. E. F. J. Payne, 2 vols. (New York: Dover Publications, 1966), 2:70. ——原注

然而，思维错误会导致严重后果；叔本华致力于跟他那个时代的德国哲学做斗争，他当然知道这一点。"每一个错误都必然带来危害，只是早晚问题，"他写道，"而且错误越大，危害也越多。那些放任个人错误的人有朝一日必将做出补偿，而且往往要付出沉重的代价。如果整个国家的国民犯了同样的错，严重后果就会大规模地出现。因此，我们不能老是嘴上说：我们无论在哪儿碰到错误，都要把它当作人类的敌人进行追捕并根除，不允许存在任何受到宽待乃至鼓励的错误。即使众人大喊大叫，思想家也应该攻击这些错误，就像面对长了毒疮的病人，外科医生需要做的是动手术。"[1]

我之所以引用这段话，是因为我先前很容易就受到斯坦尼斯瓦夫·勃佐佐夫斯基的思想影响（他本人曾对黑格尔着迷），后来又受到塔德乌什·尤利乌什·克龙尼斯基的影响。不过，缺乏常性是我的优势之一，而我心智的另一极，即我悲观的一面，最终胜出。

幻想家们把法国大革命和拿破仑时代的战争所引起的巨变看成一个预兆，以为这些巨变预示着一个美妙的全新精神纪元。他们和各种各样的乌托邦社会主义者们肯定视叔本华为异类。但叔本华也冒犯了维多利亚时代的道德伦理，因为他在文章中坦率地讨论了人类物种的动物性欲望。人们渐渐让自己接受了进化论，但叔本华是在达尔文之前宣布这一观

---

[1] Ibid., 2:68-69.——原注

点的。我从研究达尔文生平的学者那儿得知,达尔文曾经阅读过叔本华,而且大概对后者有所借鉴。叔本华用"普遍意志"[1]这个概念,涵盖了"物竞天择"和"适者生存"这两条规则。意志,这个最本真的"物自体",在生命存在中表现为不惜一切代价欲求自身的生存,以及保证本种类的延续;它在生殖冲动中表现得最为有力。意志是世界的根本要素;它盲目地我行我素,根本不顾忌无数生物的死亡。人类跟所有动物一样,被这种普遍意志控制着,正是这普遍意志给人提供了一把开启生理和心理的钥匙。

换句话说,这是一幅世界的图景,为此我们要感谢生物学。也许它不是很鼓舞人心,但有时我们必须吞下苦药。不过,如果这位出生于但泽的哲学家只是十九世纪的一个简化论者,或是一个揭掉人性假面具的人,他就不会吸引那些敏感而痛苦的灵魂,那些艺术家和宗教追寻者们。在叔本华看来,作为意志的世界是一个充满生命的痛苦与死亡的世界,我们人类每每想到这一点,就会心有戚戚,即感同身受的痛苦。因为人类不仅是意志的奴隶,而且也是头脑的奴隶,尽管头脑往往只是作为意志的一件器具发挥作用。七情六欲需要得到满足,不过,思想能把自己从欲望的压力下解放出来,也能隔着一段距离观察万物。这样看来,人生就是地狱中的一层,充满了渴望和恐惧,即由意志所引起的错觉和幻觉。

---

[1] 普遍意志,又译为"宇宙意志"。

在我们这个世纪，人们狂热地沉迷于"理解历史"的诱惑，观念和意识形态成倍增加。我一直了解这种诱惑。不过，早些时候，我拥有的是一个自然主义者的兴趣爱好，后来它变成了绝望，那是青年人对自然母亲冷酷无情的法则的绝望，她对自己孩子们的受难和夭折无动于衷。那时最合我口味的是悲观主义哲学家。我进大学的时候，校长是马里安·兹杰霍夫斯基，也许像他那样悲观的基督徒是独一无二的，他激进到否认我们这个世界有任何意义。在我的一生中，还有两个对我影响深远的人物。一个是西蒙娜·薇依，她确切发现了摩尼教纯洁派教徒的异端倾向；另一个是列夫·舍斯托夫，他反对必然性，反对二乘二等于四的公式，也反对因果律。我现在说不上来，我是何时开始阅读叔本华的。在我人生的不同阶段，他一再现身。

叔本华追求自由，同时蔑视芸芸众生，因为芸芸众生所追逐的是对他们自己的欲望的满足，就像狗追逐机械兔。他认为人类的标志是对形而上学的需要，宗教和真正的哲学一同被人类用以侍奉形而上学，而他想要从事的是哲学。在他看来，哲学是沿着一条跟各种宗教平行的道路在前行。他欣赏那些不抱幻想地看待世界的宗教，它们把世界理解成一个泪谷。他不喜欢古希腊罗马的异教信仰，因为它本质上是乐观的。《旧约》只有作为一个讲述人类始祖的堕落和原罪的故事，才值得我们探究。基督教吸收了那个故事，而基督教真正的核心是对物质世界的堕落的认识。他可能不会喜欢二十世纪的基督徒对古代欧洲异教世界的奉承，也不会喜欢他们"从不藐视物质世界"的声明。存在就是受罪，就是对所有生命——不仅是对受苦受难的人类——的同情。在佛教中，这种意识更加强烈。所以叔本华被佛教所吸引——尽管他说，他发现佛教时已经太晚；那时他已经形成了自己的思想体系。

我想，他对世人影响最大的一个观点是通过艺术取得自由。他关注艺术天才的问题，天才往往反抗意志，因为意志想要他臣服："根据我们对天才的本质的描述，天才是反自然的，因为天才包含在才智当中，而才智注定服务于意志，同时将自己从中解放出来，以便自行发挥作用。由此可知，天才是一种才智，这种才智已经不再忠于自身的定命……"[1]

这也是所有孩童都聪明的原因所在："因为才智和头脑是一体的，正如生殖系统跟最热烈的欲望是一体的。因此，我把生殖系统叫作意志的焦点。只因为生殖系统那可怕的活力仍然处于沉睡状态，而头脑的运行已经极为活跃，所以孩提时代充满了天真和幸福。那是人生的天国、失去的伊甸园，在整个余下的人生中，我们会充满渴望地回顾它。"[2]

叔本华最吸引艺术家们的可能是这样一个信念，即思想通过把自身从意志的束缚中解脱出来，能够获取客观的见解。西蒙娜·薇依说"距离是美之灵魂"，讲的是同样的道理。叔本华举了十七世纪荷兰绘画的例子。那么密茨凯维奇的史诗

---

1 *The World as Will and Representation*, 2:386. ——原注
2 Ibid., 2:394. ——原注

《塔杜施先生》情形如何呢？密茨凯维奇被转移到了那样一个维度：奋斗、激情和恐惧都不再导致苦难，因为它们都属于过去。一个微笑就使他甘心接受了索普利科沃的世界[1]，那个世界是真实的，因为它已不复存在。

SIERRAVILLE（塞拉维尔）。几乎没有人去过，因为那儿没什么可看的。内华达山脉的群峰之下是一片平坦的草原，草原上有十来座木屋，对这些木屋来说，甚至连这个小镇的名称都显得太大。有一回，我问一个正忙着修补他家周围篱笆墙的矮个子男人，他来自什么地方。他回答说，他父母就搬到这里了。但他们又来自哪里？他指指东方，又指指群山，说："那边。"

那个小村落是由嬉皮士们发现的；那儿有一家小书店，我把其中的东西看作六十年代的遗物，还买过一本关于永生教派的书。我从那本书中得知：科学能把人从死亡恐惧中解救出来，因为它能确保人不死。因此，宗教和艺术终将消亡，因为它们都来自同一种对死亡的恐惧。从现在起，教友们的尸体应该冷冻起来，在这种冰冻状态里等待，直到有朝一日科学完备了，那些掌握更加先进的知识的人会让他们复活。这使我想起俄国人费德罗夫，他是十九世纪的一个科学崇拜者，曾宣称科学即将战胜死亡。到那时，人类有义务复活所

---

[1] 《塔杜施先生》的故事发生在索普利查家族的田庄，位于索普利科沃村，属于俄占区。

有的祖先。由于世界将显得太小，也许我们得让复活的人们散居到整个宇宙。

塞拉维尔是我和卡罗尔曾经冒过险的地方之一。那次不巧我们的车抛锚了，我们不知道该如何离开那儿。这时，我们在一家商店里碰到一个人，从外表上判断，毫无疑问他是个嬉皮士，他以最友好的方式邀请我们到他所在的"公社"去。那个公社离我们所在的地方有两三英里路。不管车子的引擎出了什么问题，如果我们慢慢开，就能把车开到那儿。在那儿，车子会得到修理。

我们发现自己置身于一个君子国。没有一个人匆匆忙忙，没有一个人抬高嗓门说话。他们生活在山腰上的丛林中，那儿有温泉水引入石头做的容器和浴盆。他们男女共浴，一丝不挂。甚至当他们在房子周围转悠，或坐在桌边吃饭时，大多数人也是赤身裸体，或者只用一小块布遮着。没有人强迫别人做任何事。在他们帮我们修车时，我们也去洗澡；我们没有脱光衣服，他们对此也表示接受，也认为挺自然。从他们相处的方式来看，从他们跟我们打交道的举止来看，他们似乎极为宽容而且悠闲。时间长了，又会如何呢？对此我们只能加以猜测。不过，在他们那个小社会里，不论男女，没有人装腔作势或疾言厉色，试图把自己的意志强加给别人。这一点使我顿悟到，这样的社会是值得艳羡的——它跟贡布罗维奇式的戏剧恰成对照。

他们修好了我们的车，不要任何报酬。

SŁAWIŃSKA, Irena（伊莱娜·斯瓦维尼斯卡）。她是维尔诺本地人，是我在斯特凡·巴托雷大学[1]的校友。我俩不在一个系，她学的是波兰和罗曼语文学，而我学的是法律。不过，我们都是学校文学创作社的成员（那时候，其他大学显然还没有类似这样的团体），因此我俩都是曼弗雷德·克里德尔教授的学生，这位教授是文学社的导师。那时，我无论如何也想不到，某一天，在一个远离维尔诺的地方（因为这事发生在美国），克里德尔的命运会与我的相交。在波兰文学系，我只待了两三个星期就离开了。今天，我能够客观地看到我那样做的一些站得住脚的理由：除了克里德尔，系里再没有让我感兴趣的教授。

我跟伊莱娜之间只有工作关系，从未走得更近，而且在维尔诺，我们从未有过任何深刻的交谈。来自奥泽什科娃文理中学的学生们，我跟另一些更为熟悉。如果我没记错的话，伊莱娜毕业于国立伊莱扎·奥泽什科娃文理中学。

如今想起年轻时的斯瓦维尼斯卡，我觉得她跟我们学校许多同学的家庭背景都不一样，显得鹤立鸡群。那时学生们的家庭情况相对固定。在其他大学，学生或许主要来自市民阶层；而在维尔诺，大多数学生显然来自或大或小的庄园主家庭，或者穷乡僻壤的没落贵族，是这些家族来到维尔诺的

---

[1] 斯特凡·巴托雷大学，即维尔诺大学，校史可追溯至1579年波兰国王和立陶宛大公斯特凡·巴托雷创办的耶稣会学院。

第一代或第二代。来自其他背景的学生所占比例很小，农家子弟则几近于零。这种概括不适用于犹太学生，因为他们来自商贩家庭，而且往往非常贫穷。这种情形反映了乡村的裙带关系，战争期间，这种关系显得尤为有用。特奥尔多·布日尼茨基是我们"原创写作组"的同学，他曾在苏维埃《维尔诺真理报》上发表宣传诗，从而遭受了维尔诺舆论的审判，在德军占领波兰期间，他就住在沙乌莱的亲戚家。战争年间，斯瓦维尼斯卡也跟她姑姑一起，在萨莫吉提亚住过一段时间。战后我曾听她讲过这段经历，发现在欧洲某些地方，时间仿佛还凝固在过去。这位来自维尔诺的年轻女士一下子就迷住了当地的一位乡绅，那乡绅立即开始追求她。但是，由于他并不是真正的贵族，只是没落的小地主而已，而且对自己的地位没有自知之明，伊莱娜的姑姑感到很恼火，命令仆人们只给他喝清汤，还在他车上放了个南瓜。由此可见，在萨莫吉提亚，这个十七世纪的斥退求婚者的风俗依然存在，尽管那时的战争如末日般惨烈。

那位乡绅很有眼光，因为这位维尔诺的博士生是个俊美的姑娘，一头亚麻色的头发，还很健壮，应该是一把干农活的好手。但另一方面，伊莱娜对体育的嗜好恐怕于他无用；她利用维利亚河和附近的湖泊，把自己训练成了一个游泳高手——在陈述她的一系列成就时，我们不应该忽视这一事实。她在其他方面的成就使她穿上了教授服，戴上了教授帽。作为文学学者，她专门研究波兰和法国的戏剧以及齐普里安·

诺维特的作品。直到战后，1948年，她才在托伦大学就她的博士论文《"青年波兰派"时期的戏剧类型》进行答辩，获得了博士学位。

对于雅尔塔会议之后的波兰文化和政治，维尔诺是有所贡献的，对此感兴趣的历史学家应该会注意到斯瓦维尼斯卡（毫无疑问会是这样）。众所周知，在亨利克·丹比尼斯基领导下，维尔诺的大学校园里当时出现了一场左翼政治运动，这一运动与"灾祸派"有关联，还曾一度赢得基督教兄弟会的选举；后来，它进一步左转，出版了《不拘礼节》和《在一起》(Razem)两种杂志。1945年以后，幸存者们抱成团，成立了一个很有影响的非正式组织"维尔诺集团"。斯特凡·巴托雷大学还有一个天主教组织"再生派"，那是亨利克·丹比尼斯基创建的。事实上，在他早期的一些政治斗争中，他起码可以依赖某些"再生派"成员，因为那些人不认同"国家意识形态"。不过，当他宣称支持共产主义革命时，他们并没有追随他。我认为下面这些人跟"再生派"有关：斯坦尼斯瓦夫·斯托马、伊莱娜·斯瓦维尼斯卡、安托尼·戈乌别夫及其妻子，以及切斯瓦夫·兹戈热尔斯基。1945年以后，这些名字经常出现在《天下周刊》杂志上，而斯托马更是这家周刊的主笔。毫无疑问，在这方面的努力中，维尔诺文理中学毕业生的参与显得尤为重要。先是在托伦大学，继而在卢布林天主教大学，斯瓦维尼斯卡在学术研究和教学工作方面始终完美地抵制着来自政府的种种诱惑。我很高兴看到这一点，毕竟我自己也绝不是一个乐于改头换面的人。我还必须诚实地补充：我跟她的思维方式总是不一致，我挺喜欢拿她的几本著作跟她较劲。

她在卢布林大学找到了适合自己发展的位置和空间，我为她感到高兴。在波兰人民共和国时期，我俩也没有完全失去联系。1956年之后，政府允许公民出境旅行；我想，我俩在巴黎见面的时间最有可能是在1958年。伊莱娜也曾去美国旅行过一回，伯克利分校的斯拉夫语言文学系是款待她的诸多东道主之一。她传达了一些有关当代波兰文学的信息，可能正因为此，伯克利分校邀我来校任教。她戏剧方面的著作显示出对法国作家的兴趣，这可以解释她何以要待在巴黎。卢布林天主教大学的教授们常常利用天主教使徒协会神父们的善意。她住在叙尔库夫路的一所房子里，那是对话出版社（Éditions du Dialogue）的总部。我曾与约瑟夫·萨奇科神父紧密合作翻译《圣经》，也曾跟该出版社的灵感发动机（spiritus movens）妲努塔·舒木斯卡有过密切的协作（她是卢布林天主教大学毕业的）。我说这些的意思是，七十年代，每当我从美国去巴黎，我在叙尔库夫路都感到非常自在。与伊莱娜坐在同一张桌子边，回忆我们在维尔诺的时光，感觉很甜蜜。

卢布林天主教大学的人文学院曾提名授予我荣誉博士学位，1980年，校方批准了人文学院的决定。我认为促成此事的主要是伊莱娜·斯瓦维尼斯卡。这个荣誉部分归因于我的文学成就，但在相当程度上也应归因于维尔诺人的团结。不管怎么说吧，1981年6月，学校搞了个盛大的仪式，一大帮学生来参加，莱赫·瓦文萨也来了。伊莱娜款待了我，她看上去神采奕奕。

我在那里了解到USB一些老校友后来的情况。（USB是斯特凡·巴托雷大学的简称，对于年轻一代来说已经毫无意义。）我在我们相当惬意的"波兰人俱乐部"跟伊莱娜见面，总是从威尔卡大街上那个门进去（如今维尔诺大学的波兰文学系简直就像设在那里一样）。文学系的人见面时，其他人也会挤进来——特奥尔多·布耶尼茨基，被搞地下运动的狂热少年枪杀；卡齐米日·哈拉布尔达，死于苏联的一个劳改营；兹比格涅夫·弗勒耶夫斯基，后来在瑞典和加拿大当文学教授；耶日·普特拉门特，不过我想他可能是后来加入的，我曾在《灾祸派》上抨击过他，说他起初写的一些中篇小说具有形式主义倾向。还有其他几位同学已经消失得无影无踪，他们中包括与我同班的皮奥耶维绰夫娜小姐，她骄傲于自己的美貌，比起功课她更关心如何吸引众人的目光。她的名字，一直留存在我关于彼时彼处的记忆之中。还有其他一些人的名字，比如切朴尔科夫斯基、卡查诺夫斯卡夫人以及扎伯科-波托波维奇先生。

伊莱娜具有强烈的个人主义倾向，在我们这伙人中鹤立鸡群；她证实了我们对她的期望，因为，要知道，她并没有把她对创作的理解局限于诗歌和所谓艺术散文。作为一个对她心怀感激的同行，我就她的生平以及大学时期的某些经历，略尽绵薄，写下这些文字。

SŁAWONIEWSKI AND SŁYCZKO（斯瓦沃聂夫斯基和斯威切科）。斯瓦沃聂夫斯基身高超过六英尺，很魁梧，不过他的身材并不像运动员——更像一根晃动的树干。斯威切科站在他身边，显得非常矮小，鼻子很尖，脖子很细，还长着一双蝙蝠耳朵。早在战前，他俩就是分不开的好朋友。我之所以认识他们，是因为他们（也可能只是斯瓦沃聂夫斯基？）曾在维尔诺波兰电台的技术部门工作。在德军占领期间，他们就在维尔诺创建了"斯瓦沃聂夫斯基和斯威切科"公司，专门给德军提供补给。但是，据说他们的产品（一种防冻霜）出了问题，惹恼了德国人，于是德国人把他们抓起来枪毙了。至少我听到的是这样一个故事；当时我不在维尔诺。任何回忆录都不太可能提到那家公司，所以我要在此把他们的名字写出来。

SOLSKI, Wacław（瓦茨瓦夫·索尔斯基）。记得这个名字的人并不多，更不要说记得这个人了。我是在纽约时认识的他。他活了很久，一直在纽约过着一种流亡者的生活，顽固地坚持用波兰语写作并发表小说和回忆录。至于他的东西由谁出版，我说不上来。如果说他也属于某个移民圈子，那肯定是最没希望的一个群体，人们都不愿意谈及的那一种。

索尔斯基（真名帕尼斯基）是罗兹省人，上过那儿的文理中学。1917年，他在华沙通过毕业考试。在那之前，他就被社会主义理想所吸引，并加入了波兰和立陶宛的社会民主党。后来，苏联政权刚建立时，他曾在边界那一边[1]工作，在第一工人苏维埃时期的明斯克，编辑波兰语的共产主义期刊。1920年，紧随红军之后，列宁指派的三人小组（杰热尼斯基、马赫莱夫斯基和科恩）向西来到波兰，领导未来的波兰苏维埃共和国政府。那时，索尔斯基还在那边。当波兰赢得那场战争时，他曾以苏联代表团翻译的身份，参加苏波双方在里加的和谈。二十年代后期，由于懂西方语言，他曾服务于苏联驻法国大使馆，担任新闻官。他在回忆录中写到了法国记者，说他们过去习惯于向沙皇政权的大使馆索要酬报。当他们向新生政权伸手索贿时，他们什么也没得到，因为索尔斯基严格奉行革命者的清廉操守。那种政治上的天真——如果我们可以这么称呼它的话——对于他融入新政体并非好兆头，很快他就跟共产主义闹翻了。从1928年开始，他辗转于德国、法国、英国，最后，在1945年之后，定居于美国。

索尔斯基身材魁梧，蓄着乌黑的山羊胡，热切但沉着。在纽约，他是一部关于二十世纪二十年代世界大事件的百科全书。即便在一个充满了像他那样的漂流者的城市里，他通晓多国语言的才能也很出众。他不仅用波兰语，还用俄语、

---

[1] 指苏联。

德语、法语和英语写作。每次跟他聊天，都能学到很多东西。他的书我只读了很少一部分，所以不便在此做出评价，但它们作为世纪编年史，作为人类不同命运奇怪交叠的证据，值得关注。他力求行文清晰简洁。

索尔斯基的独特，在于他幸存了下来，而之所以幸存，只是因为他很早就移民到了西方。别的像他那样的人都死在了古拉格，尤其是那些说波兰语并为波兰语报纸写东西的人。毕竟，在三十年代，仅仅会说波兰语就足以成为被捕的理由。

我有一种感觉：由于认识索尔斯基，我碰上了一个复杂的、由一些完全没被研究过的问题所组成的庞然大物，这些问题都跟两次大战之间这二十年中波兰的兴起有关——更准确地说，跟那些为了宏大而普遍的理想而与毕苏斯基的波兰对着干的、表明自己另有所志的人有关。

SONOMA（索诺马镇）。我一直想去那儿，去参观索诺马传教团的遗址，它作为一个博物馆被保护了起来；此外，这个小镇还曾是墨西哥统治时期加利福尼亚的首府。那是一片矮丘起伏的土地，在夏天几乎像是被漂白了似的，上面生长着黑色的橡树林。我在伯克利的这些年里，它渐渐发生了变化。起初只是出现了一些牧场和大量的马匹，然后这儿那儿开出了葡萄园，最后是许许多多的葡萄园连成一片。因此，在葡萄酒的种类和品牌上，索诺马山谷开始跟邻近的纳帕酒谷竞争并且不落下风。

离索诺马不远，就是格伦阿林小镇。早在六十年代，那个镇子上的主要公共场所就是一个酒吧，四壁挂满了"一战"期间的各种纪念品。杰克·伦敦过去常常光顾这个酒吧。他喜欢这个地方，喜欢骑着马在周围转悠。他还在镇子上建造了一所外墙涂饰着灰泥的大房子，作为自己的永久居所。那时候他已经很有钱，而且重度酗酒。房子还没有建完，就被焚毁了。今天，它已得到了重建，成为杰克·伦敦纪念馆和旅游景点。不过，那个酒吧早已不存在，它也是被焚毁的。

杰克·伦敦是我少年时代喜爱的作家。巧的是，命运把我带到了旧金山海湾，这里有些地方依然保存着他的传奇。在如诗如画的杰克·伦敦广场，在奥克兰码头周围，以及在他的故乡格伦阿林小镇上的纪念馆。

在俄国，杰克·伦敦成了美国神话的一部分，十月革命以后，由于他的社会主义观念，他的作品被广泛翻译。在二十年代的波兰，我还在上学，他的许多书都出了便宜的平装本。毫无疑问，他那达尔文式的现实主义在我年轻的头脑中留下了印象。稍微长大一点后，我发现他有一本小说尤其感人，那就是《马丁·伊登》。作品写的是旧金山一个刚刚起步的作家，忍饥挨饿，把自己的小说寄给编辑，但没有任何幸运的回音，而且他还爱上了不可企及的百万富翁的女儿。突然间他名利双收。不过，那时他发现自己一心一意爱着的是一个白痴。某天晚上，他从一艘汽船上跳入大海，自溺身亡。非常浪漫，就像是博莱斯瓦夫·普鲁斯的《玩偶》中的沃库尔斯基和伊莎贝拉·温茨卡。不过，我记得最清楚的，是作者把斯温伯恩[1]的一首诗用作了小说的题词，那是威廉·霍尔日查翻译的。

SOSNOWSKA, Halina（哈里娜·索斯诺夫斯卡）。她曾是我在华沙波兰电台的上司。如果由我给她写传记，肯定是一曲对那一代波兰人的赞歌，同时也是一曲挽歌——那是把波兰从四分五裂状态中解救出来并使之独立的一代——还是一份辩护词，我会针对未来可能进行的历史审判，为他们进行辩护。

哈里娜·热莱霍夫斯卡小姐毫无疑问来自一个贵族家庭。她出生于1894年，这意味着她早年赶上了一些历史大事件。"一战"期间，她曾在奥伦堡的救助战争受难者委员会工作；1917年至1918年期间，她在维尔诺地区从事教育工作；1918年，她是保卫利沃夫委员会会员；1920年，她在波兰红十字会服务；然后，她进入华沙大学哲学系，获硕士学位，嗣后又到巴黎索邦大学读研究生。在浏览她的个人资料时，我弄不懂她何以挂上了这个姓氏，因为她的前夫是来自诺沃格罗德克附近纳查庄园的齐格蒙特·查诺茨基。所以她可能是离了婚（怎么离的？），又嫁给了第二任丈夫兹比格涅夫·索斯

---

[1] 阿尔加侬·查尔斯·斯温伯恩（Algernon Charles Swinburne，1837—1909），英国维多利亚时代诗人、剧作家、文学评论家。

诺夫斯基，一位鱼类学家。

今天当我写她的时候，我注意到了她生命中的另一些方面，跟我认识她时不一样。那时她狂热地崇拜毕苏斯基，是萨纳希（Sanacja）组织（由一些民主自由人士组成）核心圈的成员，这一切使我感到非常惊讶。直到后来我才明白，那时她是多么无望。尽管她很少跟别人交流私密问题，但我们还是可以从她那些有限的交流中推断出这一点。以她的本性而言，她不承认自己是个悲观主义者。今天，索斯诺夫斯卡给我的印象是，她是那些具有贵族背景的知识分子群体的代表人物；我们很难说这些人到底有多少。索斯诺夫斯卡是尤利安·斯达亥维奇将军的外甥女。像许多高级军官一样，斯达亥维奇的根也在泽特，这意味着他们的政治倾向与国家党相左，赞同毕苏斯基，而且这一点在他的军团中表现得非常明显。"二战"期间曾指挥地下军队的格罗特–罗维耶茨基[1]将军与贺路西艾尔[2]将军也都是泽特人。总之，我们可以说，索斯诺夫斯卡就来自这样一个背景，代表着这样一批知识分子——他们的发言人是小说家斯特凡·热罗姆斯基；他们都属于爱国联盟，1914年拿起武器，跟随毕苏斯基建立了独立的波兰，并且取得了1920年那场战争的胜利。他们也参与了

---

[1] 斯特凡·格罗特–罗维耶茨基（Stefan Grot-Rowiecki，1895—1944），波兰将军、记者、波兰家乡军领袖。
[2] 安托尼·贺路西艾尔（Antoni Chruściel，1895—1960），波兰将领、波兰家乡军参谋长，1944年华沙武装起义实际上的总司令。

"军政府"和1939年至1945年间的地下政权的活动。1944年的华沙起义是这批知识分子的最后一次行动，也是他们的最后一次失败。我在此尽量不作评价，只是述其大概。

索斯诺夫斯卡完成学业以后，成了一名记者。1928年，她得到进入波兰国会的"入场券"，新闻生涯暂时中断。她被任命为国会副元帅H.格利威茨的秘书。格利威茨代表的是与政府合作的无党派集团，他是波兰共济会组织中的大人物。热罗姆斯基、"玻璃房"[1]梦想、民主、宽容——波兰共济会无所不适。

从1930年开始，索斯诺夫斯卡在波兰电台工作，先是节目制作委员会的负责人，随后很快就升入决策层。1935年，她荣获了金十字服务勋章。1936年，当我的命运开始依赖于她的时候，她已经是波兰电台的副台长了，实际上就是台长——因为台长彼得（皮艾索）·格莱茨基是毕苏斯基的老战友，他自己都认为他的职位基本上是挂名的。

电台上下都惧怕索斯诺夫斯卡，都不喜欢她——因为她精力充沛，对下属有各种各样的要求，还因为她的政治观点。泽农·考西多夫斯基是电台管理人员之一；我曾在某处偶然听到他对索斯诺夫斯卡的描述："非常敬业，但不老练，在节

---

[1] "玻璃房"（szklane domy），出自斯特凡·热罗姆斯基的小说《早春》（*Przedwiośnie*），代表不切实际的空想和憧憬。主人公塞扎里·巴雷卡在巴库长大，各族人和平共处的生活被革命、仇恨和破坏粉碎之后，失去双亲的巴雷卡向往着波兰，因为父母曾告诉他那儿有一个公平、美丽，到处盖着"玻璃房"的国家，但他到达波兰之后幻想即破灭了。

目部招人烦。她没法跟人找到共同语言,她自负、能干,对自己的才能了如指掌。"

"节目部"是主管节目的部门,因为事实上她主要负责的就是节目制作。她跟节目制作人员冲突起来就像猫狗打架;在我被迫离开维尔诺波兰语电台后不久,她就创建了由她自己执掌的节目策划部。在东布罗夫斯基广场的几间办公室里,我们这些人坐在各自的办公桌旁:亚当·什帕克,他负责音乐节目(后来在华沙遇害);约瑟夫·切霍维奇,他负责儿童文学节目(后来在卢布林被炸死);舒尔茨,他负责文学(死于奥斯维辛集中营);温杰维奇,他负责科学节目(后来成为"问题"栏目的编辑);乌罗达杰维奇佐娃,我想,她负责的是教育和体育节目(后来在纽约去世);还有我,名义上负责文学,实际上什么都干,因为那个女人虽然"招人烦,而且没法跟人找到共同语言",但跟我却完全能相互理解,连她的傲慢都能跟我的性情吻合。工作人员经常要开会,我在会上表现出色,于是很快就被同事们认为是她的心腹,但本部门之外的人对此却不大认可。我应该补充一点:她像运动员一样苗条,奥林匹亚天后般的美丽增添了她的魅力。她使唤起我来没有同情心可言,要我每个月对全波兰所有地方电台的节目制作做一番评论。这差使对我来说犹如噩梦,难道别人不能做吗?

索斯诺夫斯卡曾卷入电台内部的一场政治斗争,在这一事件中,我是她的同盟。那时,斯特凡·热罗姆斯基对未来的憧憬还没有消逝（在大多数邻国也是如此），所谓的国家统一阵营（OZON）却又迫切地想要根除民主，引进一种类似于民族民粹主义的东西；换句话说，由国家造就的老派知识分子界似乎在努力维持其路线，但最终放弃了，屈服于来自下层的、古老的斯拉夫民族的压力。有一阵子，在我们这儿，反犹宣传接连不断；而在我们的近邻——希特勒统治下的德国，同样的宣传搞得如火如荼。尽管当时华沙人说，民族激进阵营的领导们，甚至博莱斯瓦夫·皮阿塞茨基本人，都经常到德国去，但是今天，我们需要追问这些事情之间的关联。在节目制作中，那种压力的表现是：他们要求我们增加爱国主义这种调味品的剂量，并宣传驱除犹太人。波兰电台的领导层没有能力反抗这种要求，因此，像雅努什·考尔查克的节目《老医生闲谈》就被取消了。一种直觉使我想到：波兰的局势已无可救药。对我这样的左派私议，索斯诺夫斯卡倒并没有闭目塞听。她似乎也处于类似的绝望心态。她唯一能够做的是拖延节目播出的时间。当社会学家亚历山大·赫兹由于犹太人身份而被禁止在电台上讲话时，她至少还让他以"节目监查员"的身份领一份薪金。监查员可以在家里听收音机，然后写一些评审报告。在维尔诺，耶日·普特拉门特就是这样的一位监查员。当电台因为他是共产党员而想要解雇他时，索斯诺夫斯卡成功地保护了他。

一种致命的危险，既来自西方也来自东方，而夹在中间的是意识形态的崩溃——自由、平等、博爱的信仰能提供什么样的支持呢？热罗姆斯基的《早春》出版于1925年，到那时还不到十五年，他在书中所描写的一切都没什么变化，只有希望消失了。我在此必须做一点修正：当时只有少数人是这么想的，因为还在学校里的那一代人没有任何想法，而且后来都在战争期间死掉了。只有在犹太人中间，我们才能看到类似的对于灾难的心理预期。说到底，像国柏神父[1]的《小日报》这样的刊物，将犹太人、共产党员、共济会会员三者视为一体，这样做必有其后果。

瓦勒里·斯瓦威克是毕苏斯基最亲密的追随者之一。他属于波兰社会党的战斗队伍，曾参加在维尔诺附近贝日达尼的袭击火车行动。五月政变[2]后，毕苏斯基委托他组建联合政府中的无党派集团。据亚历山德拉·皮乌苏斯卡回忆，她丈夫有意让斯瓦威克成为下一届波兰总统。索斯诺夫斯卡知道斯瓦威克的分量。她把他看成是一个双手洁净、一尘不染的人，他的人生只有一个目标——爱国理想。1939年，他的自杀让索斯诺夫斯卡震惊不已。

1939年9月，波兰电台被疏散到罗马尼亚，只有极少数人留守华沙，索斯诺夫斯卡就是其中之一。她和她丈夫住在位于费尔特罗瓦大街他们自己的家里。他们经营"家常菜"，

---

[1] 国柏神父，即马希连·国柏（Maximilian Kolbe，1894—1941），波兰籍天主教方济各会修士、天主教殉道圣人，1941年死于奥斯维辛集中营。国柏创办的《小日报》(Mały Dziennik)，发行量一度达到二十万份。
[2] 1926年5月，毕苏斯基发动军事政变，推翻合法政府，成为军事独裁者（1926—1935），并在政府和军队中清洗异己，修改宪法，史称"波兰五月政变"。

这算是一笔公开的收入。但实际上，夫妻俩深入地参与了密谋活动，他们的家庭餐馆是个方便的前哨，因为搞地下工作的领导们经常在那儿碰头。我曾去费尔特罗瓦大街拜访过索斯诺夫斯卡，但当时并不知道她属于什么组织。我听说了她在战后的命运。她在1947年被逮捕，并受到了审判。对此我没有确切的消息，正如与波兰人民共和国真实历史有关的一切都模模糊糊。有人说她被判了终身监禁。据我所知，她在监狱里待了十二年；现在又有跟她关系密切的人证明，由于特赦，她似乎在监狱里待了七年就出来了；她在1959年之前得到释放，这一点是确定的。我在国外听说，她在监狱里表现得很有英雄气概，而且对难友给予了道义上的帮助。她的朋友们向我告急，说她是生着病出狱的，需要治疗。我想我是想办法给她寄了些药。她把出狱后的女犯们的事当成了自己的事业，成立了一个合作社，让她们得到工作。在狱中以及在后来的岁月里，她的所感所思永远不会有人知道。但是，我了解她。我相信她坚强的意志，这意志不会被任何磨难所摧垮。她死于1973年。

由于跟她共事，我才到电台工作，也许我不仅仅是因为害怕失去一份稳定的收入才待在那个电台。她领导的部门及其"游击战"造成了某种包围圈，因此我既没有时间也没有余力去参与所谓华沙文学界的活动。更加糟糕的是，我很快就得到了晋升，而且薪水也提高了。我感觉自己掉进了陷阱。只有在梦里，我才能得到把自己奉献给写作的那份自由。为了准确起见，我必须补充一点，即波兰电台的文学部是另一回事。它的办公地点位于齐尔纳大街。维托尔德·霍莱维奇[1]、扬·帕兰多夫斯基以及后来的博莱斯瓦夫·米钦斯基都在那儿办公。我在维尔诺的同事安托尼·波赫杰维奇和塔德乌什·别尔斯基[2]都是广播剧导演。

索斯诺夫斯卡是一个了不起的人。在我青年时代，我不喜欢纪念碑。现在我相信，纪念碑是必要的，因为除此之外，还能如何表达我们对某些人的敬意呢？——他们是道义和意志的典范，指引我们一心向善。如果索斯诺夫斯卡的纪念碑能矗立在华沙的费尔特罗瓦大街或东布罗夫斯基广场，我将感到欣喜。

SPERBER, Manès（马内斯·施佩贝尔）。对施佩贝尔的生平做一些文献研究是件容易的事，但我宁愿任由自己在其中加入一些想象。首先，比如说，有一个小酒馆，位于波库切的某个地方。酒馆里有一个老板娘，精力充沛，工作卖力，这样她的丈夫就可以一心只读圣贤书，并与造物主对话。还有一群孩子，其中一个叫马内斯，他在当地的犹太教小学（cheder）受过严格而虔诚的教育。这还没完，因为此后他还将上文理中学，还将去维也纳读心理学，尔后很快他就跟他

---

1 另见本书 HULEWICZ 一节。
2 另见本书 BYRSKI 一节。

祖先的信仰分道扬镳了。什么东西能代替他的信仰？什么东西会给予他热情？这同样的热情曾激励他的父亲和祖父，为救世主的到来而向上帝祈祷。毫无疑问，那是马克思主义。马内斯（亲近的朋友们叫他穆尼奥）是在德国魏玛和柏林的大学里开始他的科学生涯的，同时他积极参加共产党的活动。希特勒上台后，穆尼奥跟随许多德国移民迁居到了巴黎，并受聘于维利·明岑贝格领导的宣传机器。穆尼奥是由德国文化造就的，所以没能很快适应法国文化。他后半辈子一直用德语写作。在人生的转折关头，他有点像阿瑟·库斯勒，但他俩的背景不同。库斯勒是布达佩斯知识分子的后裔，没有接受过任何宗教教育，在两种世俗信仰中，库斯勒一开始选择的是犹太复国主义，只是到后来才转而信仰共产主义。穆尼奥曾花费很长时间研究马恩的著作，是个狂热的马克思主义者。不过，跟库斯勒相比，他更像一个犹太人，一个来自另一个世界的犹太人，一个来自大屠杀之地的犹太人。那是他最人性也最富悲剧性的方面。

我无法猜想，在马内斯成为一个坚定的反马克思主义者之前，他曾经历过什么样的人生历程；不管怎么说，当我在巴黎结识他的时候，他是当时西欧有限的几个有勇气的作家之一，敢于把他们对苏联的真实想法告诉所有人。他是耶日·杰得罗依茨和约瑟夫·恰普斯基的好友，完全知道《文化》杂志需要什么样的文章。当然，他比库斯勒显得更加自我，比如，在他对我们这部分欧洲的描绘中，充满了有关场所、风景以及错综复杂的社会的细节,而不是抽象概括。不过,他的学识可能超过了他的写作才华,因为作为一个小说家,他从未达到过完美。现在,我想,在他和尤利安·斯特里耶科夫斯基[1]之间,人们可以发现许多相似之处。作为伽尔曼·勒维(Calman Lévy)出版社的文学主管之一,他有一次给了我一本波兰语版的斯特里耶科夫斯基的《黑暗中的声音》,让我写评论。我支持他想出法语译本的想法,于是他真的出了。这是一个关于已经消失了的加利西亚犹太人小镇的故事,马内斯和他的整个过去都属于那儿。我还评论了其他几本书——现在已记不清是哪几本了——尽管出版社付给我的报酬微乎其微。

尽管马内斯的仪态举止看起来颇为严厉,但实际上他很热情、很友好,而且随时会帮助朋友。

像他那样的人理应被记住,因为各种政治势力都曾故意找他们的茬。在"二战"以前,罗马尼亚作家帕纳伊特·伊斯特拉蒂曾是有组织攻击的目标,因为他在苏联待了一段时间之后,写的东西中没有对苏联的阿谀。然后是安德烈·纪德,因为他的文字带着怀疑色彩。还有维克托·泽格,此人定居于墨西哥,不太知名。另有古斯塔夫·瑞格勒,也不太知名。战后只有库斯勒的《正午的黑暗》变得广为人知。乔治·奥威尔遭到了出版商的拒绝,费了九牛二虎之力,才得

---

[1] 尤利安·斯特里耶科夫斯基(Julian Stryjkowski,1905—1996),波兰记者、作家,以其激进的左翼倾向的社会散文著称。

以出版他的《动物庄园》和《一九八四》——尽管后者在作者死后变得名闻遐迩。直到八十年代，还有人无视事实真相，坚持说《一九八四》不是对斯大林领导下的苏联的嘲讽，企图削弱作品的锋芒。谁要讲述在古拉格的经历，谁就会遭受谴责，正如《另一个世界》的作者古斯塔夫·赫尔林-格路兹尼斯基[1]后来所了解的那样。约瑟夫·恰普斯基的《非人性的土地》一书，只有少数几个人知道。所有这些作者都有一个令人心碎的特点，那就是一心想说出，或者说，一心想喊出事实真相，尽管西方舆论闭目塞听。他们的难友依然关在集中营里，依然不能发出自己的声音。他们感到自己对难友们负有道义上的责任，他们的举动往往就是这种责任感的体现。

当历史学家们着手研究二十世纪时，他们所要处理的是一个庞大的课题。到那时，那些即便在今天已被世人遗忘的人物将获得越来越高的声望。值得我们记起的是，想要作证这一欲望本身就带着牺牲的意味。一个严肃的作家注视着未来，而且对那些不涉及当前现实的题材会相当挑剔。不过，恰好发生了这样的情况：看到人类受辱受难的样子，他们中的有些人愤怒不已，从而越过了那道障碍，宁愿承受自己的失败。结果证明，他们触及了那些比当下的现实更加重要的问题。

---

[1] 古斯塔夫·赫尔林-格路兹尼斯基（Gustaw Herling-Grudziński, 1919—2000），波兰作家、记者、"二战"期间地下抵抗者，共产主义波兰时期流亡国外。《另一个世界》讲述在古拉格劳改的亲身经历，1951年在伦敦出版。

STABIŃSKA-PRZYBYTKO, Maria（玛丽亚·斯达比尼斯卡-普日比特科）。我的波兰语老师。此时此刻，对我来说，那时上课的情景依然真实可感，比我后来所经历的许多情景更加真实，虽然我非常强烈地感觉到，那个小男孩与现在的我之间的一致性无法证明。

我的波兰语作文总是写不好，这让她很失望，因为我在辩论时便光彩夺目。不过，她还是给我的作文打了个"C"，并写了个批注"电报体"。确实只够"C"。我写得不轻松，我也没能从笔在纸上的运动中感觉到快乐。对我来说，尽可能简短地把我知道的密茨凯维奇和斯沃瓦茨基的情况说出来，就行了。那不是她对我的期望，但我没能彻底了解她对我的期望到底是什么。

有一天，我突然开窍了。我对是否可以公开这个发现犹豫不决，它说不定会令人丧失斗志，但对潜在利益的考虑还是占了上风：也许我的某个同学由于我透露的这个秘密，会得到更高的分数。

我明白了，他们并不是要求我怎么想就怎么写。我得把自己彻底变成一个学生，做学生应该做的事——把连篇空话说得天花乱坠。正在写作的不是我，而是他，一个学生。由于该负责的是他，而不是我，我没有理由努力写得准确，说得真诚。换句话说，我接受了这样的观念：作文只是一种修辞练习。从那以后，一切都变得很好。我写出了既规范又华丽的句子，笔的迅速移动也给我带来了快乐。斯达比尼斯卡给我打了"A"。

因此，我不需要去了解关于人物角色的文学理论，因为作品中的人物跟作品的主题并不是一回事。我已是有经验的人。我渐渐明白：最困难的问题是把自己分成两半——我也不能排除第三者的存在。我是第一种存在，那个正在写作的学生是第二种存在，作为观察者的我是第三种存在，他看着从我的笔端抽出的五彩丝线，一直保持着沉默。

把自我分成两半，我们在现实生活中大致也是如此。斯达比尼斯卡关于文学的说法使我很感兴趣，而且我认真对待她的看法。与此同时，我是十来只年轻孔雀中的一只，一个年轻女人（说实话，她并不那么年轻）的出现会使他们激动万分，以至于开一些猥亵的玩笑，发出一些愚蠢的哄笑。

战后，斯达比尼斯卡在弗罗茨瓦夫教书。

STUPIDITY of the west（西方的愚蠢）。我承认，我为自己的波兰情结感到痛苦，因为在法国和美国生活了许多年，所以我一方面咬牙切齿，另一方面不得不学会自我克制。

对这一现象进行客观评估是可能的；之所以可能，是因为我们可以套上西方人的皮肤，用他们的眼光来观察。这样我们就会发现，我们称之为愚蠢的东西实际上是不同经历和不同利益所导致的结果。1938年，英国人相信，只要他们任凭捷克斯洛伐克被吞并，他们自己就能享有长久的和平。如果不是因为英国人心里装着他们那些被打死在"一战"战壕里的兄弟和儿子，他们这种天真就无法让人理解。同样，在法国的每一个镇子里，甚至在那些最小的村子里，都竖立着纪念碑，碑上列举着1914年至1918年倒下的人们的名字，他们是镇上男性居民中的大多数。以此我们可以在很大程度上解释法国人在"二战"期间的行为，此外，还可以解释他们在政策执行上的拖拖拉拉。甚至在波斯尼亚发生大屠杀时，在萨拉热窝天天有机枪扫射时，在整个欧洲袖手旁观、没有采取任何行动时，我的一首抗议诗竟然招致一些法国人的来信，狂怒地断言我是在鼓动战争，而他们不想像他们的祖父那样去送死。

不过，西方的愚蠢不单纯是我们（更加糟糕的欧洲人）的杜撰，它还应被称作"缺乏想象力"。他们画了一条贯穿欧洲中心地带的界线，然后告诉自己：那些生活在东边的民族鲜为人知，我们没兴趣关注。他们就用这种方式限制了自己的想象。雅尔塔会议由许多因素促成（要给盟国赔偿），但最具决定性的因素，实质上是人们认为某些"空白地域"对于文明进程没有任何意义。半个世纪之后，在波斯尼亚发生了残酷的战争和种族清洗，但不只是西欧没有采取任何行动来避免这一切。在四年时间里，国力鼎盛的美国也把南联盟各国看成它的利益范围之外的地盘，而没有任何作为，尽管单凭美国武力干涉的震慑作用，就足以挽救成千上万的生命。

缺乏想象力会让人否认整个世界是一个系统，由诸多脉管连接而成；它也无法超越自己熟识的领域。"二战"一结束，我就在美国各地漫游，我不能跟任何人说起1939年至1945年间在波兰发生的事，没有人相信我。他们以为，每一场战争期间，报刊都会杜撰一些关于敌方的最糟糕的东西，但等到军事行动结束之后，一切都会水落石出：那只不过是宣传而已。纯粹的邪恶？先生，你真的要我们相信魔鬼的存在吗？

SUZUKI, Daisetz Teitaro（铃木大拙）。美国开始接受远东宗教，在很大程度上是铃木大拙促成的。在我试图了解美国的佛教时，我意外地读到了铃木的著作，与此同时让我吃惊的是，美国还有斯威登堡主义。

在日本，铃木这个姓氏，正如科瓦斯基在波兰，是极为普通的。他生于1870年，所以1900年的时候，他已经三十岁了。他支持日本政府的工业化政策，但是又争论说，在一个技术社会里，人们将需要精神的维度，但僵化的宗教已不能满足人的这种需求。铃木先是在一个禅寺里修行，然后进东京大学读哲学。他决定把关于各种宗教传统的知识献给他的同代人，好让他们有可能做出自己的决定。因此，他在西方是一个东方传教士，在东方则是一个西方传教士。

先是在英国，而后在美国，铃木发现斯威登堡的教义最接近他的思维方式。的确，正是斯威登堡的信徒赫尔曼·威特铃于1887年创办了美国第一本佛教期刊《佛光》（自然是在加利福尼亚）。此君所持论点是：佛教教义跟那位瑞典空想家的幻想完全一致。铃木夫人贝亚德丽丝·莱恩是美国人。她在哥伦比亚大学读书时,就对斯威登堡产生了兴趣,也许正是她把斯威登堡的著作介绍给了她丈夫。不管怎样,铃木把四部斯威登堡的著作译成了日语(从英文转译),并称斯威登堡是"西方的佛陀"。

铃木很勤奋,创作上硕果累累,其文集大概有十二三卷之多。经过不懈的努力,主要借助于埃克哈特大师[1]的著作,他在大乘佛教和基督教之间建立了桥梁。

铃木说,禅不是一种宗教,不必把它跟佛教联系在一起;我们还不如说,禅即是诗——不是说禅是一种梦幻感觉,而是从它作为一种内在力量这个意义上来说的。同样,对铃木来说,斯威登堡的思想旅行超越尘世、穿越太空,也是一种诗。铃木承认,那个伟大的瑞典人的教义属于基督学范畴;他还认为,人死后的状态就像《西藏度亡经》中所说的中阴状态,不是为下一次投胎做准备,而是为上天堂或下地狱做准备。反正,铃木发现了斯威登堡教义跟佛教的一些相似之处,至少在"应和论"上是相似的。这种理论认为,现实世界中的事物与我们的思想之间具有相互对应的关系,比如说,一把汤勺既存在于其他事物之间,又同时存在于地球之外的另一个世界。

---

[1] 霍克海姆的埃克哈特(Eckhart von Hochheim,1260—1328),通常被称为埃克哈特大师,神圣罗马帝国多明我会神学家、哲学家和神秘主义者。

"我"的概念也是如此。对佛教徒来说，"我"是通向彻悟道路上的主要障碍；在彻悟中，"我"实际上应该消失，这样我们才能跟整个世界，跟山脉、花朵和飞逝的小鸟融为一体。这与笛卡尔式的"我"正好相反。笛卡尔所说的"我"被认为是一个"给定的事实"，而对佛教徒来说，"我"的自我意识是一种欺骗，是我们应该摆脱的。在斯威登堡的思想中，没有一个作为中心的"我"，也没有一个对抗现实世界的堡垒，这使斯威登堡在西方思想家中成为另类。"我"向上帝或恶魔的灵流（influx）敞开自己，而其中心（propium）不可能作为主要的支撑，因为它阻碍了天国影响的通道。是天国的灵流使人向善，即便人相信一切善念善行皆出于他自己。另一方面，人类作恶是他自己的本性使然，是他自己要跟魔鬼结盟。换句话说，那定义"我"的并不是我的意识，而是我的爱，这爱不仅向神灵之流敞开，也向黑暗之流敞开。

斯威登堡认为灵魂是一个敞开的容器，而不是某种独一无二的元素，他关于拯救和诅咒的特殊见解是跟他这一灵魂观联系在一起的。"至高法官"所看到的是一系列罪孽，但我们所接受的是某种更加接近佛教因果报应的东西。上帝没有让任何人下地狱，永劫并不是任何判决的结果。很简单地，"爱"支配着人，所以人死后，"爱"叫他去哪儿，他就去哪儿，这意味着他会发现自己身处与自己相像的人之中。如果他爬到了某一层，而那一层对他来说太高了，那么他在那儿会感觉很糟糕，他会尽快地回到那适合于自己的那一层，哪怕是在地狱里。这差不多就是陀思妥耶夫斯基小说《卡拉马佐夫兄弟》中的佐西马长老所说的。陀氏从斯威登堡那儿借用了很多东西,他读过斯威登堡著作的俄译本。

斯威登堡说天堂和地狱是两个空间,尽管只是象征性的空间:你怎样看世界,你就是怎样一个人。这一点跟《西藏度亡经》有类似之处,但斯威登堡显然并不知道这一点。那本书中描写了千变万化的怪物,而神灵则是精神的投影。

关于铃木的这一节我已离题太远。我不想因此而鼓励任何人去阅读斯威登堡的著作,因为他多半会感到幻灭。那学究气的行文具有强烈的催眠效果。

ŚWIECICKI, Ignacy(伊格纳奇·希维齐茨基)。我跟希维齐茨基是整整八年的同窗,而且曾经都属于秘密组织"佩特"(Pet)。伊格纳奇生于他家在白俄罗斯的祖传领地,整个施维齐茨基家族都是从那儿出来的。文理中学毕业之后,他一直在华沙理工学院学习机械工程,后来又在空军服完了兵役。在学校的那几年里,他是一个具有很强宗教倾向的人,是圣母社(Sodalitia Mariana)成员,对政治一点兴趣都没有。1939年,他跟随部队驻守在托伦市,尔后被遣散到罗马尼亚。他跟几个飞行员一起筹划逃出了拘留营,乘船到了马赛。在法国,他被遣送到利摩日的飞机厂。法国沦陷后,他和同伴们一起被送到一个邻近西班牙的小港口,然后又从那儿搭船到非洲。从卡萨布兰卡,他再搭船到英国,并在那儿做了很长一段时间的飞机修理教员。在他自己的请求下，他又转去做了飞行员。在意大利战役中，他驾驶一架单人侦察机，从巴里[1]出发，沿着亚德里亚海岸巧妙地往北飞行。服役期满之后，他回到英国，并在那儿待到战争结束。他本想回波兰，但最后却移居到美国。在宾夕法尼亚州的约克县，他找到一份机械工程师的工作。他在约克县生活了许多年。

战后，我俩曾在英国相遇，随后他几度来华盛顿拜访我们；这些来访还促成了他和我们一个朋友的婚姻。由于我的赴美签证问题，有很长一段时间，我不能跟家人团聚。在那些日子里，我的家人曾避居在约克县希维齐茨基的家里。

拥有这样一位学生时代的朋友真是太好了。他可靠，正派，又聪明——肯定是约克县那家机械工程公司正想物色的人。他们很快就认识到了他的价值。他在那儿工作了数十年，直到退休。最初，他是我在美国的来自维尔诺的唯一一个同学，但后来斯达希·考夫纳茨基也从英国移居过来了。当我于1960年到伯克利时，他住在洛斯加托斯，离我只有一个半小时的车程。因此，我们有了三个人：两个在加利福尼亚，一个在美洲大陆的另一边，但一直保持着友谊。

SZEMPLIŃSKA, Elżbieta（伊丽莎白·申普林斯卡）。她是后来成为我妻子的扬卡·杜丝卡的同学，她俩在高中以及

---

[1] 意大利东南部港口城市。

在后来的法学院都是同窗。她有过一个丈夫,一位年轻的散文家,属于夸德里加(Kwadryga)小组。他厕身于霸道的妻子旁边,这给许许多多逸闻趣事提供了素材。据说,只有把自己锁在厕所里,他才能写东西。尽管申普林斯卡没有一丁点无产阶级背景——她生于一个政府公务员家庭——但却作为一名无产阶级诗人赢得了一定的名声。她是个狂热分子。1939年,在被苏联占领的利沃夫,她写了一首关于两次大战之间的波兰的诗,因而出了名。诗中写道:"我们以波兰的分裂换得了俄罗斯的完整。"那时,她已经另有一位丈夫,名叫索伯莱夫斯基,是个冒险家和运动员,狂热地崇信热罗姆斯基,相信"玻璃房"。夫妻俩后来的遭遇令人震悚;可以把它写成一部悲剧电影的脚本。1959年和1960年,申普林斯卡来蒙特格伦看我们,我们才得以知道。

战争那几年,他们是在苏联度过的,所以他们了解当时发生的事。从那以后,他们的唯一目标就是逃往西方。战后,他们成功地回到华沙,随后又去了卢森堡,索伯莱夫斯基还在那儿当过一段时间的领事。他们的恐惧太深了,死活都不愿再回到波兰。问题是下一步该怎么办。在法国,共产党的势力无处不在,而在安德斯波兰军团的眼中,由于她在利沃夫写的那些诗,她的名声早就坏掉了。一个外交官逃出了一个属于苏维埃集团的国家,现在暴露在真正的危险面前;危险来自在法国人中间培植的秘密警察。不过,索伯莱夫斯基夫妇还是成功逃脱了。经过许多危险的边境关卡,他们来到罗马，向梵蒂冈的一个秘密部门求助，那个秘密部门专门负责照顾那些来自东方国家的难民（也包括纳粹分子和以前跟纳粹合作的人，他们的原则是不问过去），给他们用假名办了护照。他们又凭这护照得到了摩洛哥的签证，然后定居于卡萨布兰卡。

如果不是由于索伯莱夫斯基冲动行事，他们的故事就没有什么好讲的了。他没有保持低调，而是决定出去活动。他相信，去揭露共产主义的真相是他的使命所在。他对当地的波兰侨民发表演说，警告他们不要相信那些来自华沙的宣传。卡萨布兰卡是当时的国际间谍中心之一，波兰在那儿也有间谍网络。他在那儿发表演说，很快就掉进了共产党的陷阱。当他感到脚下的土地起火的时候，他出发去罗马争取新的护照和签证。申普林斯卡在给我们讲述这故事时，她相信，那个与索伯莱夫斯基谈好价钱，答应载他去罗马的船家本人，就是一个间谍。索伯莱夫斯基一离开，就消失得无影无踪。后来，在地中海西班牙海岸的一片沙滩上，有人发现了他的尸体。申普林斯卡独自带着他们的孩子，滞留在卡萨布兰卡。

我们为申普林斯卡感到难过，她已经被惨苦的经历给压垮了，沉迷于宗教达到了癫狂的程度，在巴黎也找不到任何生活的门路。我们不知道怎么才能帮助她。她的儿子尚未成年，还在上学。她于1962年回到了华沙。

SZETEJNIE, GINEJTY, AND PEIKSVA（谢泰伊涅、吉内日提和佩克斯瓦）。这是几个小村落的名称，它们都位于我出生的谢泰伊涅庄园附近。涅维亚扎河谷就像一道劈进高原的裂缝，从那里既看不到花园，也看不到任何庄园的遗迹。今天，如果一个游客穿过那片高原，他将无法凭直觉猜想那里曾经有过的东西。村子里炊烟已经散尽，辘轳汲水的吱嘎声、公鸡的打鸣声、犬吠声以及人的声音也已消失。再也没有绿色的果园环抱农舍的屋顶——在住房、仓库和畜棚之间，每个农家小院都种着苹果树、梨树、李子树，所以村里每条巷道都郁郁葱葱，仿佛树木为它们搭起了画框。村民们喜欢树，也喜欢砍削树木做成各种各样的东西：雕花百叶窗、凿刻着符号和文字的屋梁、按要求定制的款式独特的凳子、路边常见的日月同辉十字架，还有那些小教堂，里面坐着哀伤的基督。

就在谢泰伊涅庄园的后面，公路绕过果园，穿过农场帮工们的住所，然后拓宽成为谢泰伊涅这个大村子的主要街道，一直伸向远方的森林。沿着涅维亚扎河向前，就在莱格梅迪斯学校的后面，是另一个大村子吉内日提。这都是些富裕又相互独立的村庄，它们（比如谢泰伊涅村）常与庄园主因为牧场而发生争执。不过，其中最繁荣的当属佩克斯瓦村，它正好依偎着森林。

这些村落完全是立陶宛的，村民们也都知道自己是立陶宛人。尤奥扎斯·乌尔伯希斯，独立立陶宛的最后一任外交部长，就出生在谢泰伊涅村，他家离我家只有一两公里路程。他曾是奥斯卡·米沃什在巴黎大使馆的同事之一。就是他在立陶宛的中立问题上跟克里姆林宫签署了条约。在苏军占领立陶宛之后，苏联政府把他弄到俄国，在监狱里关了他一些年头。最后他获准回到考纳斯。由于长寿，他活着看到了1991年立陶宛重获自由的情景。

村子与庄园主的关系并不赖，甚至时常相当友好。我外祖父库纳特生性宽厚，也促进了这种关系，其他庄园主都叫他"立陶宛疯子"。我母亲年轻时，曾教孩子们用波兰语读写，这在当时是很自然的事。我外祖父则在此基础上加以改进，聘请了一位用立陶宛语给孩子们上课的老师。1935年，有五千人从周围的几个村子赶来，参加我外祖父的葬礼。

谢泰伊涅、吉内日提和佩克斯瓦这三个村子的村民们被打成了富农（kulaks），流放到西伯利亚的泰加林带。当局怀疑他们曾帮助过被称作"森林兄弟会"的游击队。他们的房屋被摧毁，果树被砍掉，果园被推平。留下来的只是一些荒地，在这个国家，人们称之为"哈萨克斯坦"。属于我母亲的泼德科默奇内克农庄也遭到了同样的命运。当年一度人口稠密的地区，甚至连名称都没能保留下来，这地方如今在地图上是一片阴郁的平原。

T

TARSKI, Alfred and Marysia（阿尔弗雷德·塔尔斯基和玛丽夏·塔尔斯基）。塔尔斯基号称"美国西海岸的爱因斯坦"，是一位数理逻辑学家，曾任加州大学伯克利分校教授。他在一个我完全不了解的专业领域大名鼎鼎。在请我到伯克利来当讲师这件事上，他的话似乎起了作用。他和他妻子玛丽夏都很热情，我们在伯克利一带的最初几次郊游乘的都是他们的车。他是在华沙大学取得的博士学位，跟维特卡奇是好朋友。作为友谊的纪念，他们在伯克利的家里放着维特卡奇给他们夫妇画的肖像。在维特卡奇的几部剧作中出现过数理逻辑学家的形象，我怀疑这些形象的原型就是塔尔斯基。

塔尔斯基喜欢把各种酒掺着喝；他家里一直有果汁味和草莓味的伏特加，这些酒在端上桌前，他要先放上好几年。在他家吃饭，品尝这些酒是重要的环节。他讲过很多关于他的华沙的事。他会用幽默的语调，回忆 1920 年他被扣留在雅布翁那的情形，但那是一种苦涩的幽默。他会边讲边唱道："雅布翁那，啊，雅布翁那，我们无用的希望。"犹太知识分子之所以关押在雅布翁那，而没有送往前线，是因为军事当局认为整个犹太民族都不可信任。我记得他讲过德国大使馆的一次招待会，那是在三十年代，波兰和德国的关系一度缓和。那次维特卡奇也去了，在现场他忽然尖声叫道："我要么找个人扇他一耳光，要么去吸可卡因。"塔尔斯基说："我劝他选择后者。"当时的政治气候使他坚信，他应该移民国外，幸运的是他及时办成了。尽管我们见面相互直呼其名，但我明白，我们属于两代人——这尤其是因为塔尔斯基的波兰停留在两次大战之间。他的文学趣味跟《文学新闻》的普通读者没什么区别。比如他认为尤利安·图维姆是波兰最大的诗人，再如他欣赏博伊的专栏和斯沃尼姆斯基的《编年史》。而我这一代"太不修边幅"，跟那个"优雅的"华沙上层见解不同，但我没有因为这一观点上的差异而与塔尔斯基争论过。

TERROR（恐惧）。在二十世纪的欧洲，恐惧是一种主要的心理状态，但它还没有被广泛分析过，这一点很值得我们反思。也许这是因为没有人愿意去回味那种羞辱的感受，恐惧使人感到的就是耻辱。当然，恐惧有很多种，我们应该逐个分析。

战时的恐惧只是一个英雄主义问题。所有的士兵都害怕，不过优秀的士兵能用他们的意志力战胜恐惧。我们人类本质上都是纵情享乐者；孩子源源不断地出生，代替那些死于战争的人，但我们还是要问：当许多勇敢的人被交托给大地时，人类难道没有失去什么吗？英雄们倒在战场上，而与他们作战的是一些同样勤劳的人们——德国人、法国人、英国人、波兰人、乌克兰人、俄国人，参加战争的人数以百万计——难道我们不应该就此发问：我们失去了最优秀的基因，这对活着的人有什么影响？耶日·斯坦鲍夫斯基曾思考过这个问题。他说，如果法国、德国和英国真正有潜能的领导人不是死于那场大杀戮的话，"一战"之后的欧洲会很不一样。

在斯大林或纳粹政权统治之下的国家，人们每天所面临的恐惧是另外一种。在1940年的维尔诺，我对这种滋味只是浅尝，不过已足以使我根据听来的谈话和故事，想象黎明前人们可怕的等待，等待他们出现。在俄罗斯，根据地方上的告发草拟的名单，或经由专案逮捕和"坦白"，各种各样的人被赶进了集中营。要不是我在1940年7月逃出了维尔诺，我想，我不会有勇气拒绝为《维尔诺真理报》写东西。这种事基本没有回旋的余地，因为我们"灾祸派"有几个人都在那上面发文章了。当人们对流放的恐惧胜过对死亡的恐惧时，我们怎么还能指责他们呢？亚历山大·瓦特描述过那种莫大的恐惧。当时他在《红旗报》工作，相当于利沃夫的《维尔诺真理报》。置身于一群驯服的精英分子之中，你对遭到集体围捕的恐惧会有所减弱，但是，当你想到自己只要稍稍出错或思想出轨便会受到惩罚，就还是恐惧不已。利奥波德·泰曼德为《维尔诺真理报》写过文章，后来他被判了十五年，但没有被流放，因为铁路工人解开了机车与车厢之间的挂钩，也因为那正是德国人入侵的日子。所以他幸存了下来。

恐惧会使行动陷入瘫痪，或者有可能会妨碍行动。我曾闯过四道"绿色"边境线，从维尔诺长途跋涉到华沙。那是非常危险的举动，如果我心存恐惧，可能就做不成这样的事。

我在我自己身上执行了一个特别的（疯狂的）任务——我至今不明白自己为什么要那么做，但我当时确实想排除那种恐惧感。恐惧就在那儿，但我就是不让它进来。我是跟索非娅·罗格维卓娃一起艰苦跋涉的，后来她过分吹捧了我的能力和机敏，为此我很尴尬，因为我知道，我在那种困境中的所作所为虽然值得她赞许，但我真的既没有能力，也谈不上机敏。

在德国占领下的华沙，恐惧有不同的阶段和紧张程度。我认为，1940年9月，随着第一批人被抓进奥斯维辛集中营，相对正常的生活就结束了。我们明白自己已成为彻底不受保护的动物。有四年时间，我一直心怀恐惧，它像一颗随时会爆炸的子弹，我用各种策略对付它，比如让自己相信：这种或那种证件或许能帮助我（尽管事实上，我并没有那样厉害的证件）。或者，不去吸引那些可能会告发我的人的注意力（我写的评论被收入了地下出版的文集《独立之歌》，但没有人会猜到我是那些文章的作者）。不过，对我帮助最大的，是思考我与"强力"（Force）之间的秘密协定[1]：如果你满足某些条件，那种力量就会保护你。我还决定，由于我还没有完成命中注定要做的工作，我愿意苟活下去。

如果我一直想着肚子里的那颗子弹，我就不可能写东西了；实际上，我在战争期间的创作是丰厚的，有诗歌，也有

---

[1] 指个人与强力之间事实上存在的某种结构性契合。在米沃什与强力之间并不存在什么"秘密协定"。

散文。看来在某些情况下，驼背弯腰是有好处的。我的"驼背"是适应生活的能力差，以及我作为诗人本质上只是一个媒介——这是我应对生活的方式——就是说，我一直听到词语和节奏，而且我得服从它们的咒语。[1]这意味着，我虽然走在大地上，却又好像不在人世间。我为自己织起一个茧子，这使我感到，华沙虽然有种种恐怖，但无论如何，它们是我成长所必需的。

我从那些超出我能力的考验中被解救了出来，为此我起码应该相信上帝。心怀感恩。

TIME（时间）。千百年来，我们人类一直在思考世界从何而来。有人说，肯定有一个开始；又有人说，它始终存在。对我们而言，"始终"已失去所有意义，因为在"大爆炸"之前没有时间——虽然不论是我们的想象，还是我们的语言，都没法理解"没有时间"这个概念。在"有"之前存在的是什么呢？查特斯大学和牛津大学的中世纪学者们认为，那是神圣之光。神圣之光转变（transmutatio）成物理之光，于是创造出了整个宇宙。他们会乐于接受"大爆炸"理论的，他们会说："对，就这么回事。"

思考时间就是思考人生，而时间这个题目如此广阔，思考它就意味着在普遍意义上进行思考。那些区隔我们的因

---

[1] 柏拉图认为诗歌出于神意，诗人只是记录者。

素——性别、种族、肤色、习俗、信仰、观念,相比于我们是时间的产物、生死皆如蜉蝣这一事实,何其苍白。难以捕捉的"此时"要么逃往过去,要么奔向未来,它要么已成回忆,要么是未至的期望。我们通过言语进行交流,而言语如同音乐,是时间的抑扬顿挫。难道绘画和建筑不正是在把节奏转化为空间吗?

我的头脑中满是对活人和死人的回忆。我在写他们的时候总是意识到,我自己也会随时离开。在二十世纪人类的星空中,我们聚在一起,就像一团云,或是一团星云。我同时代的人们:尽管我们生于不同的国家和不同的地理环境,但由于同处一个时代,我们之间便有了血缘之亲。从某种意义上说,这种血缘之亲比任何部落联盟都要强大。

摩涅莫辛涅,众缪斯的母亲。[1]

的确,记忆女神是众缪斯的母亲。埃德加·艾伦·坡把转瞬即逝的忧郁称作一切音调中最富有诗意的。我们阅读那些数千年前的诗歌,到处都是相同的感伤,有对河水流逝的沉思,也有对我们生与逝的思索。

我们一方面沉浸于回忆,另一方面又强烈渴望逃出时间,逃到永恒律法之乡,那儿的一切都不会被毁灭。柏拉图和他的理念(eidos):野兔、狐狸和马匹在大地上跑来跑去,而后消失;但是,在天上某个地方,关于野兔、狐狸和马匹的理

---

[1] 原文为拉丁文:Mnemosyne, mater Musarum。摩涅莫辛涅为希腊神话中的记忆女神,九位缪斯女神的母亲。

念，跟三角定律和阿基米德定律一样，是永恒的存在，不会被混乱的、沾染着死亡气息的经验性证据所颠覆。

TROŚCIANKO, Wiktor（维克托·特罗希迁科）。我对他拥有的权力是一个负担，因为他已不在人间，并且默默无闻，而我对如何将他呈现于子孙后代负有责任。他对我肯定是有怨气的，所以我现在最好别去翻旧账。他是我法学院的同学，维尔诺一位知名裁缝的儿子，波兰电台的播音员，战争期间是华沙的右翼地下组织国家党的活跃分子，还曾跟耶日·扎古尔斯基一起编过一本诗选，叫《真话》（耶日是社会主义者瓦茨瓦夫·扎古尔斯基的兄弟）。后来，他为自由欧洲电台做过许多年的政治评论员。

在维尔诺，他被排挤在我们的社交圈之外，我想是这样；他写作，但在我们这儿从未得到过承认。这也许是因为在我们这些文艺界的波希米亚人看来，一个怀有"国家主义"观念的人是不值得关注的。但现在完全弄不清楚了。为什么卡齐米日·哈拉布尔达——一个拳击手、诗人、国家主义者——倒完全有资格成为"流浪汉俱乐部"的正式成员？为什么特罗希迁科作为俱乐部会员的身份（他是在我们之后加入的）没有改变他的地位？一个被遗弃的文学恋人的命运，是否早已注定？

他的自传体三部曲（小说《英雄时代》《失败时代》以及最后的《和平岁月》）在伦敦出版。这些作品被读者遗忘了，尽管它们忠实地表现了一个战前知识分子在大战之前和战争期间的冒险经历。不仅如此，作品还细致描写了苏联当局对维尔诺及周边农村的人们的迫害，很多人注定要在流放中度过余生。书中甚至写到了特罗基湖畔一些村庄被迫整个迁徙的情形，这样的事在其他任何地方都不曾发生过：人们被抓捕，装上船，运往特罗基。在华沙被占领期间，为什么我从未想到跟特罗希迁科交个朋友，而耶日·扎古尔斯基却那么做了？那都是由于我的盲信。出于本能，我把某几类人排除在我抱有期望的圈子之外。

我读过特罗希迁科的小说。情节相当生动，语言也不坏。他在作品中有很多话要说，但事与愿违，大多都是通过言外之意来表达的。三部曲的第一部写的是战前的维尔诺。啊？这么说来，他一直在观察我们？是的。那他是把我们"灾祸派"完全看成了共产国际的机构？小说中有个智识贫乏的人物，颇有特罗希迁科的自传成分，此人揭掉了知识官僚阶层的面具，他们打桥牌、聚餐、跳探戈，这些游乐活动唤起了读者的怜悯和忧惧（虽然这并非作者本意）。

TRUTH（真相）。尽管人们攻击有关真相的概念，尽管人们再也不相信有可能发现关于过去的客观事实，但大家还在继续热情地写作回忆录，想揭示一切在事实上究竟是怎样的。这迫切的需要证明了我们始终渴望基于所谓事实的叙述，这种叙述不会随着观点改变而发生变化。大家都知道，同一个事实在两位目击者眼里并不相同，但一个诚实的编年史家自信他的描述千真万确。在此，他的诚意起到了决定性作用，我们应该尊重这一点，即使他违背了初衷，从自己的利益出发塑造了事实。更改事实，以便粉饰过去或掩饰丑陋，这是使观点受到歪曲的最常见的原因。我们常常为故事讲述者的盲目感到惊讶，他自己是意识不到这一点的；一个经典的例子就是让-雅克·卢梭的《忏悔录》。最不可信的是政治家的回忆录，因为他们撒谎太多，我们很难相信他们的诚意。

当我谈论自己亲身经历的二十世纪时，我力图做到诚实。在这方面帮助我的，是我的缺陷，而不是我的美德。对我而言，这一直就很难选择。我很难宣称自己属于某一方，或者顽固地坚持自己的观点。由于我安于自己所处的位置，听凭自己在与同时代人的关系中像个局外人，我力图凭直觉去了解对方的观点。如果我具有合作精神，我应该会取得更大的成功，由此可以推论出：当人们希望做出明确的道德判断时，其精神会遭遇相当大的困难。

我们致力于了解关于此生的真相，即使各种各样的人生形态彼此并不一致。我们是相互分隔的个体，但与此同时，我们每个人都是一个中介，被我们不太了解的力量驱使着。那种力量就像一条大河的水流，经过它，我们就会变得彼此相似，拥有共同的风格或形貌。我们自己的真实形象会使我们想到马赛克，组成它的是一些具有不同的价值和色彩的小石子。

U

ULATOWSKI, Janek（雅内克·乌拉托夫斯基）。如果不是因为他在1955年娶了内拉·米钦斯卡，我不可能认识他。他1907年生于波兹南，1997年死于蒙顿。战前，他学的是哲学和社会学，研究过艺术史，还是波兹南《文学生活》双周刊的联合创始人。后来，他进入外交界，战争爆发时，他是波兰驻布达佩斯大使馆的新闻官。由于他的固执，他在新闻处的上司似乎跟他有很多过节。他在中东加入了科帕尼斯基旅[1]，在图布鲁克打过仗，还曾参加意大利战役。在《白鹰》当编辑时，他以猛烈攻击英国政策的文章而出名，也因此，按照有关纪律措施，他被调走了。不管怎么样，他得到了一颗星，被提升为少尉。他对阿道夫·波赫尼斯基很友善。在波赫尼斯基自杀前不久（他踩了安科纳附近的一个地雷把自己炸飞），他告诉雅内克（原话我记不清了）："活着走出这场战争是可耻的。"

当波兰军队移师英国时，雅内克拒绝加入波兰移民安置军团[2]，因为那意味着他将成为英国军队的军官。他对英国人

---

[1] 指波兰军事指挥官斯坦尼斯瓦夫·科帕尼斯基指挥的波兰喀尔巴阡山独立旅。
[2] "二战"期间，欧洲西线战场有一支波兰军团在北非、中东以及法国和意大利等地作战。1946年，波兰移民安置军团（Polish Resettlement Corps）在意大利成立，其目的是帮助这些波兰军人移民到西方国家。

说:"你们没这权利。"拒绝加入英军,入境英国就成了非法行为,他因此被判入狱。他在监狱里待了相当长一段时间,直到终于有好心人把他弄出来,安排他移居法国。在法国,有很长一段时间,由于证件问题他不能工作。他是现代美术的出色鉴赏家,给《文化》杂志和《论证》(*Preuves*)杂志写有关展览的评论文章。他的德语很流利,这让他能生存下来。自从他和内拉一起搬到波尔多之后,他一直在一所公立学校教德语,直到退休。他真正热心的既非艺术,也非文学,而是政治,但他的政治观点过于坦率,所以无人赞同。

他弄出了一套完整的理论,而且在二十世纪后半叶的所有国际事件中为其找到了证据。他也常给法国和波兰的报纸写稿,但他的理论颇有一些疯狂之处,所以并非所有文章都能发表。

他相信,美国和苏联曾经签署过一项从未公开过的协议,内容是这两个超级大国对世界的分割。它们小心维护着一场游戏,相互间保持紧张关系,包括冷战,目的是要控制两大阵营中那些难以控制的国家,否则那些国家可能会想出自己独立的政策。敌对方的邪恶举动会使两大阵营之间的分歧变得恐怖,这是它们锦囊妙计的一部分。由于世人的天真,它们达到了期望的效果。在两个超级大国之间的冲突一触即发之际,人们还真体验到了恐怖发作的情形。乌拉托夫斯基密切追踪数种语言的新闻报道,发现美国和苏联的声明总在证实他的理论。

我们需要一定的耐心才能去芒通拜访他们，并且坐听他那些顽固的证据。与每一种带有阴谋论性质的历史学说一样，乌拉托夫斯基的理论具有某些逼真／真实的因素，但也暴露出它的创伤背景。不管怎样，它的作者是一个被自己的执念所困扰的波兰人，过着被西方背叛的生活。两大阵营的关系错综复杂，政客们的言行变来变去，但该理论却断言存在着一项固定不变的游戏计划，事件的流动性完全被冻结了。不过，这一理论至少有一个好处，它让人不必再担心有可能发生第三次世界大战。

我了解美国人的心理，其中有一点似乎能够证实乌拉托夫斯基的理论。不管怎样，美国人认为欧洲那些卷入小块领土纷争的弱小民族令人厌恶，也令人费解；威尔逊总统提出的"民族自决"口号没有得到多少赞誉。俄国是另一回事，因为俄国幅员辽阔。跟俄国缔约，一起控制那些讨厌的小国，是需要付出代价的。的确，苏联的解体使许多美国政客感到失望，他们宁愿支持那个步履蹒跚、连连失败的巨人。意识到这些趋势，我在乌拉托夫斯基的论据中找到了一个核心的事实，这使我更容易在芒通待下来。乌拉托夫斯基肯定能感到，即使我没有被他说服，至少我没有捂上耳朵。

法国画家让·科兰是约瑟夫·恰普斯基的密友，他在著作《让·达米安日记》（瑟伊出版社，1968）中，表达了对乌拉托夫斯基作为艺术评论家的某种欣赏：

今晚与乌共进晚餐。我希望我们能彻夜长谈，而且我想要记住所有谈话的内容。他是如何谈论进化的？又是如何谈论塞尚的人生的？他说，有人想要模仿柯罗或普桑，其中的特殊之处在于：哪怕我们自己认为，我们是在用柯罗或普桑的眼光观察事物，但结果总是不一样。毕加索过去常说，当他把他喜欢的一幅画再次画出来时，总是和第一次不同。

恐惧。正直。当他说话时，似乎有一只强有力的手抓着你，一分一秒都不曾松开。他从来不说笼而统之的话。直到我们完全理解他的思想、直觉和智慧，他决不放弃。他把每一点都阐述得无比清晰、明白，以至于我们不可能去反驳他。

ULRICH（乌尔里希）。我想不起他的名字了。乌尔里希先生是一个波兰人，生于波兹南地区，住在苏瓦乌基。正是在苏瓦乌基，他要当时还是一个学生的我读他的日记的打印件，那是他以一名德国步兵的身份参加凡尔登战役时写的日记。雷马克具有国际声誉的《西线无战事》可能对他的日记写作有所帮助。在当时的我看来，乌尔里希这部作品比雷马克的还要好，具有更加强烈而真实的恐惧感。可是没有一个出版商愿意出版它，而我的声音起不到任何效果。据我所知，它从未出版过。

那是一场在固定阵地上展开的战役，被称作"壕沟战"。它使所有参战者震惊于人类在命运面前的无能为力，因为双方是在机枪、大炮和坦克的帮助下相互厮杀。他们，也许还有他们的领导人都明显感到了其中的荒谬，但没有人能够阻止这场战争，因为停下来就等于宣告失败。命运的力量使"一战"变得可以跟特洛伊战争相比。与金属相比，人体是多么脆弱，正是这脆弱的人体和大规模的屠杀铺就了二十世纪的残暴之路，因为在经历了这样的场面之后，任何人对任何东西都不会再感到惊讶。有人认为，"壕沟战"终结了十九世纪人类对文明进步和人道主义的幻想。是否真的如此，还是一个问题。

我成长于两次世界大战之间那神秘难解的二十年里。二十世纪初散发着极度亢奋的热情，对"生命"的喝彩犹如赞美诗，这种情绪在大都市里汇集起人群，欢呼战争的爆发。可以料想，这种情绪不会马上消失。艺术和文学继续亢奋而乐观地进行着实验。这是否意味着人类活动的这些领域跟现实几乎没有任何共同之处？也许吧。就在凡尔登发生大屠杀的时候，年轻的尤利安·图维姆发表了他论惠特曼的文章；不久之后，他写道："但即使是路人也应自由地活着！／那个高大的老人[1]称他们为：'同志们！'"

许多这样的路人穿着军装倒毙在法国。但是，不久之后，诗人们就开始写作奥林匹克颂歌，赞扬健美体魄的快乐，画家们（马蒂斯！）则沉浸于纯粹色彩的愉悦。

把欧洲开始出现灾难情绪的时间定在1930年，是正确的。

---

[1] 指沃尔特·惠特曼。

1931年，当我眺望着莱茵河对岸法国的山峦，看见那覆盖山丘的貌似葡萄架的十字架时，我想起了乌尔里希。不过，看来对我影响最大的，是文学和艺术整个转向了幽暗的色彩和对灾难的朦胧预感。事情就是这样，那些"一战"中倒下的人白白死去了；也就是说，二十世纪三十年代，事态迅速发展，人们没有足够的时间去关注他们在不明之力的围剿之下遭遇了什么。

W

WHITFIELD, Francis J. A.（弗朗西斯·J. A. 威特菲尔德）。语言学家，伯克利分校的斯拉夫语言文学教授，当年正是他请我来加州大学。弗兰克[1]是新英格兰人，保留着新英格兰人的一些特征：注重隐私，自制律己，乃至厌恶所有情绪性的表现，在他看来那都是粗野无礼。此外，他从小接受的是天主教的教育，这是让情况复杂化的另一个因素。虽然他不是波兰人的后裔，但他的波兰语说得很好，还是两卷本的英波词典的编者之一。而且，他的妻子塞利娜是在华沙起义之后被驱逐，而后才到美国来的。因为我没有博士学位，所以我不得不认为，伯克利分校邀请我，是严重偏离了弗兰克所持守的一些价值标准；况且，他不仅邀请我，还以系主任的身份，以几乎闻所未闻的速度，设法帮我搞定了全职教授的终身教职。是他静悄悄地安排了所有这一切，尽管我们系的某些情况可能对他的决定有所影响。

世纪之初，乔治·拉帕尔·诺耶斯创建了伯克利分校的斯拉夫语系。他曾在彼得堡读书，其间与一个波兰姑娘坠入情网；他翻译了文艺复兴时期诗人柯哈诺夫斯基的诗作和密茨凯维奇的叙事诗《塔杜施先生》（以散文体）。他小心确保

---

[1] 弗朗西斯的昵称。

伯克利分校的斯拉夫语系不像美国大多数大学的斯拉夫语系一样，变成单一的俄语系；至少波兰语和捷克语一直占有一席之地。他聘请了俄语专家瓦茨瓦夫·雷德尼茨基，一个波兰人，教俄国和波兰两国的文学。雷德尼茨基退休后，弗兰克作为系主任，留心保护这一传统。我不好说到底是什么原因使他想到了我。我收到第一份邀请函是在1959年。尽管当时我不太可能得到美国签证，但我答道："也许明年能成行。"1960年，弗兰克再次向我发出邀请。我没有得到任何信息可以让我相信雷德尼茨基选定我做他的继任者。我跟他不存在任何联系，因为他只是个旧时的贵族（或者，不如说，是半个贵族）。

弗兰克是个感情不外露的人，但他一直记着自己曾经是个有病的孩子，几乎是个瘸子，他似乎始终有一种对生存的恐惧感。也许他是受到强烈的感召才成为诗人的，把自己对语言结构的爱转变成了非常学术化的语言研究。

弗兰克和系里的其他同事都以形式主义著称，这就是他们为自己可能会偏离大学的规范和规则而感到焦虑的原因。我没有博士学位，却成了教授，这一点我永远也搞不懂。

WHITMAN, Walt（沃尔特·惠特曼）。"牧师退去，"惠特曼写道，"神圣的文人出现。"包容一切，吞噬一切，祝福一切，面向未来，一个预言家。在"预言家"这个词和美国历史的胜利之间，有一种惊人的联系。不过，尽管我仰慕他，但我知道，如果与我相关的文明不敢支持个人自由，那么我自诩亲近惠特曼也没用。

欧洲曾有过它自己的惠特曼时刻。我愿意把这时间确定在1913年左右。在诗歌方面，法国人是欧洲和美国之间的中间人，始于瓦莱里·拉尔伯。不过，"惠特曼化"并不仅仅是把自己从节奏和韵律中摆脱出来的问题；它还是一种热烈的朝幸福的转向，是一种打破阶级界限的民主诉求，这一切既表现在诗歌、散文、绘画和戏剧中，也表现在明显的习俗变化中。活过世纪末（fin de siècle）之后，"惠特曼化"表现为一种更加欢快的、几近狂喜的基调——比如，在罗曼·罗兰的《约翰·克里斯朵夫》的头几卷中，在斯特拉文斯基的《春之祭》中，在俄罗斯的阿克梅派作品中，在弗朗斯·马塞里尔的木刻版画中。欧洲人改造了惠特曼式的全体（en masse）一词，使之既有和平主义的声调，又有革命的声调。1914年，加夫里若·普林西普枪杀了斐迪南大公，他相信自己是在执行他所热爱的诗人的命令，那诗人号召向国王们开战。随后，"一战"的巨大屠宰场顷刻之间就终结了伟大的希望。有二三十年的时间，人们像受到惊吓的鸽子，扑腾着翅膀，盘桓在俄国革命的天空。

在波兰，这一欢快的插曲几乎就没有出现过。波兰诗人的确了解某种《圣经》诗歌，尽管他们（例如维斯帕兹扬·科霍夫斯基）是用它来庆祝波兰对土耳其的胜利，或者只是为了对福音书中的弥赛亚腔调进行拙劣模仿，这是显而易见的。[1]但是最终有谁会"惠特曼化"呢?乡绅吗?伊瓦什凯维奇富于青春气息的诗意散文的确有点狂喜的意思。农民吗?不可能。也许犹太人可以。的确,年轻的图维姆曾在短时间里放开过喉咙,提到了那个称呼其读者为"同志"的"大个子老头",但是,转眼之间,他就把传统诗节的套索套在了自己身上。

我一开始是通过波兰语译文接触到惠特曼的。翻译惠特曼的是阿尔弗雷德·汤姆、斯坦尼斯瓦夫·文岑茨、斯特凡·纳皮耶斯基等人。我一读便恍然大悟:要像他那样写作!我知道,这不仅是形式问题,而是内在自由的问题,而这正是真正的困难之处。

"神圣的文人"(divine literatus)克服了"我"和人群之间的距离,吞没了各种宗教和哲学,因此他超越了矛盾,无论道德还是非道德,都适于他的诗歌,一片草叶,以及永恒。总之,他是作为众人中的一员、与众人平等的一员在说话。在他死后一百年,一种集体主义的语气出现,这是一种集体主义的情感模式,这个时代被称为"新时代"。惠特曼的诗歌培养出了众多的实践者,为了列举上述现象的最鲜明的特征,我们似乎应该对这一情况做个简单描述。但这是两回事,因为诗歌比时尚寿命更长。但他的预言实现了:每个人都将是

---

[1] 米沃什这样说,是因为惠特曼诗歌的形式和语言风格有类《圣经》中的赞美诗,其精神又仿佛与福音书相通,故而了解《圣经》的波兰诗人误以为自己无须通过惠特曼来模仿《圣经》。

他自己的牧师，即"神圣的文人"。美国诗人中，最具有惠特曼风格的是艾伦·金斯伯格，倒不是因为他公开宣称自己是同性恋者，而是他强迫自己打破传统的勇气。

WINNICKA, Dr. Wiktoria（维多利亚·温妮茨卡医生）。她是约瑟夫·维特林同母异父的姐妹，也来自利沃夫。她是一位儿科医生。1939年之后，作为苏联医疗卫生系统的一名雇员，她经常造访苏联各地。德国占领利沃夫之后，她来到华沙。由于战前属于艺术家圈子和贵族圈子，她受到了很好的保护，并幸存了下来。她拥有所谓的"美貌"：高挑，金发碧眼。战争一结束，她就进了卫生部。她曾出国旅行，包括去纽约她哥哥家，我就是在那儿认识她的。后来，她成为联合国世界卫生组织的公务员，定居在日内瓦。

我与她进行过多次交谈——在纽约、华沙，以及伯克利，几乎每年她都会作为访问学者来这里。但我们也不算是朋友。我怀疑维佳[1]没有能力与人建立友谊、爱情或其他情感。或许是她生命中的某件事把她封在了冰里，或许她生来如此。她承受着极端的孤独，但我想，那与她沉浸于自我有关。她结过婚，但对此绝口不谈。她精彩的交谈和闲话使人觉得是战前的谢缅尼斯卡咖啡馆[2]毫发无损地活在一个人的身体之中。

---

1 维多利亚（Wiktoria）的昵称。
2 Café Ziemiańska，华沙的一家咖啡馆，在两次世界大战之间的时期，是许多波兰著名艺术家的聚会地点。

她跟斯卡曼德诗社的诗人们关系密切，跟尤莱克（Julek，即尤利安·图维姆）尤为亲密。她还具有华沙人所特有的那种暗黑的幽默感。

她对二十世纪的了解是广阔的、罕见的；她对两套极权体制都很了解，她逃过了大屠杀。她在世界各地都旅行过了，能说多种语言。她所掌握的知识是其世界观的基础，那种世界观中没有任何信仰或希望的空间。对她而言，马克思主义是一种精神奢侈品，更不要说宗教了。她宣称信仰唯物主义，但不是辩证唯物主义。由于那种痛苦的孤独状态，她几乎失去理智，一再说她是时候自杀了。

作为一名国际组织的官员和教授，她的薪水是很高的，但她在金钱方面近乎吝啬，几乎没怎么在自己身上花过钱。我相信，除了在日内瓦有一套漂亮的公寓外，她有一大笔银行存款。她发誓说，当她再也忍受不了的时候，就自杀。仿佛实践誓言似的，她真的自杀了，并立下遗嘱，将她拥有的一切都捐献给以色列。她有一大批图维姆写给她的信，我曾请求她出版，但她死之前把这些信全烧了。

WROBLEWSKI, Andrzej（安德热依·沃罗布莱夫斯基）。维尔诺的犹太人自有一个丰富的世界，语言的屏障将它与波兰人的分隔开。他们的政党、学校、工会以及报刊用的都是意第绪语，只有很小一部分人说俄语。他们还有一所学校，叫爱泼斯坦文理中学，倒也用波兰语。安德热依生在一个讲波兰语的家庭。他和他的舞蹈家妻子万姐都属于波胡兰卡街上的剧院和波兰电台的轨道。他和塔德乌什·别尔斯基签了约，给电台做一些小节目，而万姐则在戏剧学校教芭蕾舞。我的好友伊莱娜·戈尔斯卡[1]曾是那所学校的学生，后来成了剧院的演员，在那儿得到了他们夫妇俩的热情关照，这正是我跟安德热依保持长久而亲密的朋友关系的根源所在。那时候他的姓是费金（Feigin）。正如多年后他在《身为犹太人》（1992）一书中所说，他难以接受更名改姓，但是战后，他不想让人觉得他跟费耶金（Fejgin）有什么关系，那是臭名昭著的秘密警察部门的一名官员。因此，他保留了他在德国占领期间所用的姓氏。

时过境迁，大家渐渐都移居到了华沙。安德热依一直是追随波兰社会党的社会主义者，所以他住在社会主义者的聚集区饶里波日。伊莱娜先是在利沃夫，后来又到华沙演戏。她嫁给了一个名叫多别斯瓦夫·达米茨基的演员。1940年春天，地下政府下达了对伊格·西姆的死刑判决，因为他在戏剧界为占领当局效力；暗杀行动的结果是德国人加紧搜查凶手。由于达缅茨基常常威胁西姆，德国人认定他是杀害西姆的凶手，于是在华沙贴满了有达缅茨基夫妇照片的通缉布告。安德热依和万姐将他们在伊雷克托拉纳街的新公寓提供给达缅茨基夫妇，作为他们的第一个藏身之地，还帮助他们化装

---

[1] 伊莱娜·戈尔斯卡（Irena Górska，1910—2008），波兰女演员、剧场导演，波兰戏剧界元老。

易容，不断地变换避难所（大概有三十处不同的地方）。伊莱娜一再说，安德热依救了他们的命。

1940年7月，当我前往华沙时，达缅茨基夫妇已经改名换姓生活在外省，条件相当艰苦。从伊莱娜的回忆录《我赢下一条命》中，我们可以了解到有关情况。不过，他们总算幸存了下来，而且，在战争年月，伊莱娜还生了两个儿子。

我到华沙不久，就加入了社会主义组织"自由社"，安德热依也是其成员。他不是一个普通成员，而是这个组织的创始人之一，另一名创始人是丹尼尔，也就是瓦茨瓦夫·扎古尔斯基。现在我还记得，在马佐维耶茨卡大街的阿里亚咖啡馆，我跟耶日·安德热耶夫斯基宣誓的情景。阿里亚咖啡馆也叫"演员之家"，是"自由社"成员们经常聚会的地方。可能大家认为，那是鲁托斯瓦夫斯基[1]和帕努夫尼克举行二重奏的地点，所以最安全。扎古尔斯基曾在文章中说，宣誓仪式是在安德热依家的公寓里举行的；但我基本上敢肯定，我的记忆没错，不过我不想争辩。有一天，正是在那儿，一个咖啡馆女招待走过一张桌子，桌边坐着三个闪族人模样的密谋者，他们用一种轻柔、甜蜜的声音说道："看在上帝分上，犹太人，快走开，一屋子的人都在看你们哪。"那可能是在1941年。马佐维耶茨卡大街与克雷迪托瓦大街相交处，安托尼·波

---

[1] 维托尔德·鲁托斯瓦夫斯基（Witold Lutosławski, 1913—1994），波兰作曲家、指挥家与钢琴家，二十世纪最重要的欧洲作曲家之一。

赫杰维奇公寓的一个房间。玻璃门敞开，房间里的长沙发从代纳希搬来，那是我们唯一的家具。安托尼是"演员之家"的男招待。还有好多人。兹比格涅夫·米茨纳，他有太多的地下化名和地址，我怀疑他是在把密谋变成一种游戏；莱舍克·拉伯，朋友们都敬慕他，喜爱他，我在别处写到过他；还有索菲娅·罗格维卓娃，就是她跟我一起从维尔诺步行到华沙。

战后，以及在1989年的新波兰，我只是偶尔见过安德热依，但从他那本智慧又仁慈的著作《身为犹太人》中，我学到了很多东西。莱谢克·科瓦科夫斯基认为，虽然这类书有很多，但安德热依这本写得最好。它全面描写了两次大战之间在波兰的波兰人和犹太人之间的关系，以及那期间他个人的冒险经历。他有点像是个"金童"，不清楚自己应该做什么；他父亲很富有，送他出国到图尔[1]学医。他在那儿学好了法语，此外几乎一无所获。1933年回国后，他成了一家社会主义报纸的记者。在德国占领期间，由于他拥有几个能证明他是"合法"商人的证件，他在自己身上发现了新的才能——买进卖出。战后，维尔诺当局给了他一个职位，但他宁愿继续当《工人报》的记者。尽管他的秘密警察档案很糟糕，他仍然得以幸存下来；他自己也承认，这大概是因为他们认为，他是刽子手费耶金的一个亲戚。

---

1 法国西部城市。

安德热依的所有本能都是社会主义的，"解冻"之后，随着哥穆尔卡的归来，他想要相信，建立一个社会主义波兰是可能的。1959年，在巴黎，他跟我直率地长谈了六个小时，试图劝我回去，但我是个怀疑主义者。

1994年，他死于华沙。我认为，在某些复杂的历史阶段，既要保持正直的品行，又要忠实于自己，是非常难以做到的。安德热依·沃罗布莱夫斯基始终是个诚实的人，我希望他被人们这样记住。

Z

ZAGÓRSKI, Stefan（斯特凡·扎古尔斯基）。我文理中学的好友，绰号"大象"。他是律师伊格纳奇·扎古尔斯基的儿子。他父亲曾一度是俄国社会民主党党员。因此，有人会说，他父亲是个老布尔什维克。波兰左派的一个特征是娶犹太女人，老扎古尔斯基也是如此，因为"大象"和他弟弟佩里茨莱的母亲就是犹太人，一个外科医生。"大象"是路德派教徒，我们上宗教课时，他可以不来。他个子很高，略微驼背，有点笨手笨脚，胸脯和肚子上长满了毛，像只猿猴。"大象"跟人接触时温文尔雅，而且是个冷幽默大师。诗人耶日·扎古尔斯基（属于"灾祸派"）和社会主义者瓦茨瓦夫·扎古尔斯基是他的堂兄弟。两兄弟的父亲也是律师，但在沃林。

"大象"是我在文理中学最亲密的玩伴之一。那时我俩都是"流浪汉俱乐部"的成员，曾一起乘独木舟去巴黎，我已在别处写到过那次著名的航行。当我想到"大象"，我努力回想他在特罗基，在海岸上，在维尔诺学校体育联合会的码头上作为一名水手的样子，我们曾一起参加同学聚会，一起远足旅行。我想让自己相信，他在运动和性事方面是个胜利者，他品尝过青春的快乐——因为上苍没有赐予他长寿。

正是由于"大象"，"流浪汉俱乐部"和"灾祸派"的同伴们，以及后来的"丹比尼斯基小组"成员们才去参观过利波夫卡庄园。从维尔诺出发到利波夫卡，有两三个小时的行程。利波夫卡庄园的宅子位于维利亚河畔，那是老扎古尔斯基的财产。这宅子常被用作进一步旅行的中转站，或者城里出了麻烦事时的避难所。在战争期间，这后一种功能非常可贵。老扎古尔斯基很有耐心地招待我们这帮年轻人，为我们的左派倾向感到高兴。我得强调的是："大象"跟"灾祸派"文学圈一直保持着紧密的关系，但并不参加他们的政治活动。他没有加入"丹比尼斯基小组"。他生性喜自由，又多疑，不适应学习马克思主义的细节。齐格蒙特·赫兹是我后来的朋友，他很像"大象"的再生，同样的幽默感，同样善良、多疑，同样具有民主信仰。

最重要的是，利波夫卡庄园位于维利亚[1]河畔。这条河水流湍急。尽管它不是从高山上流下来的，但水质非常纯净，因为它在上游穿过的是一些林地，而且没有任何大的市镇。沙子和松树林——这就是为什么"我们这众多溪流的母亲拥有金黄的河床和天蓝的水面"。时不时地，有松木做成的筏子顺流而下。对我们这帮孩子来说，在河里游泳是一种快乐的仪式。我们会一直游到河的中央，然后随波逐流。与此同时，我们相互泼水、戏水、比赛，直到靠近下一个弯子。不过，我们不会游得太远，因为返程我们得走路回来。多年以后，

---

[1] 维利亚河即涅里斯河，发源于白俄罗斯，流经维尔诺，在考纳斯汇入尼曼河。"维利亚"是它在波兰语中的名称。

我把这一切写进了一首诗:

> 河流在这里转弯,流出森林。
> 它在阳光下翻滚,充满碧绿的反光。
> 这是星期天。村子里教堂的钟声嘹亮。
> 白云聚拢又散开,天空再度澄明。
> 顺着低矮的岸,他们跑得很远,变得很小。
> 他们试一下水,跳进去,河流便驮载起他们。
> 脑袋在中流时隐时现——三个、四个、七个。
> 他们互相比赛、叫唤,回声荡漾。
>
> 我在别人的土地上描写这一切。
> 我不知道这是出于什么目的。
> 难道只因为曾经有过这样的事?

维利亚河是一条值得尊敬的河流,尽管有一回我差点淹死在里面。我们当时逃学到维尔诺郊区的扎克雷特去玩,尽管水性差,我还是游到了深水处。米耶泰克·扎布沃茨基和扬茨救了我,主要是在精神上给我鼓劲,并游在我身边,时不时托起我的下巴,这样我就不会呛太多的水,或停止努力。

由于维利亚河夹带着大量的泥沙,说它的水面是天蓝色的并不十分准确。我三岁时,住在考夫诺和维尔诺之间靠近茹克瓦的地方,那时维利亚河就向我展现了它的灵魂。后来,我有机会在河上度过许多时日。比如,我曾从热米安纳河汇入维利亚河的地方乘皮筏顺流而下,到维尔诺去。这些河流的名字都非常古老,而且带有神秘感。在东斯拉夫人的语言中,维利亚河只是简单地被称作"外里亚"(Wielia)或"外尔卡"(Wielka,意为"伟大"),而在立陶宛人中间,它被叫作"那里斯"(Nerys)——这个词的词根与nur(水流)有关。这可以解释维尔诺郊区的"泊那里"(Ponary)这个地名的确衍生自Po-nerai(沿着那里斯)这个词组。"维伦卡"(Wilenka),也叫"维尔纳"(Wilna),是汇入维利亚河的另一条支流,其名称来自一个与"维利亚"(Wilia)不同的词根,那儿的城市就借用了这个名称。

每条河都有它自己的灵魂,我们初次站在岸边,就会感受到它。但涅维亚扎河跟我的灵魂结合得太紧密了,我反而不知道它的灵魂是什么。几条大河都保持着我初次见到它时的样子。在我六岁时,我见过勒热夫附近的伏尔加河。它的灵魂强大而亲密,一下子就吸引了我,而那时,我对俄罗斯历史一无所知。我觉得,维斯图拉河和卢瓦尔河[1]的灵魂变化多端、无情无义,也许那是因为它们奔涌在平原沙地上。维利亚河并非平原河流,它两岸连山,看起来与众不同。像多尔多涅[2]的那些河流,我感到很亲近。其中我最了解的是小岛

---

1 法国河流,两岸有著名城堡群,卢瓦尔河谷被称作"法兰西花园"。
2 法国西南部省份,位于卢瓦尔河谷与比利牛斯山脉之间,以流经它的多尔多涅河命名。

河，它和涅维亚扎河差不多大。韦泽尔河[1]也很迷人。我还记得莱茵河那高贵的灵魂。

我设法了解到许多河流从源头到入海口的全部情形。热梅纳河[2]出自杜比尼基湖，其行踪异常隐秘，要想在森林和浓密的灌木丛中找到它实非易事。随后，在森林的树桩间，它蜿蜒而行，穿过草地。如果我们乘独木舟，就得划过大团大团屈身于水流的水草。与黑汉恰河[3]一样，热梅纳河的灵魂是绿色的。它在桑托卡附近流入维利亚河，在那个地方我们可以看见，维利亚河的灵魂是蓝灰色的。

在俄勒冈，有一条叫作"乌木瓜"（Umpqua）的河，这个名字是印第安语。河的源头是卡斯卡德山脉上的银湖，我与扬卡曾驾车从那里出发，沿河旅行，直到它流入太平洋的入海口。我是在地图上计划这次旅行的。一开始，紧跟着它走，因为公路沿着河岸，弯弯曲曲，穿山越岭。然后进入一片公路和城镇纵横交错、杂乱无章的地域，就找不到山谷中的河流了。最终我们又与河流会合——在入海口附近，它显得庞大、壮观。就在那儿，我们见到了一条被当场捕获的硕大无比的鲟鱼。

我想用这番关于河流的插叙，来表达我对"大象"和利

---

[1] 法国西南部河流，多尔多涅河的支流，流经科雷兹省和多尔多涅省。
[2] 立陶宛河流，维利亚河的支流。
[3] 被誉为波兰最美的河流之一，流经苏瓦基地区的国家公园，为欧洲皮划艇胜地。

波夫卡庄园的怀念。或许我应该再讲讲黑森林[1]的山间小路。我们在莱茵河里翻船之后，曾沿着那些小路漫游到巴塞尔[2]。在那儿，我们碰到几个德国少年，青年运动的候鸟[3]们，他们很快就要披上军装。或者，我应该讲讲多年之后，在巴黎，有一回我从格拉希埃地铁站出站，突然间想起那个救世军青年旅社。它的名字很气派，叫"人民宫"，以前就坐落在那个地铁站旁边。为了能在那儿吃一顿晚餐，我和"大象"曾一起高唱赞美诗。

事实上，自从离开维尔诺，我对"大象"所知甚少。1940年夏天，我曾与他在华沙巧遇，那时他仍旧在做玻璃装配工。战争爆发的第一个月，华沙大轰炸之后，他就干起了这份工。这工作好像是给别的更加重要的工作打掩护。我相信，他属于波兰在伦敦的流亡政府属下的几个组织之一，否则德苏战争爆发之后，他就不会在利沃夫。在一栋高楼上层的一间房子里，他被盖世太保逮捕，受尽折磨。为了逃避进一步的折磨，为了不让自己背叛任何人，他跳窗自杀了。

ZAN, Tomasz（托马什·赞）。在我童年和青年时代所住的城市里，他可是位大人物。他在学生时代，跟孔特里姆一样，

---

[1] 位于德国西南部的森林山脉，西边和南边是莱茵河谷。
[2] 瑞士西北部城市，在莱茵河畔。
[3] 二十世纪初，在德国发起了一场回击现代社会的青年运动，即"候鸟运动"。参与者自称"候鸟"（Wanderfögeln），热衷于漫游旅行。

属于一个共济会分会。孔特里姆是大学图书馆的工作人员，曾秘密支持过爱学社。他在共济会里的身份似乎比密茨凯维奇还要高，据我们所知，密茨凯维奇不属于维尔诺的任何共济会分会。维尔诺共济会长久以来一直受到沙皇的严令禁止，直到1900年后"恶棍社"兴起才得以恢复。这并不意味着所有"恶棍社"成员都是共济会会员，但这些团体都有联系。1905年之后，似乎很快就成立了以"托马什·赞"命名的共济会分会。

作为一名文理中学的学生，对我来说重要的是托马什·赞图书馆。它建立于二十世纪二十年代，其初衷是配合各校教育；年轻人可以到那儿去阅读书刊（不让借出来带回家）。低年级学生更适合去波兰学校联合会的图书馆，它就坐落在我们学校隔壁的小波胡兰卡街上，那儿的书可以借出来。但是，在托马什·赞图书馆，你能读到康拉德作品的波兰语译本，或者文学史上其他的严肃书籍。那时，托马什·赞图书馆还坐落在大波胡兰卡街的拐角处，与剧院隔街相望。后来，它搬到了波托瓦街属于自己的楼房里。

图书馆为什么要取这个名字？其创始人密乌科夫斯基神父和鲁什奇茨小姐可能不曾被任何共济会的设计方案所打动，也许他们甚至并不知道这个名字跟共济会有什么关系。在他们看来，托马什·赞只是一个赞助者；他之所以提供赞助，是因为他一直是爱学社的成员，而且是一个始终忠于祖国的流亡者。

Z

我至今记得那些在托马什·赞图书馆度过的夜晚。有时我在那儿阅读华沙报纸《真理之声》的文学副刊。它的编辑叫尤利乌什·卡登-班德罗夫斯基,此人耐心而严肃地维护着这份副刊,使它成为一所有益于年轻人的微型文学学校。正是在这份副刊上——大概是在1927年或1928年——我第一次读到了一首约瑟夫·切霍维奇的诗,一下就记住了。它还刊登了我写给编辑的一封信——那是我头一回发表的文字。我怀着感念之情想起托马什·赞图书馆的创始人。愿他们的事业尚存一些蛛丝马迹。

跋

DISAPPEARANCE, of people and objects（消失的人和物）。我们生活在时间之中，因此都服从于这样一条规律：任何事物都不能永远延续，一切都会消逝。人会消失，动物、树木、风景也是如此。正如所有活得足够长的人们所知道的，就连那些关于曾经活过的人的记忆也在消亡。只有很少一些人会保留他们最亲密的亲人和朋友的记忆，但即使是在这些人的意识里，面孔、姿势和话语也在逐渐消退，直到永远消失，再也不会有人出来作证。

对坟墓另一边那个世界的信仰，全人类都是如此，这种信仰在阴阳两界之间划了一道界线。两界之间的交流是困难的。在被许可下到阴间去找寻他的爱人欧律狄刻之前，俄耳浦斯必须答应几个条件。埃涅阿斯是因为拥有某些魔力才得以进入地狱的。那些居住在但丁所描写的地狱、炼狱和天国里的人们不曾离开他们死后的住处，告诉生者他们在那里的情形；为了了解他们的命运，诗人但丁必须走访死者的国度。先是由维吉尔，一个幽灵引领——因为他在很久以前就死了，然后由贝阿特丽切引领，她居住在天国。

纵然如此，在那些相信万物有灵、相信祖先庇佑的人们看来，分隔两个世界的那条界线并不完全分明。死去的祖先继续住在家园或村子附近的某个地方，尽管我们看不见。在新教教义中，他们已经没有存身之处，没有一个新教徒会向

跋

死者寻求帮助。天主教则不然，它引入替人祷告的圣徒形象，增加圣徒的数目，扩大宣福[1]的规模，以此来表明善灵们并未离开生者，天人永隔。正因为此，波兰的"万灵节"尽管起源于远古时代野蛮人的万物有灵信仰，但却受到了天主教会的祝福，被看成是一种重要的替信徒祈祷的仪式。

密茨凯维奇相信幽灵的存在。他在青年时代曾是个伏尔泰主义者，似乎开过幽灵的玩笑。不过，即使在他翻译伏尔泰的《圣女贞德》时，他也选择了贞德被强暴受辱，以及作恶者在地狱里领受应得惩罚的场面。他的《谣曲集》和《先人祭》可以用作通灵手册。后来，他不就劝告人们要在生活中有所作为，因为"没有躯体的灵魂难以行动"吗？更不必提他讲述的那些灵魂被惩罚进入野兽身体的故事，那些故事显然是从民间信仰中借来的，或者来自卡巴拉主义者信仰的轮回转世说。

取自白俄罗斯的先人祭仪式，最有力地证明了生者和死者之间相互依赖的关系，因为生者会用极为世俗的方式向死者祭献食物，以此召唤死者的幽魂。密茨凯维奇在《先人祭》以及其他一些作品中，写到过阴阳两界的相互作用；在他笔下，阴间没有不可改变的事物。

人一个接一个地消逝，于是问题越来越多：他们死后是

---

[1] 宣福（Beatification）是天主教会追封逝者的一种仪式，经过宣福的人享有"真福者"的称号，其位阶仅次于"圣人"。

否还存在？在多大程度上存在？宗教空间连着历史空间，被理解成文明的传承。比如，某种语言的历史会呈现为一个地方，我们能在此会见我们的先辈，那些一百年前或五百年前用我们的语言写作的人们。诗人约瑟夫·布罗茨基甚至说，他不是为未来的人们写作，而是为了取悦那些诗歌先贤的阴魂。也许，从事文学写作只不过是"先人祭"的一种永恒的庆典仪式，是对祖灵的召唤，希望他们会显形片刻。

波兰文学中有些名字一直活跃在我心中，因为他们作品的生命力至今依然；有一些则不那么活跃了，还有一些拒绝再出现。但我所考虑的不仅仅是文学问题。我的时代，我的二十世纪，重压在我的心头，它是由一些我认识或听说过的人们的声音和面孔所构成的，而现在，他们已不复存在。许多人因某事而出名，他们进入了百科全书，但更多的人被遗忘了，他们所能做的就是利用我，利用我血流的节奏，利用我握笔的手，回到生者之中，待上片刻。

在写作这部词典的过程中，我常想，我们最应该做的，是深入到每一个人的生活和命运的核心，而不是把自己局限在一些外在因素上。书中写到的人们往往通过一些并不特别重要的细节一闪而过，对此他们只好知足了，因为即便以这种方式被记住，总好过彻底被遗忘。也许这本词典是一件替代品，它替代了一部长篇小说、一篇关于整个二十世纪的论文、一部回忆录。书中所记的每个人都在一个网络中活动，他们相互说明、相互依赖，并与二十世纪的某些事实相关联。

由于傲慢（看起来肯定如此），或由于故意的散漫，我遗漏了一些名字；说到底，我并不为此感到遗憾。

人名、地名译名对照[1]
（按字母顺序排列）

A

Adamovicius, 阿达莫维丘斯
Akhmadulina, Bella 贝拉·阿赫玛杜琳娜
Amalrik, Andrei 安德烈·阿马尔里克
Amalrik, Gyuzel 纠泽尔·阿马尔里克
Ancewicz, Franciszek 弗朗齐歇克·安切维奇，又名 Ancevičius Pranas 安切维丘斯·普拉纳斯
Anders, Władysław 瓦迪斯瓦夫·安德斯
Andrzejewski, Jerzy 耶日·安德热耶夫斯基

Antokol 安托科尔，即 Antakalnis 安塔卡尔尼斯
Antokolski 安托科利斯基
Arkhangelsk 阿尔汉格尔斯克
Askenazy, Szymon 希蒙·阿什克纳奇
Audubon 奥杜邦
Augustus, Sigismund 希吉斯蒙德·奥古斯特

B

Baczyński, Krzysztof 克日什托夫·巴琴斯基
Baczyński, Stanisław 斯坦尼斯瓦夫·巴

---

[1] 译名已有通译的人名、地名不在注释范围内。

琴斯基

Bagration 巴格雷申

Barańczak, Stanisław 斯坦尼斯瓦夫·巴兰恰克

Barney, Natalie Clifford 娜塔莉·克里福德·巴尼

Batignolles 巴蒂尼奥勒

Benzion, Hannah 汉娜·本济文

Berdyaev, Nikolai 尼古拉·伯迪亚耶夫

Berlstein, Dr. 博尔斯泰因博士

Béziers 贝济耶

Bezdany 贝日达尼

Bielany 别拉尼

Bielsk 别尔斯克

Bitowt 比托夫特

Black Hańcza 黑汉恰河

Bobkowski, Andrzej 安德热依·博布科夫斯基

Bogucka, Tola 托拉·伯加卡

Bohdziewicz, Antoni 安托尼·波赫杰维奇

Bondy, François 弗朗索瓦·邦迪

Borejsza, Jerzy 耶日·博热依沙

Borowik, Lucjan 卢茨扬·博罗维克

Borowski, Tadeusz 塔德乌什·博罗夫斯基

Bosschère, Jean de 让·德·波歇尔

Bossowski 博索夫斯基

Boy-Żeleński, Tadeusz 塔德乌什·博伊-耶伦斯基

Bracław 布拉茨瓦夫

Bradbury, Nancy 南希·布拉德伯里

Brandys, Kazimierz 卡齐米日·布兰迪斯

Breslau 布雷斯劳

Breza 布雷扎

Broniewski, Władysław 布罗涅夫斯基, 瓦迪斯瓦夫

Brzozowski, Stanisław 斯坦尼斯瓦夫·勃佐佐夫斯基

Bujnicki, Teodor 特奥尔多·布日尼茨基

Bychowski, Rysiek 里谢克·比霍夫斯基

Byrska, Irena 伊莱娜·别尔斯卡

Byrski, Tadeusz 塔德乌什·别尔斯基

C

Calafia 卡拉菲亚

Carrara 卡拉拉

Cascade Range 卡斯卡德山脉

Chaadayev, Pyotr 彼得·恰达耶夫

Chiaromonte, Miriam 米丽娅姆·恰罗蒙特

Chiaromonte, Nicola 尼古拉·恰罗蒙特

Chieti 基耶蒂

Chodźko, Ignacy 伊格纳齐·霍兹科

Chruściel, Antoni 安托尼·贺路西艾尔

Clichy 克利希

Codreanu 科德雷亚努

Coleman 科尔曼

Colin, Jean 让·科兰
Cywiński, Stanisław 斯坦尼斯瓦夫·齐温斯基
Czapski, Józef 约瑟夫·恰普斯基
Czarnocki, Zygmunt 齐格蒙特·查诺茨基
Czechowicz, Józef 约瑟夫·切霍维奇
Czernica 切尔尼卡
Czycz, Stanisław 斯坦尼斯瓦夫·切奇

D

Damiecki, Dobiesław 多别斯瓦夫·达米茨基
Dangel, Feliks 费利克斯·当热尔
Dąbrowski Square 东布罗夫斯基广场
Dembiński, Henryk 亨利克·丹比尼斯基
Dłuska, Janka 扬卡·杜丝卡
Dłuski, Ludwik 卢德维克·杜丝基
Dmowski, Roman 罗曼·杜莫乌斯基
Domowska, Emma 艾玛·多莫夫斯卡
Dordogne 多尔多涅
Drohobycz 德罗霍贝奇
Druja 杜鲁亚
Dubińki 杜比尼基湖
Dyakowski 戴亚科夫斯基
Dygat, Stanisław 斯坦尼斯瓦夫·迪加

E

Ejnik 埃伊尼克

Eliade, Mircea 米尔恰·伊利亚德
Everson, William 威廉·艾弗森
Evtushenko, Evgeny 叶夫根尼·叶夫图申科

F

Fedorov 费德罗夫
Feigin 费耶金
Fessard, Gaston 加斯东·费萨尔
Filtrowa Street 费尔特罗瓦大街
Foksal 弗克萨尔街
Folejewski, Zbigniew 兹比格涅夫·弗莱耶夫斯基
Fonvizin 冯维辛
Fryde, Ludwik 卢德维克·弗里德

G

Gaon 加翁
Gazala 加查拉
Gałczyński, Konstanty 康斯坦丁·加乌琴斯基
Gauss, Christian 克里斯蒂安·高斯
Gdynia 格丁尼亚
Gediminas 格季米纳斯
Gellner, Ernest 厄内斯特·盖尔纳
Geppner, Aleksander 亚历山大·盖普纳
Giedroyć, Jerzy 耶日·盖德罗伊奇
Gieysztor, Jakub 雅库布·盖伊什托尔
Gilson, Étienne 艾蒂安·吉尔松
San Gimignano 圣吉米尼亚诺

Gliwic, H. H.格利威茨
Goldmann, Lucien 吕西安·戈德曼
Gołubiew, Antoni 安托尼·戈乌别夫
Gołubiew, Tolo 托罗·戈乌别夫
Gomulka 哥穆尔卡
Goodman, Mac and Sheba 马克·古德曼和谢巴赫·古德曼
Grade, Chaim 海姆·格拉德
Gradé 格拉代
Gregory Grossman 格雷戈里·格罗斯曼
Grot-Rowiecki, Stefan 斯特凡·格罗特-罗维耶茨基
Grydzewski, Mieczysław 米奇斯瓦夫·格日泽夫斯基
Guillevic, Eugène 欧仁·吉尔维克
Guitry, Sacha 萨查·基特里
Guze, Joanna 乔安娜·古泽

H

Halina 哈里纳
Hancewicze 甘采维奇
Hańska, Ewelina 埃韦利纳·韩斯卡
Herbert, Zbigniew 兹比格涅夫·赫贝特
Hersch, Jeanne 让娜·赫尔施
Hertz, Aleksander 亚历山大·赫兹
Hertz, Zygmunt 齐格蒙特·赫兹
Hłasko, Marek 马雷克·赫瓦斯科
Horthy, Miklós 霍尔蒂·米克洛什
Horzyca, Wilhelm 威廉·霍尔日查
Hutter 胡特尔

I

Inflanty 因弗兰提
Istrati, Panait 帕纳伊特·伊斯特拉蒂
Iwaszkiewicz, Jarosław 亚罗斯瓦夫·伊瓦什凯维奇

J

Jabłonna 雅布翁那
Jadźwing 雅兹温
Janta-Połczyński, Aleksander 亚历山大·扬塔-波乌琴斯基
Jaracz, Stefan 斯特凡·雅拉奇
Jarry, Alfred 阿尔弗雷德·雅里
Jaspers, Karl 卡尔·雅斯贝斯
Jastrun, Mieczysław 米奇斯瓦夫·亚斯特伦
Jaszuny 雅舒尼
Jaś 雅希
Jeanson, Francis 弗朗西斯·让松
Jatwież 雅特维热
Jeleński, Konstanty 康斯坦丁·耶伦斯基，昵称 Kot 科特·耶伦斯基

K

Kah-Nee-Ta 卡尼塔
Kaczerginski 卡切尔金斯基
Kairukstis, Vytautas 维陶塔斯·凯如克什提斯
Karpiński, Światopełk 希维亚托佩乌克·卡尔皮尼斯基

Kasprzycki, Tadeusz 塔德乌什·卡斯普日茨基

Kekštas, Juozas 尤奥扎斯·凯克什塔斯，又名为 Juozas Adomavičius 尤奥扎斯·阿多马维丘斯

Kerensky 克伦斯基

Kiejdany 基日达尼

Kiejdzie 基日杰兹

Kiernowo 基尔诺沃

Kikawada, Isaac 伊萨克·基卡瓦达

Kisielewski, Stefan 斯特凡·基谢列夫斯基，曾用笔名 Kisiel 基谢尔、Teodor Klon 特奥尔多·柯隆，可能也以 Staliński 斯塔林斯基这个笔名写政治小说

Klaipėda 克莱佩达，旧称 Memel 梅梅尔

Kniaznin 克尼亚伊宁

Sukhovo-Kobylin 苏科沃-克比林

Kochanowski, Piotr 彼得·柯哈诺夫斯基

Kontrym 孔特里姆

Konwicki, Tadeusz 塔德乌什·孔维茨基

Kopański, Stanisław 斯坦尼斯瓦夫·科帕尼斯基

Kopeć, Bohdan 博赫丹·科佩奇

Korczak, Janusz 雅努什·考尔查克

Korsak, Włodzimierz 沃齐米日·科尔萨克

Kosidowski, Zenon 泽农·考西多夫斯基

Kotarbiński 科塔尔比尼斯基

Kownacki, Stanisław 斯坦尼斯瓦夫·考夫纳茨基，昵称 Staś 斯达希

Kranc, Fela 费拉·克兰茨

Krasnogruda 克拉斯诺格鲁达

Krasnoyarsk 克拉斯诺亚尔斯克

Krońskis 克龙尼斯基斯

Kroński, Tadeusz Juliusz 塔德乌什·尤利乌什·克龙尼斯基

Krzeszowice 克热首维采

Krzyzanowski, Bronisław 布劳尼斯瓦夫·克日扎诺夫斯基

Kuhn, Thomas 托马斯·库恩

Kunat 库纳特

Kudrewicz, Jan 扬·库德莱威切

L

Lammandé 拉芒戴

Lande 兰德

Lane, Beatrice 贝亚德丽丝·莱恩

Larbaud, Valéry 瓦莱里·拉尔伯

Lasky, Melvin 梅尔文·拉斯基

Lavelle, Louis 路易·拉韦尔

Lec, Stanisław Jerzy 斯坦尼斯瓦夫·耶日·莱茨

Lechoń, Jan 扬·雷宏尼

Lednicki, Aleksander 亚历山大·雷德尼茨基

Léger, Fernand 费尔南德·莱热

Legmedis 莱格梅迪斯

Levine, Madeline 玛德琳·莱文

441

Leopolita 列奥泼里塔

Liberec 利贝雷茨

Lipschitz 利普席茨

Lisowski, Jerzy 耶日·里索夫斯基

Lozoraitis 洛佐赖蒂斯

Lubkiewicz-Urbanowicz, Teresa 特蕾莎·鲁布凯维奇-乌尔班诺维奇

Lunacharsky, Anatoly 阿纳托利·卢那察尔斯基

Ł

Łódź 罗兹

Łopaciński 沃帕钦斯基

Łukasiewicz 武卡谢维奇

Łukomla 武科姆拉

M

Macdonald, Dwight 德怀特·麦克唐纳

Maciejewski, Roman 罗曼·玛切耶夫斯基

Mackiewicz, Józef 约瑟夫·马茨凯维奇

Malesherbes 马勒泽布

Makavejev, Dušan 杜尚·马卡耶夫

Majorenhof 马约伦霍夫

Mandel, Artur 阿图尔·曼德尔

Marin County 马林县

Maruszewski 马鲁舍夫斯基

Masereel, Frans 弗朗斯·马塞里尔

Mascolo, Dionys 狄俄尼斯·玛斯科洛

Merecczanka 梅瑞赞卡河

Meysztowicz, Janek 雅内克·梅什托维奇, 昵称 Jan 扬

Meysztowicz, Walerian 瓦勒瑞恩·梅什托维奇

McCarthy, Mary 玛丽·麦卡锡

Michener, James 詹姆斯·米切纳

Mickiewicz, Adam 亚当·密茨凯维奇

Miciński, Bolesław 博莱斯瓦夫·米钦斯基

Mikołajewski, Daniel 丹尼尔·米克瓦耶夫斯基

Miłkowski 密乌科夫斯基

Minkiewicz, Janusz 雅努什·明基维奇

Miriam-Przesmycki 米利亚姆-普热斯米茨基

Mitzner, Zbigniew 兹比格涅夫·米茨纳

Modzelewski, Zygmunt 齐格蒙特·莫泽夫斯基

Mohl 莫尔

Monte Cassino 卡西诺山

Montgeron 蒙特格伦

Moravia 摩拉维亚

Mordechai, Shlomo 什洛莫·莫迪凯

Münzenberg, Willi 维利·明岑贝格

N

Nansen, Fridtjof 弗里乔夫·南森

Napierski, Stefan 斯特凡·纳皮耶斯基

Narocz Lake 那罗茨湖

Narutowicz, Gabriel 雅布里艾尔·纳

鲁托维奇
Nathan, Leonard 伦纳德·南森
New Helvetia 新赫尔维希亚
Niewiaża 涅维亚扎河
Norwid, Cyprian 齐普里安·诺维特
Novak, Michael 迈克尔·诺瓦克
Novgorod 诺夫哥罗德
Nowogródek 诺沃格罗代克
Nowosielski, Jerzy 耶日·诺弗谢尔斯基
Noyes, George Rapall 乔治·拉帕尔·诺耶斯
Nyka-Niliunas, Alfonsas 阿尔方萨斯·尼卡-尼流纳斯

O
Obory 奥博里
Ochocki 奥霍茨基
Olsztyn 奥尔什丁
Orzeszkowa, Eliza 伊丽莎·奥泽什科娃
Osterwa 奥斯特瓦

P
Palmiry 帕尔米里
Palo Alto 帕洛阿尔托
Pankiewicz, Józef 约瑟夫·潘凯维奇
Panufnik, Andrzej 安杰伊·帕努夫尼克
Parandowski, Jan 扬·帕兰多夫斯基
Paszkiewicz 帕什凯维奇，又名 Poszka 帕什卡
Patti, Adelina 阿德琳娜·帕蒂
Petrażycki, Leon 莱昂·彼得拉日茨基
Petrément, Simone 西蒙娜·贝忒蒙
Piastów 皮亚斯托夫
Pigoń, Stanisław 斯坦尼斯瓦夫·皮贡尼
Piłsudski, Jan 扬·毕苏斯基
Pitoëff, Ludmilla 柳德米拉·皮托艾夫
Plater, Emilia 埃米莉亚·普莱特
Podgórna 泼德果纳
Podkomorzynek 泼德科默奇内克
Poginie 波及尼
Pohulanka 波胡兰卡街
Pokucie 波库切
Polotsk 波洛茨克
Połaga 波瓦加
Ponary 泊那里
Poniatowski, Futa 富塔·蓬尼亚托夫斯基
Poniewiez 彭涅维热
Popa, Vasko 瓦斯科·波帕
Popiszki 波皮什基
Popiś 波皮什
Porębowicz, Edward 爱德华·波仁鲍维奇
Potocki, Walentyn 瓦伦汀·波托茨基
Potocki, Nadia and Pan Antoni 娜迪娅和潘·安托尼·波托茨基
Praga 布拉加
Princip, Gavrilo 加弗里洛·普林西普
Prus, Bolesław 博莱斯瓦夫·普鲁斯
Pruszyński, Ksawery 克萨弗里·普鲁

辛尼斯基
Przyboś, Julian 尤利安·普日鲍希
Putrament, Jerzy 耶日·普特拉门特

R
Raudonka 罗冬卡
Regler, Gustaw 古斯塔夫·瑞格勒
Rawicz, Piotr 彼得·拉维奇
Reid, Thomas Mayne 托马斯·梅恩·里德
Rodziewiczowna, Zofia 索菲娅·罗齐耶维佐夫娜
Rogowiczowa, Zofia 索菲娅·罗格维卓娃
Romer, Michał 米哈乌·罗默
Rożek, Adolf 阿道夫·劳热克
Różewicz, Tadeusz 塔德乌什·罗热维奇
Przybyszewski 普日比谢夫斯基
Rudnicki 鲁德尼茨基
Ruszczyc, Ferdynand 费迪南德·鲁什奇茨
Rymkiewicz, Aleksander 亚历山大·雷姆凯维奇
Ryńca, Władysław 瓦迪斯瓦夫·瑞尼卡
Rytard, Mieczysław 米奇斯瓦夫·瑞塔尔德
Rzhev 勒热夫

S
Sadzik, Józef 约瑟夫·萨奇科
Salonika 萨洛尼卡

Samogitia 萨莫吉提亚
San Gimignano 圣吉米尼亚诺
Santoka 桑托卡
Sapieha 萨佩哈
Schenk, Ernst von 恩斯特·冯·申克
Scotus, Duns 邓斯·司各脱
Sejny 塞日尼
Semprun, Jorge 豪尔赫·森普伦
Serbiny 瑟比尼
Serge, Victor 维克托·泽格
Sédir 塞迪尔
Shapiro, Karl 卡尔·夏皮罗
Shestov, Lev 列夫·舍斯托夫
Signorelli 西诺雷利
Silone, Ignazio 伊尼亚齐奥·西洛内
Skurko, Jauheni 窑合尼·斯库尔科, 曾用笔名 Maksym Tank 马克希姆·谭克
Skryżalin, Mary 玛丽·斯克利沙林
Slendzinski, Ludomir 卢多米尔·什伦兹尼斯基
Sławek, Walery 瓦勒里·斯瓦威克
Sławińska, Irena 伊琳娜·斯瓦维尼斯卡
Słonimski, Antoni 安托尼·斯沃尼姆斯基
Słowacki, Juliusz 尤利乌什·斯沃瓦茨基
Solovki 索洛夫基
Sołtan 索乌丹
Soplicowo 索普利科沃
Sopot 索波特
Soutine, Chaim 海姆·苏蒂纳

Stachiewicz, Julian 于连·斯达亥维奇
Staff, Leopold 利奥波德·斯塔夫
Stempowski, Jerzy 耶日·斯坦鲍夫斯基
Stempowski, Stanisław 斯坦尼斯瓦夫·斯坦鲍夫斯基
Sterne, Laurence 劳伦斯·斯特恩
Stomma, Stanisław 斯坦尼斯瓦夫·斯托马
Steklov 斯戴克罗夫
Straszewicz, Czesław 切斯瓦夫·斯特拉舍维奇
Struve, Gleb Petrovich 格列布·彼得罗维奇·斯特鲁韦
Surcouf, rue 叙尔库夫路
Suryszki 苏里什基
Sutter, Johann August 约翰·奥古斯特·苏特
Sutzkever, Abraham 亚伯拉罕·苏茨科沃
Suwałki 苏瓦乌基
Swedenborg, Emanuel 伊曼纽尔·斯威登堡
Swianiewicz, Stanisław 斯坦尼斯瓦夫·斯维安涅维奇
Sym, Igo 伊格·西姆
Syruciówna, Józefa 约瑟法·塞如齐奥夫娜
Syruć, Jan 扬·塞如切
Syrutyszki 塞如提什基
Szawle 沙乌莱

Szetejnie 谢泰伊涅
Szejnert, Małgorzata 马乌戈热塔·舍日内特
Sztromas, Aleksandras 亚历山德拉斯·什特罗玛斯
Szuber, Janusz 雅努什·舒伯尔
Szumska, Danuta 妲努塔·舒木斯卡

Ś
Śniadecka, Ludwika 卢德维卡·希尼亚德茨卡
Śniadeckis 希尼亚德茨基一家
Święcicki, Józef 约瑟夫·希维齐茨基
Świętobrość 希维托布罗什切
Świrszczyńska, Anna 安娜·希维什琴斯卡

T
Tamales Bay 塔玛莉海湾
Tobruk 图布鲁克
Toeplitz, Tus 图什·托普利茨
Tom, Alfred 阿尔弗雷德·汤姆
Tours 图尔
Troki 特罗基
Trutnev, Ivan 伊万·楚特涅夫
Turgiele 图基艾勒
Turowicz, Jerzy 耶日·图罗维奇
Tuwim, Julian 尤利安·图维姆
Twardowski 特瓦尔多夫斯基

Tyrmand, Leopold 利奥波德·泰曼德
Tyrol 提洛尔
Tyszkiewicz, Alfred 阿尔弗雷德·泰什凯维奇

U
Urbšys, Juozas 尤奥扎斯·乌尔伯希斯
Uzumiszki 乌茹米什基

V
Valmorin, Mme 瓦尔莫琳夫人
Vence 旺斯
Vetterling, Herman 赫尔曼·威特铃
Vesera 韦泽尔河
Viciebsk 维捷布斯克
Vincenz, Stanisław 斯坦尼斯瓦夫·文岑茨
Vistula 维斯图拉河
Vorkuta 沃尔库塔
Voznesensky, Andrei 安德烈·沃兹涅先斯基

W
Wałęsa, Lech 莱赫·瓦文萨
Wańkowicz, Melchior 梅尔希奥·瓦尼科维奇
Wat, Aleksander 亚历山大·瓦特
Ważyk, Adam 亚当·瓦热克
Weintraub, Wiktor 维克托·温特劳布
Wierciński, Edmund 埃德蒙·维尔钦斯基
Wierzbicki, Felix 费利克斯·维尔日比茨基
Wiejska Street 维伊斯卡街
Wilenka 维伦卡
Wilia 维利亚
Wilna 维尔纳
Winnicka, Wikta 维克塔·维尼茨卡
Witkiewicz, Stanisław Ignacy 斯坦尼斯瓦夫·伊格纳齐·维特凯维奇，一般被称作 Witkacy 维特卡奇
Wittlin, Józef 约瑟夫·维特林
Wraga, Ryszard 雷沙德·弗拉伽，又名 Niezbrzycki 涅兹布热茨基
Wróblewski, Tadeusz 塔德乌什·弗鲁布莱夫斯基
Wujek, Jakub 雅库布·伏耶克

Y
Yermolovka 叶尔摩洛夫卡

Z
Zakret 扎克雷特
Zawadzki, Jurek 尤雷克·扎瓦兹基
Zawieyski 扎维斯基
Zdziechowski, Marian 马里安·兹杰霍夫斯基
Zemsz 赞姆什
Zet 泽特
Zgorzelski, Czesław 切斯瓦夫·兹戈

热尔斯基

Zieleńczyk 杰伦奇克

Zieleńczykówna, Jadwiga 雅德维加·杰伦奇科夫娜

Zielonko, Jane 简·杰隆科

Zielna Street 齐尔纳大街

Ż

Zegaryno 热加里诺

Żejmiana 热梅纳河

Żelechowska, Halina 哈里娜·热莱霍夫斯卡

Żelski 热尔斯基

Żeromski, Stefan 斯特凡·热罗姆斯基

米沃什年表

1911 年	6月30日,切斯瓦夫·米沃什出生于立陶宛基日达尼地区的谢泰伊涅。父亲亚历山大·米沃什是一名土木工程师,母亲薇罗妮卡(母姓库纳特)是立陶宛贵族后裔。
1914—1918 年	"一战"爆发后,父亲被征入伍,任沙俄军队工程官,在前线地区修筑桥梁和防御工事。切斯瓦夫与母亲、弟弟跟随辗转俄国各处。1918年,全家返回立陶宛。
1921 年	进入维尔诺(今维尔纽斯)希吉斯蒙德·奥古斯特预科男校学习。维尔诺当时属于波兰版图。
1929 年	进入斯特凡·巴托雷大学(今维尔纽斯大学)就读法律系。为大学文学社活跃分子。
1930 年	开始在校刊《母校维尔纽斯》(*Alma Mater Vilnensis*)上发表诗作。
1931 年	与一群青年诗人成立"灾祸派"(Żagary)诗人团体。加入"流浪汉俱乐部"。初次前往巴黎旅行,见到他的远方表亲、法籍诗人奥斯卡·米沃什(Oscar Miłosz)。
1933 年	第一本诗集《关于凝冻时代的诗篇》(*Poemat o czasie zastygłym*)由斯特凡·巴托雷大学文学社出版。与兹比格涅夫·弗莱耶夫斯基(Zbigniew Folejewski)合编《文学社诗选》,在维尔诺出版。
1934 年	大学毕业,获法学学位。诗作获得波兰作家联盟(Związek Literatów Polskich)颁发的爱学社文学奖。同年秋,获波兰国家文化基金会资助,前往巴黎游学一年。
1935 年	在巴黎法语协会学校进修法语。与奥斯卡·米沃什深入交往。继续诗歌创作。12月,回到维尔诺。
1936 年	在维尔诺波兰电台任文学节目制作人。在波兰作家联盟的赞助下,出版第二本诗集《三个冬天》(*Trzy zimy. Poezje*)。
1937 年	因左派言论被电台开除。前往意大利旅行。回国后进入华沙

	波兰国家电台工作。在各种文学期刊上发表诗作和文章。
1938 年	中篇小说《计算》（*Obrachunki*）获得著名文学期刊《垂直》（*Pion*）赞助的文学奖。首次翻译奥斯卡·米沃什诗作《歌》（"Un Chant"），发表在法国期刊《南方手册》（*Les Cahiers du Sud*）上。
1939 年	纳粹德国入侵波兰后，被派往前线担任无线电话务员。
1940 年	1月，回到维尔诺，苏军占领该市。6月，穿越苏德防线来到纳粹占领的华沙。参加地下抵抗运动，用笔名扬·塞如切（Jan Syruć）秘密发表诗集《诗》（*Wiersze*）。塞如切是米沃什的立陶宛外祖母娘家的姓氏。
1941 年	在华沙大学图书馆做门房，继续诗歌创作。
1942 年	编选诗集《独立之歌：波兰战时诗歌》（*Poezja polska czasów wojny*），在华沙秘密出版。
1943 年	发表《世界：幼稚的诗篇》，此为米沃什创作的转折点。应华沙地下戏剧委员会委托，翻译莎士比亚《皆大欢喜》。参与地下诗歌朗诵会。
1944 年	纳粹占领期间，与维尔诺电台同事扬卡·杜丝卡在华沙结婚。8月，华沙起义失败后，与妻子在克拉科夫附近的朋友家中暂避数月。
1945 年	母亲薇罗妮卡在格但斯克（Gdansk）附近感染伤寒逝世。诗选集《拯救》（*Ocalenie*）在解放后的波兰出版。12月，接受波兰人民共和国外交部的职务，前往美国赴任。
1946 年	在波兰驻纽约领事馆任文化专员。
1947 年	调任华盛顿特区的驻美大使馆。除个人创作，还将英语诗歌翻译成波兰语。长子安托尼（Antoni）出生。
1950 年	调往波兰驻法大使馆，任文化事务一等秘书，此时他的家人仍留在美国。12月，返回华沙度假时，护照被没收。
1951 年	1月，在波兰外交部长齐格蒙特·莫泽莱夫斯基的干预下，取回个人护照，回到巴黎。2月1日，从驻法大使馆出走，申请政治避难，开始在法国长达九年的流亡生涯。搬至巴黎

	西北郊的拉斐特镇（Maisons-Laffitte），为波兰流亡作家的《文化》杂志社撰稿。申请美国签证被拒。开始写作《被禁锢的头脑》。次子彼得（Piotr）出生。
1953 年	《被禁锢的头脑》波兰语版由位于巴黎的出版机构"文学协会"（《文化》杂志的赞助者）出版，法语版和英语版同步出版。发表流亡后首部诗作《白昼之光》（*Światło dzienne*）。写作《权力的攫取》，该书译成法文，获"欧洲文学奖"（Prix Littéraire Européen）。获得奖金后将家人接至巴黎团聚。
1955 年	出版第二部长篇小说、带有自传性质的《伊萨谷》（*Dolina Issy*），回忆在立陶宛度过的童年时光。将让娜·赫尔施的《政治与现实》翻译成波兰语出版。
1957 年	"文学协会"以单行本出版长诗《论诗歌》（*Traktat poetycki*），该书获《文化》杂志年度文学奖。
1959 年	父亲去世。发表自传《故土》（*Rodzinna Europa*）。
1960 年	前往美国，接受加州大学伯克利分校聘请，任该校斯拉夫语言文学系讲师。
1961 年	升任斯拉夫语言文学系教授，获终身教职，在伯克利定居。
1962 年	出版诗集《波别尔王和其他诗歌》（*Król Popiel i inne wiersze*），发表研究斯坦尼斯瓦夫·勃佐佐夫斯基（Stanisław Brzozowski）的《蝎子中的人》（*Człowiek wśród skorpionów*）。
1965 年	翻译出版波兰诗选集《战后波兰诗歌》，产生广泛影响。诗集《波波变形记》（*Gucio zaczarowany*）出版。
1968 年	英文版《故土》（*Native Realm: A Search for Self-Definition*）在美国出版。获 Alfred Jurzykowski 基金会奖项。
1970 年	入美国籍。
1972 年	文论集《个人的职责》（*Prywatne obowiązki*）在巴黎出版，获得"自由欧洲"电台主办的民选年度最佳图书。
1973 年	米沃什首部译成英语的诗集《诗选》（*Selected Poems*）由纽约 Seabury 出版社出版。开始作为一位诗人而非政治评论家

	的身份为更多人所知。
1974年	发表诗集《日出日落之处》(Gdzie słońce wschodzi i kedy zapada)。获波兰笔会(P. E. N. Club)诗歌翻译奖。
1976年	获得古根海姆基金会奖修金(Guggenheim Fellowship)，支持其继续诗歌创作与翻译方面的工作。
1977年	获密歇根大学授予的荣誉博士学位。
1978年	获纽斯塔特国际文学奖。从加州大学伯克利分校荣休。因其文学和学术成就，获得该校最高荣誉"伯克利荣誉状"。第二本英译个人诗集《冬日钟声》(Bells in Winter)在美国出版。
1979年	由希伯来语译为波兰语的《圣经·诗篇》由对话出版社出版。
1980年	10月9日，获诺贝尔文学奖，因其作品一直在波兰被禁，这是大多数波兰人第一次听说米沃什。由希伯来语译为波兰语的《圣经·约伯记》由对话出版社出版。"文学协会"出版多卷本米沃什作品集。
1981年	6月，流放后首次访问波兰。获卢布林天主教大学授予的荣誉博士学位。华沙文学博物馆举办介绍其生平及作品的展览。波兰文学出版社(Wydawnictwo Literackie)和采特尔尼克(Czytelnik)出版社均出版其诗集，这是1945年后首度获准在波兰国内出版。此次访问期间，诗集卖出了十余万册。1981—1982学年，任哈佛大学艾略特·诺顿讲座教授。获纽约大学授予的荣誉博士学位。
1982年	诗集《珍珠颂》(Hymn o Perle)出版。对话出版社出版其翻译的《圣经·五书卷》(包括《耶利米哀歌》《路得记》《以斯帖记》《传道书》《雅歌》)。当选美国艺术文学研究院(Institute of Arts and Letters)院士。
1983年	获美国布兰迪斯大学(Brandeis University)荣誉博士学位。任哈佛诺顿教授期间所作六次讲座讲稿结集为《诗的见证》(The Witness of Poetry)出版。
1984年	诗集《拆散的笔记簿》(The Separate Notebooks)以双语版出版。《无法抵达的土地》(Nieobjęta ziemia)波兰语版由

	"文学协会"出版。由希腊文翻译的《马可福音》和《启示录》由对话出版社出版。
1985年	散文集《从我的街道开始》(Zaczynając od moich ulic)由"文学协会"出版。
1986年	《无法抵达的土地》(Unattainable Earth)英文版出版。4月17日,妻子扬卡·杜丝卡逝世。
1987年	写作诗集《编年史》(Kroniki)。
1988年	《诗选》(Collected Poems, 1931–1987)英译本出版,译者包括罗伯特·哈斯、伦纳德·南森、罗伯特·平斯基,等等。
1989年	获得美国国家艺术奖章(National Medal of Arts)。出版《形而上的休止》(Metafizyczna pauza)。
1990年	出版《猎人的一年》(Rok myśliwego)。
1991年	出版英文诗集《省份》(Provinces)。"二战"之后首次回到立陶宛,被授予荣誉公民称号。《从我的街道开始》(Beginning with My Streets)英文版出版。
1992年	与历史学家卡罗尔·西格彭(Carol Thigpen)结婚。
1994年	获得波兰总统授予的"白鹰勋章"。出版诗集《在河岸边》(Na brzegu rzeki)。
1997年	出版回忆录《米沃什词典》(Abecadło Miłosza)。
1998年	由罗伯特·哈斯翻译的《路边狗》(Roadside Dog)英文版出版,获得波兰文学最负盛名的尼刻文学奖(Nagroda Literacka NIKE)。第二本回忆录《另一本词典》(Inne abecadło)出版。
1999年	《被禁锢的头脑》在波兰出版。
2000年	迁居波兰。
2002年	8月15日,第二任妻子卡罗尔·西格彭逝世。最后一本诗集《第二空间》(Druga przestrzeń)在克拉科夫出版。
2004年	8月14日,切斯瓦夫·米沃什在波兰克拉科夫家中逝世,安葬于斯加尔卡罗马天主教堂(Skałka Roman Catholic Church)。

米沃什主要著作年表

诗 歌

Poemat o czasie zastygłym (A Poem on Frozen Time). Wilno: Koło Polonistów Słuchaczy Uniwersytetu Stefana Batorego, 1933.

Antologia poezji społecznej 1924–1933 (Anthology of Social Poetry). Wilno: Koło Polonistów Słuchaczy Uniwersytetu Stefana Batorego, 1933.

Trzy zimy. Poezje (Three Winters). Warsaw-Wilno: Związek Zawodowy Literatów Polskich, 1936.

Wiersze (Poems). Warsaw: 1940.

Pieśń niepodległa. Poezja polska czasów wojny (The Invincible Song). Warsaw: Oficyna Polska, 1942.

Ocalenie (Rescue). Warsaw: Spółdzielnia Wydawnicza "Czytelnik," 1945.

Światło dzienne (Daylight). Paris: Instytut Literacki, 1953.

Traktat poetycki (A Treatise on Poetry). Paris: Instytut Literacki, 1957.

Człowiek wśród skorpionów (Man Among Scorpions). Paris: Instytut Literacki, 1962.

Król Popiel i inne wiersze (King Popiel and Other Poems). Paris: Instytut Literacki, 1962.

Gucio zaczarowany (Bobo's Metamorphosis). Paris: Instytut Literacki, 1965

Miasto bez imienia (City Without a Name). Paris: Instytut Literacki, 1969.

Gdzie słońce wschodzi i kedy zapada (From the Rising of the Sun). Paris: Instytut Literacki, 1974.

Hymn o Perle (Hymn of the Pearl). Paris: Instytut Literacki, 1982.

Nieobjęta ziemia (Unattainable Earth). Paris: Instytut Literacki, 1984.

Kroniki (Chronicles). Paris: Instytut Literacki, 1987.

Dalsze okolice (Provinces). Kraków: Społeczny Instytut Wydawniczy Znak, 1991.

Na brzegu rzeki (Facing the River). Kraków: Społeczny Instytut Wydawniczy Znak, 1994.

To (This). Kraków: Wydawniczy Znak, 2000.

Druga przestrzeń (Second Space). Kraków: Wydawniczy Znak, 2002.

New and Collected Poem, 1931–2001. New York: Ecco, 2003.

Second Space: New Poems. New York: Ecco, 2004. Translated by Robert Hass.

Orfeusz i Eurydyka (Orpheus and Eurydice). Kraków: Wydawnictwo Literackie, 2002.

Wiersze ostatnie (Last Poems). Kraków: Społeczny Instytut Wydawniczy Zna, 2006.

Selected Poems, 1931–2004. New York: Ecco, 2006.

散文、小说、论著

Obrachunki (Reckonings). 1938.

Zniewolony umysł. Paris: Instytut Literacki, 1953; published in concurrent English, American and French editions: The Captive Mind. London: Secker and Warburg; New York: Knopf. Translated by Jane Zielonko. La Pensée captive. Paris: Gallimard. Translated by A. Prudhommeaux and the author.

Zdobycie władzy (The Seizure of Power). Paris: Instytut Literacki, 1955.

Dolina Issy (The Issa Valley). Paris: Instytut Literacki, 1955.

Rodzinna Europa (Native Realm). Paris: Instytut Literacki, 1959.

The History of Polish Literature. London-New York: MacMillan, 1969.

Widzenia nad Zatoką San Francisco (A View of San Francisco Bay). Paris: Instytut Literacki, 1969.

Prywatne obowiązki (Private Obligations). Paris: Instytut Literacki, 1972.

Emperor of the Earth: Modes of Eccentric Vision. Berkeley: University of California Press, 1977.

Ziemia Ulro (The Land of Ulro). Paris: Instytut Literacki, 1977.

Ogród Nauk (The Garden of Knowledge). Paris: Instytut Literacki, 1979.

The Witness of Poetry. Cambridge, Massachusetts: Harvard University Press, 1983.

Zaczynając od moich ulic (Beginning with My Streets). Paris: Instytut Literacki, 1985.

A mi Európánkról (About our Europe). New York: Hill and Wang, 1986.

Metafizyczna pauza (The Metaphysical Pause). Kraków: Wydawniczy Znak, 1989.

Rok myśliwego (A year of the hunter). Paris: Instytut Literacki, 1990.

Szukanie ojczyzny (In Search of a Homeland). Kraków: Wydawniczy Znak, 1992.

Legendy nowoczesności (Kraków: Wydawnictwo Literackie, 1996.

Striving Towards Being: The Letters of Thomas Merton and Czesław Miłos. New York: Farrar Straus Giroux, 1997. Translated by Czesław Miłos.

Zycie na wyspach (Life on Islands). Kraków: Wydawniczy Znak, 1997.

Piesek przydrożny (Roadside Dog). Kraków: Wydawniczy Znak, 1997.

Abecadło Milosza (Milosz's Alphabet). Kraków: Wydawnictwo Literackie, 1997.

Inne Abecadło (Further Alphabet). Kraków: Wydawnictwo Literackie, 1998.

Wyprawa w dwudziestolecie (An Excursion through the Twenties and Thirties). Kraków: Wydawnictwo Literackie, 1999.

Miłosz's ABC's. New York: Farrar, Straus & Giroux, 2001. Translated by Madeline Levine.

To Begin Where I Am: Selected Essays. New York: Farrar, Straus & Giroux, 2002.

Spiżarnia literacka (Literary Cabinet). Kraków: Wydawnictwo Literackie, 2004.

O podróżach w czasie (On time travel). Kraków: Wydawniczy Znak, 2004.

Legends of Modernity: Essays and letters from Occupied Poland, 1942–43. New York: Farrar, Straus & Giroux, 2005. Translated by Madeline Levine.

翻译作品

Wybór pism by Simone Weil (Selected Works). Paris: Instytut Literacki, 1958. Translated by Czesław Miłosz.

Postwar Polish Poetry: An Anthology. Garden City, N.Y.: Doubleday, 1965. Selected and translated by Czesław Miłosz.

Mediterranean Poems by Aleksander Wat. Ann Arbor: Ardis, 1977. Edited & translated by Czesław Miłosz.

Happy as a Dog's Tail by Anna Swir. San Diego, 1985. Translated by Czesław Miłosz and Leonard Nathan.

With the skin: Poems of Aleksander Wat. New York: Ecco Press, 1989. Translated and edited by Czesław Miłosz and Leonard Nathan.

Talking to My Body by Anna Swir. Port Townsend: Copper Canyon Press, 1996.
Translated by Czesław Miłosz and Leonard Nathan.

Second Space: New Poems by Czesław Miłosz. New York: Ecco Press, 2004.
Translated by Czesław Miłosz and Robert Hass.